Kohlhammer

Die Herausgeber*innen

Prof. Dr. Stefania Calabrese, Erziehungswissenschaftlerin, ist seit 2016 Dozentin an der Hochschule Luzern – Soziale Arbeit. Sie hat an der Universität Zürich Sozial- und Sonderpädagogik, Pädagogische Psychologie und Kriminologie studiert und in Erziehungswissenschaft promoviert. Ihre Schwerpunkte in Forschung, Lehre und Weiterbildung sind: Herausfordernde Verhaltensweisen von Menschen mit Beeinträchtigungen, agogische Aspekte bei schwerer und mehrfacher Beeinträchtigung und Lebensqualität und Bildung im Kontext von Behinderung.

Prof. Dr. Sven Huber ist seit 2013 hauptamtlicher Dozent an der Hochschule Luzern – Soziale Arbeit. Er hat an der Universität Wuppertal Sozialwissenschaften und an der Universität Bremen European Labour Studies studiert. Im Jahr 2013 hat er an der Universität Wuppertal im Fach Pädagogik promoviert. Seine aktuellen Schwerpunkte in Forschung und Lehre sind: Abweichendes Verhalten und soziale Kontrolle, Sozialpädagogik des Jugendalters und Heimerziehung.

Stefania Calabrese
Sven Huber (Hrsg.)

Grenzen und Strafen in Sozialer Arbeit und Sonderpädagogik

Verlag W. Kohlhammer

Dieses Werk einschließlich aller seiner Teile ist urheberrechtlich geschützt. Jede Verwendung außerhalb der engen Grenzen des Urheberrechts ist ohne Zustimmung des Verlags unzulässig und strafbar. Das gilt insbesondere für Vervielfältigungen, Übersetzungen, Mikroverfilmungen und für die Einspeicherung und Verarbeitung in elektronischen Systemen.

Die Wiedergabe von Warenbezeichnungen, Handelsnamen und sonstigen Kennzeichen in diesem Buch berechtigt nicht zu der Annahme, dass diese von jedermann frei benutzt werden dürfen. Vielmehr kann es sich auch dann um eingetragene Warenzeichen oder sonstige geschützte Kennzeichen handeln, wenn sie nicht eigens als solche gekennzeichnet sind.

Es konnten nicht alle Rechtsinhaber von Abbildungen ermittelt werden. Sollte dem Verlag gegenüber der Nachweis der Rechtsinhaberschaft geführt werden, wird das branchenübliche Honorar nachträglich gezahlt.

Dieses Werk enthält Hinweise/Links zu externen Websites Dritter, auf deren Inhalt der Verlag keinen Einfluss hat und die der Haftung der jeweiligen Seitenanbieter oder -betreiber unterliegen. Zum Zeitpunkt der Verlinkung wurden die externen Websites auf mögliche Rechtsverstöße überprüft und dabei keine Rechtsverletzung festgestellt. Ohne konkrete Hinweise auf eine solche Rechtsverletzung ist eine permanente inhaltliche Kontrolle der verlinkten Seiten nicht zumutbar. Sollten jedoch Rechtsverletzungen bekannt werden, werden die betroffenen externen Links soweit möglich unverzüglich entfernt.

1. Auflage 2021

Alle Rechte vorbehalten
© W. Kohlhammer GmbH, Stuttgart
Gesamtherstellung: W. Kohlhammer GmbH, Stuttgart

Print:
ISBN 978-3-17-036648-0

E-Book-Formate:
pdf: ISBN 978-3-17-036649-7
epub: ISBN 978-3-17-036650-3
mobi: ISBN 978-3-17-036651-0

Inhaltsverzeichnis

Grenzen und Strafe aus sozial- und sonderpädagogischer Perspektive
Einleitende Bemerkungen 7
Sven Huber & Stefania Calabrese

Reflexion

1 Sozialpädagogik in der flüchtigen Moderne Einige
  Bemerkungen zu Problemstellungen, Aufgaben und Grenzen .. 17
  Sven Huber

2 Strafen und Disziplinieren: Verhandlungen um die Grenzen
  des Pädagogischen 32
  Sophia Richter

3 Gesetz, Strafe und Wiedergutmachung 47
  Bernd Ahrbeck & Bernhard Rauh

4 Pädagogische Grenzüberschreitung und sexueller Missbrauch .. 61
  Jürgen Oelkers

5 Grenzen und Grenzsetzungen in der Behindertenhilfe Praxis,
  Handlungsmuster, Reflexionen 75
  Ernst Wüllenweber

6 Über die Bearbeitung von Grenzen in der Heimerziehung
  Eine Erkundung in (sozial-)pädagogischer Absicht 86
  Sven Huber

Konkretisierung

7 Keine Erziehung ohne Strafe? Disziplinierung und Kontrolle
  in der Heimerziehung 107
  Zoë Clark & Ulrich Steckmann

8	Zum strafenden Charakter von Freiheitseinschränkenden Maßnahmen – Sichtweisen von Kindern und Jugendlichen mit sogenannter geistiger Behinderung 122
	Mia Weithardt, Julia Heusner, Rita Bretschneider & Saskia Schuppener
9	Intra-institutionelle Grenzziehung am Beispiel der Intensivbetreuung in der Behindertenhilfe Ausgewählte Ergebnisse eines Forschungsprojekts 139
	Stefania Calabrese & Pia Georgi-Tscherry
10	Punitive Haltungen und ihre organisationalen Bedingungen ... 151
	Simon Mohr & Bettina Ritter
11	»Man muss ihm Grenzen setzen!« Grenzsetzungen von Mitarbeitenden gegenüber herausfordernden Verhaltensweisen von institutionell lebenden Erwachsenen mit kognitiven Beeinträchtigungen Erkenntnisse aus einer videoanalytischen Studie 165
	Stefania Calabrese
12	Erziehungs- und Verhaltensproblematiken von Mädchen und jungen Frauen in Kontexten von Erziehungshilfe, Justiz und Psychiatrie Aktuelle (De-)Thematisierungen von Gender zwischen Hilfe(n) und Zwang 178
	Birgit Bütow

Autor*innenverzeichnis 191

Grenzen und Strafe aus sozial- und sonderpädagogischer Perspektive
Einleitende Bemerkungen

Sven Huber & Stefania Calabrese

Sozial- und Sonderpädagog*innen, die sich mit den Themen Grenzen und Strafe auseinandersetzen (müssen), sind Enttäuschungen gewohnt. Manche sind enttäuscht darüber, wie die Themen Grenzen und Strafe in der Institution, für die sie tätig sind, verhandelt werden. Andere wünschen sich klar bestimmte Grenzen und vielfältige Möglichkeiten des Strafens, stellen dann aber enttäuscht fest, dass sich die daran geknüpften Erwartungen und Hoffnungen doch nicht erfüllen. So manche*r ist auch enttäuscht von der Erziehungswissenschaft, weil diese sich großteilig abgewöhnt hat, Grenzen und Strafe zu thematisieren. Um den Einstieg in den Band zu erleichtern, wollen wir mit etwas Erwartbarem beginnen, einer Enttäuschung also.

Enttäuschen müssen wir die besonders an Systematik interessierten Leser*innen. Diese erwarten Beiträge, für die sich jeweils zwei oder mehrere Kolleg*innen aus der Sozial- und Sonderpädagogik zusammentun, die dann die theoretisch-konzeptionellen Spezifika der jeweiligen Perspektive auf den Gegenstand des Beitrags ausbuchstabieren und schließlich systematisch und gegenstandsbezogen wechselseitige Anschlussmöglichkeiten bzw. Abgrenzungen aufzeigen. Stattdessen bietet der vorliegende Band eine Sammlung von Texten von Kolleg*innen aus der Schweiz, aus Deutschland und Österreich, die sich in pädagogischer Absicht auf unterschiedliche Facetten des Phänomenbereichs Grenzen und Strafe beziehen. Sozial- und sonderpädagogische Perspektiven stehen dabei eher nebeneinander und werden ergänzt durch allgemeinpädagogische und psychoanalytisch-pädagogische Einlassungen. Das Nebeneinander von sozial- und sonderpädagogischen Perspektiven verweist u. E. aber auf die Möglichkeit und Notwendigkeit eines Miteinanders auf der Ebene von Disziplin und Profession. Dabei geht es weder um wechselseitige Vereinnahmungsversuche, wie sie etwa von Sasse und Moser (2003, S. 339) beschrieben werden, noch um die Nivellierung von Differenzen. Vielmehr verdeutlicht das Nebeneinander der hier versammelten Texte, dass sich beide Perspektiven gegenseitig ergänzen und erhellen (können) (vgl. Müller & Schmid 2001), was keineswegs eine neue, aber eine zumindest auf disziplinärer Ebene wenig beachtete Erkenntnis darstellt. An entsprechenden Forderungen mangelt es indessen nicht: »Gefordert ist [...] eine enge Kooperation und Interdisziplinarität, in welcher die spezifischen Kompetenzen beider Disziplinen zusammenfließen« (Loeken 2012, S. 364). Ein Grund dafür, dass sich die »verwandtschaftliche[n] und nachbarschaftliche[n] Theorie-Praxis-Bezugsverhältnisse« (Buchka 2009, S. 30) nicht ihrem Potential entsprechend entfalten, mag der sein, dass beide Disziplinen stark mit sich selbst beschäftigt sind. Die Sonderpädagogik bzw. Teile von ihr bemühen sich gegenwärtig um eine »Repädagogisierung des fachwissenschaftlichen Diskurses« (Willmann 2018, S. 205; vgl. Müller & Stein 2018), um eine (Wieder-)Aneignung pädagogischer Begriffe (vor allem Erziehung und Bildung) in Abgrenzung zu einer Entpädagogisierung der Disziplin, die die Psychologisierung und Therapeutisierung der Sonderpädagogik mit sich brachte.

Die Sozialpädagogik hingegen ist denkbar weit entfernt von einer Repädagogisierung. Pädagogisches Denken erfährt in großen Teilen der Sozialen Arbeit geradezu Ablehnung, wird verdrängt durch sozialpolitisches Denken und ein sozialwirtschaftliches Profil (vgl. Winkler 2018b, S. 284; vgl. Winkler 2018a, S. 124). Das sozialpädagogische Problem bleibt allerdings weiterhin bestehen, stellt sich unter den Bedingungen einer spätmodernen Gesellschaft sogar in verschärfter Form:

> »Sozialpädagogik hat zum einen mit der Frage zu tun, in welcher Gesellschaft die Menschen leben und aufwachsen; sie richtet zum anderen den Blick darauf, wie die Entwicklungsprozesse der Einzelnen (oder ganzer Gruppen) so möglich werden, dass sie nicht von Krisen überschattet, eingeschränkt oder gar verhindert werden – im Gegenteil, dass den Menschen gewahrt bleibt, dass sie autonom handeln, mündig bleiben« (Winkler 2018b, S. 290).

Die Frage, mit der sich die Sonderpädagogik primär beschäftigt, lautet, wie Bildung und Entwicklung bei Kindern, Jugendlichen und Erwachsenen mit Beeinträchtigungen im Kontext von behindernden Bedingungen ermöglicht und organisiert werden kann (vgl. Klauß 2011, S. 22 f.). Beiden Perspektiven geht es letztlich um eine pädagogische Perspektive auf beschädigte Subjektivität, darum, Möglichkeitsräume und Bedingungen für je subjektiv eigene und auch eigensinnige Lern-, Entwicklungs-, Bildungs- und Veränderungsprozesse zu eröffnen und zu gestalten. Beide wollen mithin dem Subjekt gerecht werden und beschäftigen sich mit den Lebens- und Bewältigungslagen von vulnerablen Personengruppen, womit im stationären Kontext z. B. Menschen mit kognitiven und/oder psychischen Beeinträchtigungen, Kinder und Jugendliche aus häufig schwierigen familiären Verhältnissen, abweichend bzw. verhaltensauffällig agierende Personen etc. gemeint sind.

Wolf (2007, S. 1; vgl. auch Huber & Kirchschlager 2019, S. 28 ff.) bringt etwas auf den Punkt, was darüber hinaus ebenfalls für beide gelten dürfte:

> »Man kontrolliert und sanktioniert häufig, oft mit schlechtem Gewissen, solche Elemente eher hinter schönen Formulierungskonstruktionen verdeckend. Fragen Sie einmal Kollegen, ob sie bestrafen, ob sie soziale Kontrolle ausüben. Sie werden Beispiele eindrucksvollen Herumgeeieres bekommen«.

Damit ist der Phänomenbereich Grenzen und Strafe angesprochen. Beide bearbeiten Grenzen, d. h., sie schaffen Möglichkeiten für die Überschreitung von Grenzen, stellen gegebene Grenzziehungen in Frage. Gleichzeitig schaffen und setzen sie Grenzen, ggf. mit Hilfe von Strafe, beteiligen sich also an Grenzziehungen. Die Denkfigur der Grenzbearbeitung, wie sie von Fabian Kessl und Susanne Maurer (vgl. Kessl & Maurer 2010; Maurer 2018) für die Soziale Arbeit ausgearbeitet wurde, und an die von verschiedenen Autor*innen angeknüpft wird (vgl. Heite, Pomey & Spellenberg 2013; Bütow, Patry & Astleitner 2018;

Huber & Kirchschlager 2019; ▶ Kap. 1), ermöglicht sowohl der Disziplin als auch der Profession eine analytische Perspektive auf diese komplexe Pendelbewegung der Grenzbearbeitung. Grenze bzw. Grenzbearbeitung dient Kessl und Maurer dabei als Begriff und Metapher zugleich.

> »Die Gleichrangigkeit bzw. Parallelität von Begriff und Metapher wird mit der Bezeichnung ›Denkfigur‹ bereits zum Ausdruck gebracht. Der metaphorische Charakter erscheint deshalb so wichtig, weil sich gerade durch die Unschärfe und Offenheit […], durch die – immer wieder neu konkret zu füllende – ›Wendbarkeit‹ des Bildes ›Grenze‹ auch immer wieder neue Eingriffs-, Einhak- und Ansatzpunkte für eine Auseinandersetzung ergeben« (Maurer 2018, S. 21).

Die Denkfigur der Grenzbearbeitung bietet den Autor*innen dieses Bandes keinen gemeinsamen konzeptionell-analytischen Ausgangspunkt für ihre Überlegungen. Allerdings beschreiben und analysieren manche von ihnen Grenzen eher im Sinne einer etwas unscharfen Metapher, andere eher im Sinne eines (operationalisierten) Begriffs. Dabei handelt es sich u. E. um kein Manko des Bandes, vielmehr wird durch das In- und Miteinander von Konkretisierung und relativer Unschärfe die Identifikation von anderen und neuen ›Einhakpunkten‹ ermöglicht. An anderer Stelle wäre darüber hinaus zu klären, inwieweit die Denkfigur der Grenzbearbeitung nicht nur einer Selbstvergewisserung über die Bedingungen und Möglichkeiten einer Kritischen (Sozial-)Pädagogik dienen kann, sondern auch als gemeinsamer Bezugsrahmen für eine intensivierte Verständigung zwischen der Sozial- und Sonderpädagogik fungieren könnte.

Betrachtet man, abgesehen von neueren Debatten über Grenzbearbeitung, die pädagogische Fachdebatte der letzten Jahrzehnte, wird deutlich, dass der adressierte Themenkreis, insbesondere natürlich die Strafe, tendenziell entpädagogisiert und tabuisiert wurde. Wenn dennoch über Grenzen und Strafe gesprochen wird, geschieht dies häufig aus ideologisch geprägten Positionen heraus. Es bilden sich Fronten in der (idealtypischen) Gestalt von Gegner*innen und Fürsprecher*innen heraus, und die Vertreter*innen der jeweiligen Seiten diskreditieren sich dabei der Tendenz nach gegenseitig. Die einen werden in diesem Prozess zu ›Kuschelpädagog*innen‹, die anderen zu ›reaktionären Erzieher*innen‹ stilisiert (vgl. Huber & Kirchschlager 2019, S. 10 ff.). Es sind dann z. T. hitzig geführte Debatten, in denen viel »grobes Geschütz« (Bittner 2010, S. 23) aufgefahren wird, und die wahrscheinlich viel zu tun haben mit dem Bedürfnis zu signalisieren, dass man auf der anderen, der ›richtigen‹ Seite steht (vgl. Foucault 1978, S. 192). Aktuelle empirische Befunde werden in diesem Zusammenhang kaum zur Kenntnis genommen. In einer stärker analytisch orientierten Perspektive sind diese Entwicklungen und Debatten, die mit einem eigentümlichen Zwang zur Positionierung innerhalb eines vermeintlich klar umrissenen Lagers einhergehen, nur wenig hilfreich. Denn mit Grenzen und Strafe wurden und werden sozial- und sonderpädagogisch bedeutsame Fragen angesprochen, die durchaus den Kern von Professionalisierungsbemühungen im Feld berühren. Zudem ist es so, dass auch und gerade für Praktiker*innen, insbesondere im Bereich der stationären Kinder-, Jugend- und Behindertenhilfe, diese Fragen und die mit ihnen verbundenen Ambivalenzen und Probleme zum Alltag gehören. Obschon also Grenzen und Strafe eine wesentliche Herausforderung für Disziplin und Profession darstellen, entziehen sich diese Phänomene u. E. im gegenwärtigen Fachdiskurs sowie auch in der Praxis häufig einer fundierten Analyse und differenzierten Reflexion.

Der vorliegende Band ist unterteilt in zwei Abschnitte. Der erste Abschnitt ist überschrieben mit »Reflexion« und versammelt Beiträge, die sich aus einer eher theoretisch-konzeptionellen Perspektive mit dem Themenkomplex Grenzen und Strafe auseinandersetzen. »Konkretisierung« lautet dann die Überschrift des zweiten Abschnitts, der Beiträge zusammenführt, die auf der Grundlage empirischen Materials eine Auseinandersetzung mit Grenzen und Strafe leisten.

Der erste Abschnitt wird eingeleitet von Sven Huber. Er widmet sich in seinem Beitrag »Sozialpädagogik in der flüchtigen Moderne. Einige Bemerkungen zu Problemstellungen, Aufgaben und Grenzen« jenen Problemstellungen, Aufgaben und Grenzen einer Sozialpädagogik, die sich am Subjekt orientiert. Er stellt die Kollateralschäden der Anrufung des (spätmodernen) Subjekts als (radikal) autonomes und flexibles im Kontext entgrenzter gesellschaftlicher Dynamisierungs- und Beschleunigungsimperative heraus und diskutiert vor diesem Hintergrund alte und neue Aufgaben und Herausforderungen der Sozialpädagogik. Schließlich identifiziert er Grenzen und Verlegenheiten, mit denen sich das sozialpädagogische Projekt bei der Meisterung dieser neuen und alten Herausforderungen konfrontiert sieht.

In ihrem Beitrag »Strafen und disziplinieren: Verhandlungen um die Grenzen des Pädagogischen« beleuchtet Sophia Richter das erziehungswissenschaftliche Schweigen und Sprechen über Strafe. Sie zeichnet auf der Grundlage einer Analyse pädagogischer Lexika und Wörterbücher eine Geschichte der Transformation nach, einer Transformation des Phänomens der Strafe in den letzten hundert Jahren. Sie kommt zu dem Schluss, dass die erziehungswissenschaftliche Debatte über Strafe stark normativ aufgeladen sei, und macht Vorschläge, wie diese Normativität aufgebrochen werden könnte, um so neue Reflexions- und Verständigungsräume zu öffnen.

Bernd Ahrbeck und Bernhard Rauh setzen sich in ihrem Artikel »Gesetz, Strafe und Wiedergutmachung« mit dem Spannungsverhältnis von Freiheit und Grenzsetzung in der Erziehung auseinander. Aus psychoanalytisch-pädagogischer Perspektive und unter Bezugnahme vor allem auf Freud und Winnicott argumentieren die Autoren, dass eine grundsätzlich ablehnende Haltung gegenüber Strafe kaum rechtfertigbar sei und dass grenzsetzende pädagogische Organisationsformen eine ggf. wichtige, haltend-begrenzende Funktion haben können, allerdings nicht müssen, was sie am Beispiel der ›Konfrontativen Pädagogik‹ verdeutlichen. Die Autoren geben Auskunft über pädagogische Voraussetzungen der professionellen Arbeit mit Kindern und Jugendlichen, die als besonders schwierig gelten, und bestimmen ein Verhältnis von Erziehung und Schuld.

Jürgen Oelkers thematisiert in seinem Beitrag »Pädagogische Grenzüberschreitungen und sexueller Missbrauch« die absolute Grenze einer jeden Pädagogik, jene der sexuellen Gewalt. Dafür setzt er sich mit der (erst) 2010 wegen sexueller Gewalt und Ausbeutung in die öffentliche Aufmerksamkeit geratenen Odenwaldschule und Teilen ihres Personals auseinander. Ihn interessiert dabei vor allem das Spannungsfeld zwischen der öffentlichen Wahrnehmung von außen bzw. der Selbstdarstellung, die mit pädagogischen Heilsversprechen, Ansehen und Bewunderung verbunden war, und dem realen Innenleben der Institution, das durch sexuelle Gewalt an Kindern durch viele Täter geprägt war, für welche das Label Reformpädagogik erfolgreich als Tarnung diente.

Ernst Wüllenweber beschäftig sich in seinem Artikel »Grenzen und Grenzsetzung in der Behindertenhilfe: Praxis, Handlungsmuster, Reflexionen« mit Beispielen aus der Behindertenhilfe. Dabei weist er darauf hin, dass das Thema Grenzen und Grenzsetzung weder in der Behinderten- bzw. Eingliederungshilfe noch in der Heil- und Sonderpädagogik eine explizite Rolle spielt. Im Artikel geht er auf drei Dimensionen ein, die jeweils unter den Gesichtspunkten von spezifischen Mustern erhellt werden: Grenzen und Grenzsetzungen im Umgang mit Selbstbestimmung und Empowerment, Grenzen und Grenzsetzungen im Umgang mit kritischen Verhaltensweisen und Verhaltensauffälligkeiten sowie der Umgang mit persönlichen Grenzen von Fachkräften.

Sven Huber fokussiert in seinem Beitrag »Über die Bearbeitung von Grenzen in der Heimerziehung. Eine Erkundung in (sozial-)pädagogischer Absicht« Fragen der Grenzbearbeitung in der Heimerziehung. Er stellt heraus, dass im aktuellen Diskurs über Grenzen vor allem mit einem absoluten und nicht mit einem relationalen Grenzbegriff gearbeitet wird, was zu Verkürzungen des komplexen Bedingungsgefüges von Grenzbearbeitung in der Heimerziehung führen kann. Grenzbearbeitung wird von ihm bestimmt als ein Ausbalancieren von Offenheit und Struktur, als ein ›Balanceakt‹, dessen aktuelle Herausforderungen und Schwierigkeiten (z. B. das sozialpädagogische Verstehen, die gemeinsame Arbeit an Normalitätsbalancen etc.) exemplarisch vertieft.

Zoe Clark und Ulrich Steckmann diskutieren in ihrem Beitrag »Keine Erziehung ohne Strafe? Disziplinierung und Kontrolle in der Heimerziehung« zunächst konsequenzialistisch orientierte Rechtfertigungen von Strafe (in der Heimerziehung), die sie auf ihre Stärken und Schwächen hin reflektieren. Sie stellen fest, dass in einer demokratisch organisierten öffentlichen Erziehung, die Care-Beziehungen realisieren möchte und dafür auf Anerkennungsverhältnissen fußen muss, Strafen nur sehr eingeschränkt rechtfertigungsfähig sind. Auf der Grundlage empirischer Befunde geben die Autorin und der Autor Einblick in die Strafkultur unterschiedlicher Einrichtungen der Heimerziehung, die sich allesamt durch einen manualisierten und standardisierten Zugang zum Thema Strafe auszeichnen. In diesem Zusammenhang gehen sie auch auf die Rechtfertigungsmuster von Strafe und die vorfindbaren Adressat*innenbilder der Fachkräfte ein.

Mia Weithardt, Julia Heusner, Rita Bretschneider und Saskia Schuppener stellen in ihrem Beitrag »Zum strafenden Charakter von Freiheitseinschränkenden Maßnahmen – Sichtweisen von Kindern und Jugendlichen mit sogenannter geistiger Behinderung« die strafenden Aspekte von Freiheitseinschränkenden Maßnahmen zur Diskussion. Ihre Ausführungen resultieren aus dem Forschungsprojekt Umgang mit herausforderndem Verhalten im Kontext stationärer Einrichtungen der Behindertenhilfe – Freiheitsbeschränkende und freiheitsentziehende Maßnahmen aus Sicht von Kindern & Jugendlichen, Eltern/Erziehungsberechtigten und Mitarbeiter*innen, wobei sie im Beitrag die Sicht auf

Freiheitsbeschränkende Maßnahmen von Kindern und Jugendlichen fokussieren. Ausgehend von exemplarischen Perspektiven von drei institutionell lebenden Kindern und Jugendlichen mit sogenannter geistiger Behinderung stellen sie fest, dass die Grenze zwischen Freiheitsbeschränkenden Maßnahmen und Strafen oft fließend erscheint.

Stefania Calabrese und Pia Georgi-Tscherry diskutieren in ihrem Beitrag »Intra-institutionelle Grenzziehung am Beispiel der Intensivbetreuung in der Behindertenhilfe. Ausgewählte Ergebnisse eines Forschungsprojekts«, inwieweit eine intra-institutionelle Grenzziehung für Menschen mit kognitiven Beeinträchtigungen und massiven herausfordernden Verhaltensweisen durch das Setting der Intensivbetreuung erfolgt. Sie betten dabei ihre Ausführungen argumentativ in die Inklusionsbestrebungen im Kontext der Behindertenhilfe ein und verweisen darauf, dass inklusive Handlungsweisen in der Intensivbetreuung nicht durchgehend umsetzbar sind, wobei eine Grenze von Inklusionsbemühungen feststellbar ist.

Simon Mohr und Bettina Ritter verhandeln in ihrem Beitrag »Punitive Haltungen und ihre organisationalen Bedingungen« das Zusammenspiel von punitiven Haltungen von Fachkräften der Kinder- und Jugendhilfe und organisationalen Bedingungen der Einrichtungen, in denen sie arbeiten. Sie wenden sich gegen die Annahme, punitive Haltungen seien isoliert vom organisationalen Zusammenhang zu betrachten und markieren Parameter, die sanktionsbereite Haltungen begünstigen und verringern können. Die empirische Grundlage der Ausführungen ist eine umfassende Fachkräftebefragung bei freien Trägern der Kinder- und Jugendhilfe.

Stefania Calabrese fokussiert in ihrem Beitrag »»Man muss ihm Grenzen setzen!‹ Grenzsetzungen von Mitarbeitenden gegenüber herausfordernden Verhaltensweisen von institutionell lebenden Erwachsenen mit kognitiven Beeinträchtigungen. Erkenntnisse aus einer videoanalytischen Studie« Prozesse der Grenzsetzung im institutionellen Kontext. Ihre Ausführungen beziehen sich auf ihr Dissertationsprojekt, in dem sie herausfordernde Situationen im Kontext der Behindertenhilfe videoanalytisch ausgewertet hat. Es zeigt sich, dass Mitarbeitende auf herausfordernde Verhaltensweisen der Klientel neben pädagogisch sehr adäquaten Herangehensweisen mitunter auch mit grenzsetzenden Handlungen wie bspw. räumlicher Separation, Mobilitätsbehinderungen und Abgabe von Medikation reagieren. Diese grenzsetzenden Verhaltensweisen der Mitarbeitenden werden im Beitrag unter Beizug von spezifischen Legitimationsargumenten diskutiert.

Birgit Bütow thematisiert in ihrem Beitrag »Erziehungs- und Verhaltensproblematiken von Mädchen und jungen Frauen in Kontexten von Erziehungshilfe, Justiz und Psychiatrie. Aktuelle (De-)Thematisierungen von Gender zwischen Hilfe(n) und Zwang« die vielfältigen Herausforderungen von Mädchen und jungen Frauen in diesen institutionellen Kontexten. Dabei stellt sie heraus, dass delinquente Mädchen und junge Frauen diese Institutionen oft an ihre Grenzen bringen und in der Folge in die nächste Einrichtung, oft mit erhöhtem Zwangscharakter, ›verschoben‹ werden. In ihrem Beitrag behandelt sie die Frage, wie diese Verschiebepraxis durchbrochen werden kann und wie geeignete Settings aussehen müssten.

Abschließend wünschen die Herausgeberin und der Herausgeber allen Leser*innen eine ertragreiche und hoffentlich spannende Lektüre und bedanken sich bei den Kolleg*innen herzlich für Ihre interessanten Beiträge.

Literatur

Bittner, G. (2010). Der Weg ins Leben – eine Polarreise »mit Karten von den oberitalienischen Seen« (S. Freud)? In M. Dörr, B. Herz (Hrsg.), »Unkulturen« in Bildung und Erziehung (S. 19–38). Wiesbaden: VS.

Buchka, M. (2009). Sozialpädagogik und Heilpädagogik. Eine Betrachtung über verwandtschaftliche und nachbarschaftliche Bezugsverhältnisse. In E. Mührel & B. Birgmeier (Hrsg.), Theorien der Sozialpädagogik – ein Theorie-Dilemma? (S. 33–44). Wiesbaden: VS.

Bütow, B, Patry, J.-L. & Astleitner, H. (2018) (Hrsg.), Grenzanalysen – Erziehungswissenschaftliche Perspektiven zu einer aktuellen Denkfigur. Weinheim, Basel: Beltz Juventa.

Foucault, M. (1978). Dispositive der Macht. Über Sexualität, Wissen und Wahrheit. Berlin: Merve.

Heite, C., Pomey, M. & Spellenberg, Ch. (2013). Ein- und Ausschließungspraktiken als Konstituierung von Grenzen. Soziale Passagen, 5, S. 245–257.

Huber, S. & Kirchschlager, S. (2019). Grenzen und Strafe in der Heimerziehung. Eine sozialpädagogische Studie. Opladen, Berlin, Toronto: Budrich.

Kessl, F. & Maurer, S. (2010). Praktiken der Differenzierung als Praktiken der Grenzbearbeitung. In F. Kessl & M. Plösser (Hrsg.), Differenzierung, Normalisierung, Andersheit. Soziale Arbeit als Arbeit mit den Anderen (S. 154–169). Wiesbaden: VS.

Klauß, T. (2011). Schwere und mehrfache Behinderung – interdisziplinär. In A. Fröhlich, Andreas, N. Heinen, T. Klauß & W. Lamers (Hrsg.), Schwere und mehrfache Behinderung – interdisziplinär. Impulse: Schwere und mehrfache Behinderung (S. 11–40). Oberhausen: Athena.

Loeken, H. (2012). Sonder- und Sozialpädagogik. Abgrenzung und Annäherung. In W. Thole (Hrsg.), Grundriss Soziale Arbeit (S. 361–365). Wiesbaden: VS.

Maurer, S. (2018). Grenzbearbeitung. Zum analytischen, methodologischen und kritischen Potenzial einer Denkfigur. In B. Bütow, J.-L. Patry & H. Astleitner (Hrsg.), Grenzanalysen – Erziehungswissenschaftliche Perspektiven zu einer aktuellen Denkfigur (S. 20–33). Weinheim, Basel: Beltz Juventa.

Müller, B. & Schmid, V. (2001). Der sozialpädagogische und der sonderpädagogische Blick auf deviante Jugendliche: Kasuistische Analysen. In V. Schmid (Hrsg.), Verwahrlosung – Devianz – antisoziale Tendenz. Stränge zwischen Sozial- und Sonderpädagogik (S. 217–240). Freiburg: Lambertus.

Müller, T. & Stein, R. (2018) (Hrsg.), Erziehung als Herausforderung. Grundlagen für die Pädagogik bei Verhaltensstörungen. Bad Heilbrunn: Klinkhardt.

Sasse, A. & Moser, V. (2003). Welche Bildung? Disziplinäre Neuorientierungen in Sonder- und Sozialpädagogik (S. 339–348). In I. Gogolin & R. Tippelt (Hrsg.), Innovation durch Bildung. Beiträge zum 18. Kongress der Deutschen Gesellschaft für Erziehungswissenschaft. Opladen: Leske + Budrich.

Willmann, M. (2018). Erziehungsschwierigkeiten im Fokus der Disziplin: der Fachdiskurs an den Universitätslehrstühlen in Deutschland von der Gründung bis zur Gegenwart. In T. Müller & R. Stein (Hrsg.), Erziehung als Herausforderung. Grundlagen für die Pädagogik bei Verhaltensstörungen (S. 193–208). Bad Heilbrunn: Klinkhardt.

Winkler, M. (2018a). Kritik der Inklusion. Am Ende eine(r) Illusion. Stuttgart: Kohlhammer.

Winkler, M. (2018b). Normalisierung als Verschwinden. Sozialpädagogik im Modernisierungsprozess. In U. Binder (Hrsg.), Modernisierung und Pädagogik – ambivalente und paradoxe Interdependenzen (S. 281–310). Weinheim, Basel: Beltz Juventa.

Wolf, Klaus (2007). Soziale Arbeit als Kontrolle? Dirty Work oder Kontrolle als Ressource? Zum Profil einer sozialpädagogisch legitimierten Kontrolle (https://www.bildung.uni-siegen.de/mitarbeiter/wolf/files/download/wissvortraege/soziale_arbeit_als_kontrolle.pdf?origin=publication_detail).

Reflexion

1 Sozialpädagogik in der flüchtigen Moderne
Einige Bemerkungen zu Problemstellungen, Aufgaben und Grenzen

Sven Huber

Im Folgenden soll ein Weg zu einigen Grenzen der Sozialpädagogik gebahnt werden. Dafür wird ein Pfad angelegt, der aufgrund der hier gebotenen Kürze einige Abkürzungen aufweist. So manche kleine und große ›Sehenswürdigkeit‹ kann nur gestreift, manches kann gar nicht angeschaut werden. Zudem führt der Pfad in steiniges Gebiet, es besteht durchaus Stolpergefahr. Am Beispiel Kritischer Pädagogik wird dargelegt, wie das autonome und vernünftige Subjekt seinen Status als zu befreiendes verliert und stattdessen zu einer Leitfigur in spätmodernen Gesellschaften avanciert, die das Subjekt vor dem Hintergrund rasanter gesellschaftlicher Wandlungsprozesse vor allem als ein unternehmerisches anrufen. Daran anknüpfend werden (klassische und aktuelle) sozialpädagogische Problemstrukturen und Aufgaben bestimmt und in ein kritisches Verhältnis zu den gesellschaftlichen Wandlungs- und Entwicklungsprozessen in ihrer Bedeutung für die Subjekte gesetzt. Im Anschluss werden vier Grenzen und Verlegenheiten diskutiert, die das sozialpädagogische Projekt vor große Herausforderungen stellen.

1.1 Autonomie!

Die Absicht, Grenzen in kritischer Absicht zu thematisieren, wird heute vermutlich von vielen als Provokation gewertet, allerdings als eine, die nicht allzu ernst zu nehmen ist. Erinnert uns doch spätestens die Werbung freundlich, aber bestimmt daran, dass Grenzen gefälligst zu überschreiten sind. Die entsprechenden Produkte helfen dabei, also bitte keine Ausreden! Auch die in verschiedenen Formaten erscheinenden und kommerziell äußerst erfolgreichen Ratgeber der individuellen und kollektiven Selbstoptimierung versichern uns beständig, dass Grenzen (der Motivation, der Leistungsfähigkeit, der Konkurrenzfähigkeit, des Wachstums etc.) verschoben und letztlich nivelliert werden können. The Sky is the Limit! Man denke in diesem Zusammenhang bspw. auch an die (irdischen) Pläne der Verwertung von Rohstoff-Ressourcen des Mondes. Grenzen waren gestern. Sie verweisen auf Abhängigkeiten, Beschränkungen, Unselbständigkeiten etc. Der (spät-)moderne Blick auf die Welt hingegen »ist geprägt durch das Streben nach Emanzipation, Selbstbestimmung, Befreiung, Autonomie, Souveränität gegenüber allem, was uns gegenübertritt« (Rosa 2019, S. 41). Dieser Bezugnahme auf die Welt korrespondiert die wichtigste (spät-)moderne Selbstbeschreibung des Menschen, die als eines souveränen und autonomen Subjekts (vgl. Meyer-Drawe 1998).

1.2 Autonomie!?

Die Kritische Pädagogik bzw. Erziehungswissenschaft, deren Aufkommen auf 1964 zu datieren ist und deren Blütezeit nach 1968 beginnt (vgl. Tenorth 1999, S. 19), ist in diesem Sinne ein modernes Projekt, das den Zumutungen der traditionellen, von Zygmunt Bauman (2000, S. 35) als »schwere« und »solide« bezeichneten, Moderne im Namen von Emanzipation, Autonomie und Mündigkeit entgegentritt. (Ideologie-)Kritik und die Zielbestimmung einer Befreiung des Subjekts zu sich selbst sind die wesentlichen Antriebe des Projekts, das vor allem »die Frage nach dem Verwobensein von gesellschaftlichen Macht-, Bildungs- und Erziehungsprozessen aufgeworfen« (Masschelein 2003, S. 126) hat. Durchaus im Einklang mit der Kritischen Theorie geht sie davon aus,

> »dass ihr Auftrag erfüllt und das menschliche Leiden beendet sei, sobald die individuelle Existenz aus den Klauen der eisernen Faust des von Routinen geprägten Lebens befreit, das stahlharte Gehäuse der totalitären, homogenisierenden und uniformistischen Moderne aufgebrochen und die Menschen aus diesem Käfig befreit seien« (ebd., S. 37).

Emanzipation wird als Befreiung des Subjekts aus unterdrückenden Verhältnissen und Bedingungen gedacht, die ein autonomes, selbstreflexives, rationales und kritisches Handeln verunmöglichen. Medium dieser Emanzipation ist vor allem Bildung, verstanden als »Bewusstseinsbildung« (Bünger 2013, S. 10) mit dem Ziel, ein Bewusstsein für die unterdrückenden Verhältnisse und die je eigene Lage in diesen zu entwickeln. Gelingt dies, so die Vorstellung, kommt das eigentliche, das wahre und vernünftige Subjekt zum Zug, dessen Vernunft überhistorisch und damit als unabhängig von gesellschaftlichen Machtverhältnissen konzipiert wird (vgl. Ribolits 2013, S. 24; Bünger 2013, S. 11). Die Kritische Pädagogik bzw. Erziehungswissenschaft erkennt mithin, orientiert an Idealen einer humanen Gesellschaft, die Grenze eines emanzipierten Daseins in den als unterdrückend charakterisierten Bedingungen (institutionalisierter Erziehung und Bildung) in der schweren Moderne und fordert, in Opposition zu diesen Bedingungen, die Befreiung des autonomen, vernünftigen und kritischen Subjekts im Namen einer aufgeklärten und mündigen Individualität und Gesellschaft.

In der gegenwärtigen Spätmoderne, die viele unterschiedliche Namen trägt, von Bauman (2000, S. 35) aber treffend als »flüssig« und »flüchtig« bezeichnet wird, scheinen diese Forderungen nach einem autonomen und kritischen Subjekt in eigentümlicher Weise aufgehoben und verwirklicht zu sein. Kritik, Autonomie, (performative) Souveränität, Selbstreflexion etc. sind geradezu unabdingbar für ein erfolgreiches Leben in der spätmodernen Gesellschaft geworden.

Gefragt ist eine große Flexibilität und Kreativität im Umgang mit neuen Herausforderungen, lebenslange (Um-)Lern- und Innovationsbereitschaft, Mobilität usw. Man kann also sagen: was einst in *Opposition* zu den gesellschaftlichen Macht- und Herrschaftsverhältnissen in der schweren Moderne eingefordert wurde, wird im Rahmen der Macht- und Herrschaftsverhältnisse der späten, flüchtigen Moderne *funktional*, gar zu einer *Voraussetzung* spätkapitalistischer Vergesellschaftung. Das autonome, kritische und selbstreflexive Subjekt muss der flüchtigen Moderne nicht abgerungen werden, sie verlangt es. Auch sind Autonomie, Kritik und Selbstreflexion längst ins Zentrum jeden pädagogischen Programms vorgedrungen (vgl. Ribolits 2013, S. 25; Bünger 2013, S. 11 f.; Masschelein 2003, S. 129 ff.).

Das Leiden der Menschen an der Gesellschaft ist nach dem Ende der schweren Moderne allerdings nicht verabschiedet und Vorstellungen von einem »Vernunftsubjekt« (Bünger 2013, S. 11) werden fraglich. Es gilt die Annahme, »dass Autonomie nicht mehr einfach als Antithese von Herrschaft dargestellt werden kann, sondern als avancierte Form der Macht zu deuten ist« (Masschelein 2003, S. 130). Es waren dann insbesondere die Arbeiten von Michel Foucault (vgl. 2000) die dies deutlich gemacht haben, dass also das Subjekt nicht unabhängig von Macht- und Herrschaftsverhältnissen gedacht werden kann, sondern ein Effekt dieser (historisch variierenden) Verhältnisse ist, dass die Art und Weise, wie wir uns zu uns selbst, anderen und anderem in ein Verhältnis setzen nicht auf einen machtfreien Ort verweist, sondern auf eine spezifische Form der (Selbst-)Regierung. Foucault will darauf hinaus, dass ein Verständnis von Macht als Repression und Unterdrückung zu eng greift, und stellt dagegen die Produktivität der Macht heraus.

> »Die Produktivität der Macht besteht nicht zuletzt darin, freie und selbstverantwortliche Subjekte durch Mechanismen der Disziplinierung, Normalisierung und Prüfung so hervorzubringen, dass diese gleichzeitig in Selbstpraktiken gründet« (Schäfer 2019, S. 131).

Die Frage, wie dies geschieht, mit welchen Anrufungen sich die Einzelnen gegenwärtig konfrontiert sehen und wie sie sich zu diesen positionieren, wird unter dem Titel der Subjektivierung diskutiert.

1.3   Subjektivierung in der flüchtigen Moderne

Dieser Hinweis auf die Frage der Positionierung des Subjekts deutet dabei bereits an, dass das Verhältnis von Anrufung und Reaktion darauf nicht deterministisch gedacht wird. Das Subjekt ist mithin kein Abbild oder eine reine »Vollstreckungsinstanz« (Redecker 2019, S. 145) seiner Anrufungen. Folgt man Bröckling (2004), lässt sich gegenwärtig ein spezifisches und dominantes Leitbild zeitgenössischer Subjektivität bzw. ein »hegemoniales Anforderungsprofil zeitgenössischer Subjektivierung« (Bröckling 2012, S. 131) identifizieren. Er spricht in diesem Zusammenhang von der Figur und Anrufung eines »unternehmerischen Selbst« (ebd.). Die Subjekte sollen sich selbst unternehmerisch denken und im Hinblick auf sich selbst und andere entsprechend handeln. Das unternehmerische Selbst wird im Modus der Überschreitung entworfen, Grenzen werden nicht akzeptiert da diese auf Stillstand verweisen, der im Wettbewerb um Aufmerksamkeit, Ressourcen, Anerkennung etc. Nachteile birgt. Das unternehmerische Selbst muss Chancen schnell erkennen und sie ergreifen, dabei bewusst Risiken eingehen, Ungewissheit als Chance erkennen und kontinuierliche Innovation und (Selbst-) Optimierung sicherstellen, um sich als möglichst eigenständige und einzigartige Marke positionieren zu können. Es wird als maximal unabhängig adressiert, als des eigenen Glückes Schmied und mithin als alleiniger Verantwortungsträger für den eigenen Erfolg, natürlich aber auch den eigenen Misserfolg (vgl. Bröckling 2004 & 2012).

Dieses Leitbild zeitgenössischer Subjektivität gründet in der flüchtigen Moderne, deren Chiffre die Fitness ist (vgl. Bauman 2000, S. 94 f.). Die schwere Moderne hatte die Chiffre der Gesundheit, wobei Gesundheit von Bauman verstanden wird als ein einigermaßen klar beschreibbarer körperlicher und psychischer Zustand, der viel mit der Einhaltung von Normen und Standards zu tun hat. Fitness hingegen beschreibt keinen irgendwie definierten Zustand, Fitness hat also keinerlei halbwegs klare Konturen. Bei der Fitness geht es gerade um die Überschreitung von Normen und Standards, die insgesamt an Bedeutung einbüßen.

> »Sowohl aus der Perspektive der modernen liberalen Ideologie als auch in der individuellen Selbstwahrnehmung scheinen bindende soziale, religiöse oder kulturelle Normen kaum mehr zu existieren« (Rosa 2011, S. 229).

Begrenzungen werden kontinuierlich entgrenzt. Die flüchtige Moderne radikalisiert dabei die Operation mit Differenzen, sie erkennt im Gegenwärtigen nur ein (defizitäres) Transitionsmoment, ein bloßes Zeichen für die Möglichkeiten, auf die das Gegenwärtige verweist. Das Gestern wird damit zu einem Sinnbild für das Rückständige, das Heute zu einer zwar hinzunehmenden, dennoch aber möglichst schnell zu überwindenden Zumutung, und das Morgen zu einem Versprechen des Möglichen hinter dem Wirklichen. »Erwartungen und Erfahrungen trennen sich« (Treml 2000, S. 254) in diesem Prozess und die flüchtige Modernisierung spitzt den »*Zwang zur Befreiung* durch Auflösung des Bekannten, insoweit dieses als Fessel begriffen wird« (Anhalt & Welti 2018, S. 21; Herv. i. O.), zu.

Dieser Zwang zur Befreiung ist gleichsam ein Zwang zur Beschleunigung, da spätmoderne Gesellschaften für ihre Reproduktion auf Wachstum und Beschleunigung (vor allem des Waren- und Kapitalverkehrs, technischer Innovation etc.) angewiesen sind, wobei Phasen des ausbleibenden Wachstums das Beschleunigungsgebot nicht außer Kraft setzen, im Gegenteil: »Ohne Wachstum kommt es erst recht darauf an, schneller zu sein als die Konkurrenz, Innovation voranzutreiben und die Wettbewerbsfähigkeit mit allen Mitteln zu erhöhen« (Rosa 2019, S. 37). Arbeit muss unter diesen Bedingungen flexibler werden, ein für die schwere Moderne typisches tayloristisch-fordistisches Verständnis vom arbeitenden Menschen (System von Befehl und Gehorsam, Trennung Kopf- und Handarbeit etc.) greift nicht mehr. Wenn unternehmerische Risiken stärker auf die Beschäftigten verlagert werden (Re-Kommodofizierung) und die Subjektivität der Mitarbeitenden selbst zur Produktionsressource wird (vgl. Dörre 2003, S. 15), wenn die Handlungskette der flexibilisierten Produktion immer länger und die Umwelt und Arbeitsprozesse der Unternehmen immer komplexer werden (vgl. Kropf 2005), dann werden die Folgen unternehmerischer Entscheidungen zunehmend kontingent. Gefragt ist dann, keineswegs nur bei den Manager*innen, sondern auch und gerade in den atypischen und prekären Beschäftigungsverhältnissen, das unternehmerische Selbst, das Kontingenz vor allem als Zeichen für dahinter stehendes Mögliches erkennt und sich mit allem was es hat, auf die Imperative der Beschleunigung einlässt, um einen der umkämpften Plätze als Gewinner zu ergattern. Die Motivation dafür findet es beim Studium der wachsenden Zahl derer, die aufgrund welcher Unzulänglichkeiten auch immer aus dem »Beschleunigungsspiel« (Rosa 2011, S. 231) herausfallen, dabei aber nicht mehr notwendig mit Solidarität rechnen dürfen. Denn auch der aktivierende Sozialstaat (vgl. Ziegler 2008) erinnert diejenigen, die kurz- oder langfristig aus dem Beschleunigungsspiel ausscheiden oder ausgeschieden werden, bekanntlich daran, an ihrer ›Bestimmung‹ zu arbeiten, ein unternehmerisches Selbst zu werden.

1.4 Sozialpädagogik in der schweren und der flüchtigen Moderne

Die Sozialpädagogik ist ein Kind der schweren Moderne, sie entsteht in Reaktion auf die strukturellen Probleme dieser Moderne. Mennicke (1926, S. 329) spricht in diesem Zusammenhang von einer »sozialpädagogische[n] Verlegenheit«, die bereits aus den frühen Modernisierungsprozessen selbst erwächst. In Traditionen gründende Lebensformen verlieren an Bedeutung, der Industriekapitalismus setzt neue Arbeits- und Vergesellschaftungsmuster durch, Gemeinschaftsbezüge verlieren an Bedeutung, »Entwurzelung« (Bauman 2000, S. 43) wird mit fortschreitender Individualisierung soziales Schicksal und Identität wandelt sich von einer »›Vorgabe‹ zu einer ›Aufgabe‹« (ebd.).

> »Wurde der Mensch in der alten vormodernen Gesellschaft sozial festgehalten und ihm kaum Spielraum gelassen, aus den übermächtigen Kontrollstrukturen auszubrechen, so wird er nun, so ist Mennicke zu verstehen, immer wieder in riskanter Offenheit freigesetzt« (Böhnisch 2018, S. 70).

Die sozialpädagogische Verlegenheit der schweren Moderne trifft dabei auch und vor allem Kinder und Jugendliche, und bezieht sich auf die sich rasch wandelnden strukturellen Bedingungen des Aufwachsens, die unter den Vorzeichen von Entwurzelung, Freisetzung und Individualisierung selbst prekär werden. »Die moderne Gesellschaft ist demnach sozialpädagogisch verlegen, weil die Bedingungen erst geschaffen werden müssten, in denen Kinder und Jugendliche eine ihren Bedürfnissen und sozialen, kulturellen und ökonomischen Anforderungen entsprechende Sorge, Erziehung und Bildung erfahren« (Rätz, Schröer & Wolff 2014, S. 263). Der Sozialpädagogik geht es in diesem Sinne um eine kritische Perspektive auf Gesellschaft. Pädagogisch ist diese Perspektive insofern, als sie die Frage fokussiert, wie je gegenwärtige Gesellschaftsformationen Bedingungen des Aufwachsens organisieren, wie also Gesellschaft Möglichkeiten des Lernens, der Erziehung, der Bildung und der Entwicklung eröffnet oder verstellt. Die i. d. R. institutionell vermittelte Bereitstellung und Organisation dieser Möglichkeiten und Bedingungen ist eine Aufgabe der Sozialpädagogik. Der gemeinsame Fluchtpunkt dieser Bemühungen ist das Subjekt in seiner je konkreten Entwicklungs- und Bildungsbewegung. Sozialpädagogik nimmt »den anderen in seinem praktischen Verhältnis zur Welt wahr und versucht ihn anzustoßen zur Veränderung gegenüber dieser; sie will ihm die Strukturveränderung *zeigen* und ihn *befähigen*, mit dieser umzugehen, ihm etwas *beibringen*, mit dem mögliches Handeln subjektiv erfahrbar wird« (Winkler 2018a, S. 1361; Herv. i. O.).

An dieser Aufgabe hat sich auch in der flüchtigen Moderne nichts geändert, im Gegenteil. Die sozialpädagogische Verlegenheit besteht fort und hat sich, wie weiter oben zumindest stichwortartig angedeutet wurde (forcierte Individualisierung und Freisetzung, Anrufung als eigenverantwortlicher Unternehmer, Veränderung der Arbeitswelt, Beschleunigung etc.) radikalisiert. Radikalisiert meint in diesem Zusammenhang, dass die Dynamik und Geschwindigkeit der flüchtigen Modernisierung »noch Restbestände sozialer und kultureller Sicherheit erodiert, aber oft ignoriert, in welchem Masse die Menschen auf die Stabilität ihrer Lebensverhältnisse existenziell angewiesen sind« (Winkler 2018b, S. 301). Eben dies kennzeichnet die sozialpädagogische Verlegenheit der flüchtigen Moderne. Mit der Radikalisierung der Steigerungs-, Dynamisierungs- und Beschleunigungsimperative gehen Restbestände lebensweltlich vermittelter Sicherheit und Stabilität einher. Damit werden eben jene Ressourcen angegriffen, die zur Bewältigung eines (flüchtigen) Lebens in spätmodernen Gesellschaften notwendig wären (vgl. Börner, Oberthür & Stiegler 2018, S. 241; Rosa 2011, S. 228). In diesem Sinne findet Sozialisation nun als »De-, wenn nicht sogar als A-Sozialisation statt« (Winkler 2018c, S. 105). Gesellschaft wird in der Folge vermehrt als zynische und bedrohliche ›Veranstaltung‹ wahrgenommen. Die Subjekte werden in den schillerndsten Farben und großer Emphase als autonome, verantwortliche und souveräne Entrepreneure angerufen, der Boden aber, die materiellen, sozialen und kulturellen Ressourcen also, auf dem diese Anrufung eine empirische Gestalt bekommen könnte, wird ihnen gleichzeitig unter den Füssen weggerissen. Aus dieser paradoxen Situation erwachsen Erfahrungen der Erschöpfung, Burnout und Depression werden zu zentralen Ausdrucksformen dieser Erfahrungen (vgl. Petersen 2018, S. 45 f.).

Diese lebensweltlichen Erschütterungen (be-)treffen wiederum natürlich auch und gerade Kinder und Jugendliche, die zunehmend »ungebremst an soziale und kulturelle Anforderungen angeschlossen werden. Sie sind von früh an ungeschützt einer Konsumwelt wie den Vorstellungen und Lebensweisen ausgesetzt, die bislang exklusiv für Erwachsene gegolten haben« (Koerrenz & Winkler 2013, S. 165). Damit büßen die Grenzen zwischen Jugend- und Erwachsenkultur vermehrt an Geltungskraft ein. Das Jugendmoratorium, verstanden als Phase der »Entkoppelung von Sozialisations- und Produktionslogik« (Böhnisch 2018, S. 43), erodiert mit der forcierten Vergesellschaftung der Kindheits- und Jugendphase zunehmend, unternehmerische Anrufungen der Eigenverantwortung und Optimierung erreichen verstärkt auch Kinder und Jugendliche (vgl. Ecarius et al. 2017, S. 18 ff.). Das Lernen wird beschleunigt, mithin verdichtet und intensiviert. Die (sozialen, kulturellen, technischen etc.) Gegenstände, auf die sich diese Lernprozesse beziehen, verändern und verflüchtigen sich allerdings häufig rasend schnell, so dass Kinder und Jugendliche im Rahmen von Aneignungsprozessen vermehrt mit Instabilität und Unsicherheit konfrontiert sind (vgl. Winkler 2006a, S. 208 f.). So wird auf eine eigentümliche Art und Weise bereits im Kindes- und Jugendalter der Nährboden für umfassende Entfremdungsprozesse gelegt, für eine Entfremdung »von unserer Fähigkeit, uns die Welt in ihren räumlichen, zeitlichen, sozialen, handlungspraktischen und dinglichen Dimensionen ›anzuverwandeln‹« (Rosa 2011, S. 249).

Deutlich wird also: an der sozialpädagogischen Aufgabe hat sich nichts geändert, sie stellt sich in radikalisierter Form. Auch ändert die diskutierte ›Entzauberung‹ des Subjekts, welche die Pädagogik nachhaltig irritiert, nichts an der Zentralstellung des Subjekts in der Sozialpädagogik. Die Irritation der Pädagogik scheint dabei vor allem in einer spezifischen Lesart dieser ›Entzauberung‹ zu gründen, in jener nämlich: »Das Subjekt eignet sich die Welt an und nicht umgekehrt« (Böhnisch 2018, S. 42). Mit der weiter oben skizzierten Perspektive der Subjektivierung wird hingegen deutlich, dass diese Lesart, nach der sich nun die Welt das Subjekt einverleibt, in die Irre führt. Es gibt keine Umkehrung in dem Sinne, wie sie von Böhnisch angedeutet wird, vielmehr gibt es ein Sowohl-als-Auch. Damit ist das von der Sozialpädagogik adressierte Subjekt nicht mehr das sich selbst völlig transparente Subjekt, das zu seiner Eigentlichkeit hin zu befreien wäre. Es ist ein begrenzt unterworfenes und gleichermaßen ein begrenzt autonomes Subjekt, das in seiner Doppelbewegung der Aneignung (bzw. Anverwandlung) und Distanzierung von Welt in den sozialpädagogischen Blick gerät, insofern diese je individuelle, konkrete und eigenwillige Doppelbewegung behindert bzw. verhindert und Subjektivität beschädigt wird.

Dieser sozialpädagogische Blick ist institutionell vermittelt und kommt entsprechend an pädagogisch inszenierten Orten zum Tragen, Sozialpädagogik meint damit immer auch ein Ortshandeln (Winkler 2011). Eingedenk der skizzierten Herausforderungen der flüchtigen Modernisierung muss der sozialpädagogische Ort den Subjekten die Möglichkeit zur Aneignung bzw. Anverwandlung des Ortes geben, damit die Orte »mehr auslösen als nur ein Gefühl des Übergangs, des Durchlaufs, des Dazwischen und Uneigentlichen, sondern auch des Angekommenseins, des Wohlfühlens, des Nichtaustauschbaren« (Treml 2000, S. 263). Sozialpädagogische Orte wollen Distanz schaffen, wollen den Subjekten andere Erfahrungen ermöglichen, »als es die Subjektivierungsweisen einer Norm und deren Führungs- oder Wahrheitsregimes mit sich bringen« (Bünger 2019, S. 110). Sie wollen Entwicklungsprozesse anregen und rahmen, einen anderen Blick auf sich selbst und soziale Zusammenhänge ermöglichen. Dafür eröffnen sie Zeit-, Möglichkeits- und Anerkennungs-Räume, um neue Handlungsmöglichkeiten zu erschließen und zu erproben, was i. d. R. mit Konflikten einhergeht. So manche Erprobung stellt sich als Herausforderung für das Miteinander heraus. Gleichwohl können die Subjekte im Wissen darum, dass Entwicklungsprozesse nicht konfliktfrei zu haben sind, mit Nachsicht und Fehlerfreundlichkeit rechnen. Darüber hinaus ermöglichen sozialpädagogische Orte die Erfahrung einer Kontinuität »*des kleinen Sozialen*« (Winkler 2015, S. 223; Herv. i. O.), die Erfahrung von gemeinschaftlichen Zusammenhängen und Solidarität und Geborgenheit also (vgl. Winkler 2011). Sozialpädagogische Orte betonen damit die konstitutive Bedeutung zwischenmenschlichen Angewiesenseins.

Ein Schritt in eine neue Richtung, die Entwicklung einer neuen Sichtweise, ein Lernen, sei es ein Neu-Lernen oder Um-Lernen etc. – Dies geschieht gerahmt und gefördert durch den sozialpädagogischen Ort, allerdings nicht quasi von allein, also als Leistung eines autonomen Subjekts. Natürlich kann Entwicklung letztlich nur durch das Subjekt selbst vollzogen werden, dieser Prozess muss allerdings erzieherisch begleitet, eingefordert und gewürdigt werden (vgl. Stenger 2015, S. 80). Erst Erziehung ermöglicht Lern- und Veränderungsprozesse und realisiert sich im Spannungsfeld von Tradition bzw. Überlieferung und Zukunftsfähigkeit. Erziehung bringt die Heranwachsenden auf der einen Seite in ein Verhältnis zu den historisch gewachsenen, sozialen und kulturellen Wahrnehmungs-, Ausdrucks- und Anrufungsformen einer Gesellschaft. Dazu muss Erziehung anregen und ermuntern, allerdings auch (an-)leiten und verbieten. »Ein Teil der Zumutung des Erziehens besteht auch darin, dass das Symmetriegebot aus fürsorglichen Gründen verletzt werden muss« (Reichenbach 2018, S. 43). Auf der anderen Seite schafft Erziehung gerade durch die Vermittlung jener Ausdrucksformen wieder Distanz zu diesen. »Man zeigt Kinder und Jugendlichen etwas, damit sie es kennen, damit sie mit ihm umgehen können. Das bedeutet, dass sie zugleich gegenüber diesem freigestellt werden« (Winkler 2018c, S. 137). Erziehung fordert auf zur Selbsttätigkeit, das Ortshandeln will diese dann stabil rahmen und will dem Experimentieren mit dem Alten und Neuen Raum geben. Erziehung eröffnet in diesem Prozess die Möglichkeit der Bildung, Erziehung muss als Voraussetzung für Bildung gefasst werden (vgl. Winkler 2006b). Bildung bezeichnet dabei einen Distanzierungsprozess, der es dem Subjekt erlaubt, eigene Selbst- und Weltbilder und die damit verbundenen (Selbst-)Gewissheiten zu distanzieren und in Frage zu stellen. Sie markiert »den Moment des Fraglich-Werdens, in dem ein Verhältnis zu den ambivalenten Zu-Mutungen und Aktivierungsformen entsteht« (Bünger 2013, S. 19). Wir haben allerdings gesehen, dass die flüchtige Moderne »den irritierenden Teil des Bildungsprozesses, d. h. die Auslösung von Reflexion durch Entfremdung, in ihre *Struktur* aufgenommen« (Herzog 2006, S. 564; Herv. i. O.) hat. Damit sind Bildungsprozesse weder notwendig kritisch noch zwingend affirmativ, vielmehr sind Affirmation und Kritik gleichzeitig mit dem Begriff der Bildung verbunden, der sich damit kaum vereindeutigen lässt (vgl. Ecarius et al. 2009, S. 255).

Sozialpädagogik geht es um die Autonomie und Mündigkeit der Subjekte, was angesichts der Tatsache, dass Autonomie und Mündigkeit zum zentralen Anforderungsprofil unternehmerischer Subjektivität gehören, eine einigermaßen schwierige Angelegenheit ist. Wir haben gesehen, dass die entsprechenden Anrufungen geradezu als Motor von Entbettungs-, Entfremdungs- und Erschöpfungsprozessen fungieren können. Dagegen macht Sozialpädagogik ein Verständnis von Mündigkeit stark, das die in den gegenwärtigen Anrufungen des Subjekts enthaltene Verherrlichung und Verklärung der Autonomie distanziert und verdeutlicht, dass jedes selbstbestimmte Leben eingelassen ist in vielfältige Formationen der Angewiesenheit und Abhängigkeit. Mündigkeit selbst wird dabei also weder als eine Art herrschaftsfreier Zustand noch als pädagogisches Leitbild einer Vervollkommnung des Subjekts idealisiert, vielmehr wird das In- und Miteinander von Autonomie und Fremdbestimmung in den Blick genommen. Mündigkeit und Unmündigkeit werden somit als zwei Seiten einer Medaille und nicht als zwei entgegengesetzte Pole verstanden (vgl. Rieger-Ladich 2002, S. 170 ff.). In diesem Sinne verbindet der Begriff der Mündigkeit »das Streben nach Überschreitung der existierenden Grenzen mit der Anerkennung der Angewiesenheit auf andere« (ebd., S. 176) und zielt ab auf »die Fähigkeit, die Differenz von Souveränität und Unterworfensein zu gestalten« (Meyer-Drawe 1998, S. 48). Erziehung kann als zwingende Voraussetzung, als Bedingung für die Möglichkeit der Gestaltung jener Differenz betrachtet werden, während sich der Prozess der Gestaltung selbst als Bildungsbewegung des Subjekts fassen lässt.

1.5 Grenzen des sozialpädagogischen Projekts

Im Rahmen der flüchtigen Moderne lassen sich, dies ist deutlich geworden, eine ganze Reihe von Verlegenheiten und Grenzen identifizieren, die Sozialpädagogik zu bearbeiten sucht. Sie zeigt auf diese, markiert ihre Zuständigkeit, indem sie sie als sozialpädagogische Verlegenheiten und Grenzen definiert, und macht sie damit für Disziplin und Profession sichtbar und der Bearbeitung zugänglich. Neben die sozialpädagogischen Verlegenheiten und Grenzen treten dabei aber immer auch Verlegenheiten und Grenzen der Sozialpädagogik selbst. Wenn abschließend eben solche zumindest schlaglichtartig diskutiert werden sollen, verbindet sich damit kein Anspruch auf Systematik oder gar Vollständigkeit. Vielmehr sollen, im Anschluss an die zentralen Momente des eben skizzierten sozialpädagogischen Projekts, solche Verlegenheiten und Grenzen der Sozialpädagogik markiert werden, die m. E. gegenwärtig zu wenig Aufmerksamkeit in der Debatte erhalten, deren Bearbeitung allerdings konstitutiv für die Bewältigung des sozialpädagogischen Auftrags ist.

Die pädagogische Verlegenheit des Ortshandelns

Wer im dargelegten Sinne von sozialpädagogischem Ortshandeln spricht, muss sich unangenehme Fragen, ja sogar Vorwürfe gefallen lassen. So ist bspw. Peters (1999, S. 939 ff.) rechtzugeben, wenn er für die Heimerziehung feststellt, dass sich zwischen der pädagogischen Intention und Theorie der Heimerziehung auf der einen und ihrem realen Erleben als disziplinierender Eingriff und ihrer gesellschaftlichen Funktion der Normalisierung auf der anderen Seite ein markantes Missverhältnis feststellen lässt. Wenn sich Heimerziehung gegenwärtig mehrheitlich am »Paradigma der Verwahrung« (Schrödter 2017, S. 343) orientiert, stehen Ausführungen zu pädagogischen Ansprüchen eines Ortshandelns stets in der Gefahr, als pädagogischer Kitsch oder realitätsvergessene Romantisierung abgetan zu werden. So nachvollziehbar manche dieser Kritiken und Vorwürfe auch sind, ändert dies vor dem Hintergrund der skizzierten gesellschaftlichen Wandlungsprozesse nichts an der Notwendigkeit der Einforderung eines sozialpädagogischen Ortshandelns, das diesen Namen verdient. Schrödters (2017) eindrucksvolle Forderung nach einer Neuorientierung der stationären Unterbringung als ethische Praxis lässt sich ganz in diesem Sinne lesen. Er plädiert u. a. dafür, dass Heimerziehung eine »selbstzwecklich wertvolle Sozialform« (ebd., S. 351) darstellen, und nicht primär Kinder und Jugendliche, sondern eben eine gemeinsame Praxis beherbergen sollte, die um ihrer selbst und der sich in ihr artikulierenden Werte willen geschätzt werden kann. Dieses Plädoyer korrespondiert mit den vorgebrachten Forderungen nach sozialpädagogisch organisierten Orten, die anverwandelbar sein, Distanzierung und andere, neue Erfahrungen sowie das Gestalten und Erleben solidarischer Gemeinschaftsbezüge ermöglichen sollen. Gegenwärtig aber findet es noch nicht hinreichend Gehör, auch fehlt es weitgehend an einer einschlägigen, auch empirisch orientierten Auseinandersetzung mit den (Un-)Möglichkeiten des sozialpädagogischen Ortshandelns.

Die pädagogische Verlegenheit des sozialpädagogischen Zugangs zum Subjekt

Sozialpädagogik hat, zumindest soweit es Kinder und Jugendliche betrifft, mit institutionell vermittelten Erziehungsprozessen zu tun. Es wurde nahegelegt, Erziehung, nicht zuletzt wegen ihrer Bedeutung für die Bildungsbewegung des Subjekts als eine konstitutive, nicht substituierbare Aufgabe zu betrachten. In der Erziehungswissenschaft und der Sozialen Arbeit aber wird der Erziehungsbegriff zunehmend verdrängt, er wird zu einer Art »dirty term« (Drerup 2016, S. 131). Mögliche Gründe dafür sind vielfältig. Ein gemeinsamer Bezugspunkt der Ablehnung scheint dabei die Verkürzung von Erziehung auf das Moment der Fremdbestimmung zu sein. Dies ist in so manchen Fällen durchaus nachvollziehbar, denkt man an Tendenzen einer ›Technologisierung‹ des sozialpädagogischen Geschäfts, also den zunehmenden und häufig naiven Einsatz von technischen Hilfsmitteln (▶ Kap. 6). Erziehung, verkürzt auf die Idee eines fremdbestimmten Eingriffs, kann darüber hinaus Ablehnung erfahren vor dem Hintergrund der diskutierten, völlig überzogenen Autonomiekonzeptionen in der flüchtigen Moderne (vgl. Drerup 2016, S. 131). Ohne dies hier weiter ausführen zu können, muss festgehalten werden, dass in der Sozialen Arbeit Erziehung, ja sogar Pädagogik insgesamt, auf eine eigentümliche Art und Weise verkürzt wird auf Fremdbestimmung und in der Folge z. T. massive Ablehnung erfährt (vgl. Winkler 2018c, S. 124).

Während also Erziehung vermehrt als (unzumutbare) Zumutung diskreditiert wird, erhält Bildung weit mehr Aufmerksamkeit in der Debatte, allerdings in einem anderen Zuschnitt, als dies oben skizzenhaft vorgeschlagen wurde. Denn auch Bildung wird inzwischen mehrheitlich verkürzt und in ihrem kritischen Potential beschnitten, indem sie, ganz im Sinne der Anrufung zum Unternehmertum, vor allem als Instrument verhandelt wird, mit dem sich Employability und die Konkurrenzfähigkeit des Standorts sicherstellen lässt. Der Bildungsbegriff wird auf diese Weise vereindeutigt in Bezug auf eine Perspektive auf den Menschen als Humankapital, was auch auf (sozial-)pädagogische Institutionen durchschlägt: »Die Erziehungsinstitutionen kommen so unter einen bildungstechnologischen Druck: Sie müssen linear und direkt reagieren, Umwege werden diskreditiert« (Böhnisch 2018, S. 43). Bildung kommt dann nur noch im Lichte von Effizienz, Messbarkeit, Testfähigkeit, Standards, Wettbewerb etc. in den Blick (vgl. Ecarius et al. 2009, S. 249) und wird reduziert auf einen (lebenslangen) Prozess der (Selbst-)Optimierung, auf eine Verwertungs- und Steigerungsperspektive also. Der Kompetenzdiskurs tritt auf den Plan und fordert (mess- und testfähige) Schlüsselkompetenzen, die aber unter Bedingungen der Beschleunigung und des rasanten Wandels letztlich eine große Beliebigkeit und Unklarheit mit sich bringen. »Kaum etwas, das keine Schlüsselkompetenz ist, da nicht mehr zu erkennen ist, welche Türen diese Schlüssel eigentlich öffnen sollen, was mit ihnen überhaupt Relevantes erschlossen werden kann« (Reichenbach 2018, S. 81; Herv. i. O.). Sozialpädagogik sieht sich mithin gegenwärtig in den eigenen Reihen mit einer Verklärung ihres Zugangs zum Subjekt konfrontiert, da Erziehung und Pädagogik insgesamt zu einer Zumutung reiner Fremdbestimmung und die Bildungsbewegung des Subjekts zu einer Selbstoptimierungsbewegung verzerrt werden.

Die pädagogische Verlegenheit der Sozialen Arbeit

In engem Zusammenhang damit stehen die Veränderungen der Sozialen Arbeit im Post-Wohlfahrtsstaat. Zunehmend wird Soziale Arbeit nach den Prämissen marktförmiger Konkurrenz gestaltet. Es geht dann vor allem um eine wirkungsorientierte Steuerung, effizientes (Kontrakt-)Management, eine Neujustierung der Praxis Sozialer Arbeit anhand von Ergebnissen der empirischen Wirkungsforschung, um Standardisierung etc. (vgl. Ziegler 2008, S. 165 f.). Soziale Arbeit kritisiert diese neosozialen Tendenzen auf der einen Seite häufig in scharfer Form, auf der anderen Seite aber bedient sie sich dieser in aktiver Weise und baut sie in neue Professionalisierungsstrategien ein. Sie hat in diesem Sinne ein »tiefgreifendes Glaubwürdigkeitsproblem«« (Hansen 2005, S. 120, zit. n. Galuske 2008, S. 221). Dieses hindert die Soziale Arbeit aber nicht daran, in bisher unbekanntem Masse »zum Agenten der eigenen Sache im Wohlfahrtsgeschäft« (Winkler 2018b, S. 297) zu werden und sich dabei selbst in großen Teilen vor allem als Sozialmanagement auszugeben. Im Zuge dieser Transformation wird pädagogisches durch managerielles Denken abgelöst. Es wird der Schulterschluss mit der Sozialpolitik gesucht, sozialstrukturelles Denken dominiert das Geschehen. Soziale Arbeit wird politischer, allerdings eher in der Eigenschaft eines verlängerten Arms der (Sozial-)Politik und nicht als Kritikerin der Gesellschaft. Die Engführung der Sozialen Arbeit auf ein sozialstrukturelles und sozialpolitisches Denken führt in der Konsequenz dazu, dass sie vor dem Subjekt stehen bleibt, dass das Subjekt in seiner je eigenwilligen Bildungsbewegung und seiner (Erziehungs-)Bedürftigkeit gar nicht mehr in den Blick kommt. Man konzentriert sich auf die Forderung der Veränderung und Verbesserung von Rahmenbedingungen und geht davon aus, dass die autonomen Subjekte ihr Leben dann schon meistern werden (vgl. Winkler 2018c, S. 124 f.). Man kann in diesem Sinne von einer pädagogischen Verlegenheit und einer Notwendigkeit der Repädagogisierung der Sozialen Arbeit sprechen.

Die empirische Verlegenheit des sozialpädagogischen Blicks auf das Subjekt

Sozialpädagogik will Entwicklungs- und Veränderungsprozesse ermöglichen und fragt dafür nach der je spezifischen Art und Weise, in welcher sich das Subjekt die Welt und ihre Anrufungen gleichsam aneignet und distanziert, wie das Subjekt das Differenzverhältnis von Souveränität und Unterworfensein (vgl. Meyer-Drawe 1998, S. 48) gestaltet und inwieweit Bedingungen der Möglichkeit dieser Gestaltung gegeben sind bzw. verstellt und nicht realisiert werden. In diesem Sinne interessiert sich Sozialpädagogik für die Empirie der Subjektivierung, also etwa für die Rekonstruktion von i. d. R. als nicht gelungen bezeichneten Positionierungsprozessen von Subjekten gegenüber ihren Anrufungen. Die Anrufung als unternehmerisches Subjekt ist ein hegemoniales Leitbild spätmoderner Subjektivität, gleichwohl sehen sich die Subjekte einer ganzen Reihe weiterer, sehr unterschiedlicher und sich zunehmend differenzierender Anrufungen ausgesetzt. Ihr gemeinsamer Fluchtpunkt besteht dabei in der Forderung, »dass sich die Individuen zu ihnen als freie und eigenverantwortliche Subjekte verhalten sollen« (Schäfer 2019, S. 125). (Sozial-)Pädagogisch motivierte Subjektivierungsanalysen müssten Auskunft darüber geben, in welchen Formen diese Forderung an (sozial-)pädagogisch inszenierten Orten, vermittelt über institutionelle Rahmungen und Anrufungen, (heimliche) Curricula, institutionsspezifisch konturierte Entwürfe von professionellem Handeln etc. ventiliert werden und eine empirische Gestalt erhalten. Sodann wäre zu fragen, inwieweit diese Gestalt subjektive Aneignungs-, Distanzierungs-, Lern- und Entwicklungsprozesse ermöglicht und/oder verstellt. Solche Subjektivierungsanalysen richten sich somit immer auch kritisch-reflexiv auf das eigene pädagogische Tun, auf Möglichkeiten und Chancen der Steigerung von Handlungsmacht auf Seiten der Adressat*innen, aber eben auch auf Blindstellen, eigene (unreflektierte) Grenzziehungsprozesse etc. Gegenwärtig finden sich zwar durchaus Forderungen nach entsprechenden Subjektivierungsanalysen (vgl. Kessl 2013, S. 92), realisiert werden sie allerdings kaum.

1.6 Fazit

Sozialpädagogik ist ein waghalsiges Unterfangen. Sie insistiert auf die Notwendigkeit einer Erziehung, die das Moment der Bildung bereits in sich trägt. Sie tut dies unter gesellschaftlichen Bedingungen, unter denen die Voraussetzungen für Erziehung zunehmend unterspült werden, und unter denen Erziehung nicht nur die Legitimation als ein disziplinärer Leitbegriff einbüßt, sondern nahezu gänzlich verdrängt wird. Sie erinnert im Zusammenhang mit Erziehungs- und Bildungsprozessen an deren Fragilität und prinzipielle Unverfügbarkeit, während große Teile der Sozialen Arbeit den Machbarkeitsimperativen des Managements huldigen und es vorziehen, vor der konfliktreichen und voraussetzungsvollen Bildungsbewegung des Subjekts stehenzubleiben. Sozialpädagogik ist skeptisch gegenüber den hegemonialen, verkürzten und überzogenen Konzeptionen von Autonomie als unbedingter Selbstbestimmung und betont das Moment des zwischenmenschlichen Angewiesenseins und der Bedürftigkeit der Subjekte. Sie will im Medium der Erziehung und des Ortshandelns Bedingungen der Möglichkeit für Bildung und Mündigkeit organisieren, wobei sie betont, dass Mündigkeit stets mit Unmündigkeit durchzogen ist und umgekehrt. Sie will mit und an ihren Orten Anverwandelbares bereitstellen und organisieren, für den unmittelbaren Lebenszusammenhang und im Blick auf eine offene Zukunft. Dafür fordert sie Übungs- und Experimentierfelder ein, die Gewagtes, Umwege, Fehler, Konflikte etc. institutionell absichern. Dies tut sie, immer auch in selbstkritischer Perspektive auf das eigene Tun, auch und gerade unter Bedingungen, unter denen Standards sowie Effizienz- und Messbarkeitsforderungen das Geschehen dominieren. All dies ist unwahrscheinlich, bleibt aber unhintergehbare Aufgabe einer Sozialpädagogik in der flüchtigen Moderne.

Literatur

Anhalt, E. & Welti, G. (2018). Operieren mit Differenzen. Zur Frage nach dem Ort der Pädagogik in der Modernisierung. In U. Binder (Hrsg.), Modernisierung und Pädagogik – ambivalente und paradoxe Interdependenzen (S. 12–30). Weinheim, Basel: Beltz Juventa.
Bauman, Z. (2000). Flüchtige Moderne. Frankfurt a. M.: Suhrkamp.
Böhnisch, L. (2018). Die Verteidigung des Sozialen. Ermutigungen für die Soziale Arbeit. Weinheim, Basel: Beltz Juventa.
Börner, S., Oberthür & J., Stiegler, A. (2018). Autonomie in der Krise? In U. Bohmann et al. (Hrsg.), Praktiken der Selbstbestimmung. Zwischen subjektivem Anspruch und institutionellem Funktionserfordernis (S. 237–263). Wiesbaden: Springer.
Bröckling, U. (2004). Unternehmer. In U. Bröckling, S. Krasmann & T. Lemke (Hrsg.), Glossar der Gegenwart (S. 271–276). Frankfurt a. M.: Suhrkamp.
Bröckling, U. (2012). Der Ruf des Polizisten. Die Regierung des Selbst und ihre Widerstände. In R. Keller et al. (Hrsg.), Diskurs – Macht – Subjekt. Theorie und Empirie von Subjektivierung in der Diskursforschung (S. 131–144). Wiesbaden: Springer.
Bünger, C. (2013). Bildung und Emanzipation? Perspektiven nach dem Ende ihres selbstverständlichen Zusammenhangs. In E. Christof & E. Ribolits (Hrsg.), Bildung und Emanzipation (S. 7–22). Innsbruck: Studien Verlag.

Bünger, C. (2019). Negative Normativität. Zur prekären Konstitution pädagogischer Kritik. In W. Meseth et al. (Hrsg.), Normativität in der Erziehungswissenschaft (S. 95–114). Wiesbaden: Springer.

Dörre, K. (2003). Zwischen Freisetzung und Prekarisierung. Arbeitspolitik im flexiblen Kapitalismus. Jahrbuch für kritische Medizin, 39, 10–30.

Drerup, J. (2016). Soziorelationale Autonomie, liberaler Individualismus und die Haltlosigkeit des modernen Selbst. In N. Ricken, R. Casale & Ch. Thompson (Hrsg.), Die Sozialität der Individualisierung (S. 127–160). Paderborn: Ferdinand Schöningh.

Ecarius et al. (2009). Bildung in erziehungswissenschaftlichen Reflexionskulturen. In W. Melzer & R. Tippelt (Hrsg.), Kulturen der Bildung. Beiträge zum 21. Kongress der Deutschen Gesellschaft für Erziehungswissenschaft (S. 247–259). Opladen, Farmington Hills: Budrich.

Ecarius, J. et al. (2017). Spätmoderne Jugend – Erziehung des Beratens – Wohlbefinden. Wiesbaden: Springer.

Foucault, M. (2000). Die Gouvernementalität. In U. Bröckling, S. Krasmann & T. Lemke (Hrsg.), Gouvernementalität der Gegenwart. Studien zur Ökonomisierung des Sozialen (S. 41–67). Frankfurt a. M.: Suhrkamp.

Galuske, M. (2008). Neuer Professionalisierungsschub oder Gefährdung des Professionsprojekts? In R.-Ch. Amthor (Hrsg.), Soziale Berufe im Wandel. Vergangenheit, Gegenwart und Zukunft Sozialer Arbeit (S. 205–228). Baltmannsweiler: Schneider Verlag Hohengehren.

Herzog, W. (2006). Zeitgemässe Erziehung. Die Konstruktion pädagogischer Wirklichkeit. Weilerswist: Velbrück.

Kessl, F. (2013). Soziale Arbeit in der Transformation des Sozialen. Wiesbaden: Springer.

Koerrenz, R. & Winkler, M. (2013). Pädagogik. Eine Einführung in Stichworten. Schöningh: UTB.

Kropf, J. (2005). Flexibilisierung – Subjektivierung – Anerkennung. Auswirkungen von Flexibilisierungsmaßnahmen auf die Anerkennungsbeziehungen im Unternehmen. München: Biblion.

Masschelein, J. (2003). Trivialisierung von Kritik. Kritische Erziehungswissenschaft weiterdenken. Zeitschrift für Pädagogik, Beiheft 46, 124–141.

Mennicke, K. (1926). Das sozialpädagogische Problem in der gegenwärtigen Gesellschaft. In P. Tillich (Hrsg.), Kairos. Zur Geisteslage und Geisteswerdung (S. 311–344). Darmstadt: Otto Reichl.

Meyer-Drawe, K. (1998). Streitfall »Autonomie«. Aktualität, Geschichte und Systematik einer modernen Selbstbeschreibung des Menschen. In Bauer, W. et al. (Hrsg.), Fragen nach dem Menschen in der umstrittenen Moderne (S. 31–49). Baltmannsweiler: Schneider Verlag Hohengehren.

Peters, F. (1999). Strafe und Heimerziehung. In H. Colla et al. (Hrsg.), Handbuch Heimerziehung und Pflegekinderwesen in Europa (S. 931–943). Neuwied: Luchterhand.

Petersen, N. (2018). Paradoxien der Selbstbestimmung. Überlegungen zur Analyse zeitgenössischer Subjektivität. In U. Bohmann et al. (Hrsg.), Praktiken der Selbstbestimmung. Zwischen subjektivem Anspruch und institutionellem Funktionserfordernis (S. 25–56). Wiesbaden: Springer.

Rätz, R., Schröer, W. & Wolff, M. (2014). Lehrbuch Kinder- und Jugendhilfe. Grundlagen, Handlungsfelder, Strukturen und Perspektiven. Weinheim, Basel: Beltz Juventa.

Redecker, A. (2019). Subjektivierung als Kritik. Selbstverhältnisse auf dem Prüfstand. In N. Ricken, R. Casale & Ch. Thompson (Hrsg.), Subjektivierung. Erziehungswissenschaftliche Theorieperspektiven (S. 137–157). Weinheim, Basel: Beltz Juventa.

Reichenbach, R. (2018). Ethik der Bildung und Erziehung. Paderborn: UTB.

Ribolits, E. (2013). Das Ende der Emanzipation. In E. Christof & E. Ribolits (Hrsg.), Bildung und Emanzipation (S. 23–39). Innsbruck: Studien Verlag.

Rieger-Ladich, M. (2002). Pathosformel Mündigkeit. Beobachtungen zur Form erziehungswissenschaftlicher Reflexion. Vierteljahresschrift für wissenschaftliche Pädagogik, 2, S. 153–182.

Rosa, H. (2011). Entfremdung in der Spätmoderne. Umriss einer Kritischen Theorie der sozialen Beschleunigung. In C. Koppetsch (Hrsg.), Nachrichten aus den Innenwelten des Kapitalismus (S. 221–252). Wiesbaden: Springer.

Rosa, H. (2019). »Spirituelle Abhängigkeitserklärung«. Die Idee des Mediopassiv als Ausgangspunkt einer radikalen Transformation. In K. Dörre et al. (Hrsg.), Große Transformation? Zur Zukunft moderner Gesellschaften (S. 35–55). Wiesbaden: Springer.

Schäfer, A. (2019). Bildung und/als Subjektivierung. Annäherungen an ein schwieriges Verhältnis. In N. Ricken, R. Casale & Ch. Thompson (Hrsg.), Subjektivierung. Erziehungswissenschaftliche Theorieperspektiven (S. 119–136). Weinheim, Basel: Beltz Juventa.

Schrödter, M. (2017). Das Ideal der Heimerziehung. Plädoyer für eine sozialpädagogische Neuorientierung. Zeitschrift für Sozialpädagogik, 4, S. 343–375.

Stenger, U. (2015). Phänomen Erziehen. Dimensionen und Dynamiken. In M. Brinkmann et al. (Hrsg.), Pädagogische Erfahrung. Theoretische und empirische Perspektiven (S. 61–87). Wiesbaden: Springer.

Tenorth. H.-E. (1999). Kritische Erziehungswissenschaft oder: von der Notwendigkeit der Übertreibung bei der Erneuerung der Pädagogik. In C. Dietrich & H.-R. Müller (Hrsg.), Bildung und Emanzipation. Klaus Mollenhauer weiterdenken (S. 17–25). Weinheim, München: Juventa.

Treml, A. K. (2000). Allgemeine Pädagogik. Grundlagen, Handlungsfelder und Perspektiven der Erziehung. Stuttgart: Kohlhammer.

Winkler, M. (2006a). Kritik der Pädagogik. Der Sinn der Erziehung. Stuttgart: Kohlhammer.

Winkler, M. (2006b). Bildung mag zwar die Antwort sein – das Problem aber ist Erziehung. Zeitschrift für Sozialpädagogik, 4, S. 182–201.

Winkler, M. (2011). Der pädagogische Ort. In N. Meder et al. (Hrsg.), Erziehungswissenschaft und Gesellschaft. Handbuch der Erziehungswissenschaft 6 (S. 30–68). Paderborn: Ferdinand Schöningh.

Winkler, M. (2015). Soziale Arbeit und Sozialpädagogik in der Moderne. In R. Braches-Chyrek (Hrsg.), Neue disziplinäre Ansätze in der Sozialen Arbeit (S. 199–225). Opladen, Berlin, Toronto: Budrich.

Winkler, M. (2018a). Sozialpädagogik als Grundlage der Kinder- und Jugendhilfe. In K. Böllert (Hrsg.), Kompendium Kinder- und Jugendhilfe (S. 1355–1374). Wiesbaden: Springer.

Winkler, M. (2018b). Normalisierung als Verschwinden. Sozialpädagogik im Modernisierungsprozess. In U. Binder (Hrsg.), Modernisierung und Pädagogik – ambivalente und paradoxe Interdependenzen (S. 281–310). Weinheim, Basel: Beltz Juventa.

Winkler, M. (2018c). Kritik der Inklusion. Am Ende eine(r) Illusion. Stuttgart: Kohlhammer.

Ziegler, H. (2008). Sozialpädagogik nach dem Neo-Liberalismus. Skizzen einer post-sozialstaatlichen Formierung Sozialer Arbeit. In B. Bütow, K. A. Chassé & R. Hirt (Hrsg.), Soziale Arbeit nach dem Sozialpädagogischen Jahrhundert. Positionsbestimmungen Sozialer Arbeit im Post-Wohlfahrtsstaat (S. 159–176). Opladen, Farmington Hills: Budrich.

2 Strafen und Disziplinieren: Verhandlungen um die Grenzen des Pädagogischen

Sophia Richter

2.1 Strafen in der Erziehung – Einleitung

Im pädagogischen Alltag werden Strafen von pädagogischen Fachkräften zumeist als ›notwendiges Übel‹ beschrieben, womit das eigene Praktizieren zugleich legitimiert und problematisiert wird. Das Thema sei ein schwieriges Thema, so von zahlreichen Lehrkräften im Rahmen einer Feldforschung an zwei Ganztags- und Gesamtschulen beschrieben (vgl. Richter 2019). Doch was genau macht das Thema zu einem schwierigen Thema? Im Rahmen von Interviews mit Lehrkräften ließ sich diese Frage nicht tiefergehend beantworten, da die Schwierigkeit des Themas Strafe(n) zugleich mit Schwierigkeiten des Sprechens darüber einherzugehen scheint. »Bei mir gibt es keine Strafen, sondern nur Konsequenzen«, so eine Lehrerin ohne dabei – auch nicht auf Nachfrage – inhaltlich auf diese Unterscheidung und damit einhergehende Praktiken einzugehen. Ein anderer Lehrer hebt im Interview hervor: »Bei mir gibt es keine Strafe als Strafe«. Doch was bedeutet das? Auf welche Differenzierungen verweisen hier die Lehrkräfte und weshalb scheint es notwendig zu sein, sich im Sprechen über Strafe(n) positionieren zu müssen?

Die Differenzierungen der Lehrkräfte verweisen auf Diskurse um Strafen in der Erziehung, wonach es scheinbar unterschiedliche, vermeintlich ›bessere‹ und ›schlechtere‹ Strafen gibt. Durch eine Problematisierung bzw. Negativbesetzung des einen erfolgt eine Positivbesetzung des anderen, wobei die Lehrkräfte über die Differenzierung die eigenen Praktiken als nicht bzw. weniger problematisches Handeln legitimieren und sich im Sprechen auf der ›positiven Seite‹ positionieren.

Doch was zeichnet den Diskurs um Strafen aus, der pädagogische Fachkräfte offenbar dazu bewegt, sich im Sprechen über das Phänomen und im eigenen Handeln abgrenzen und positionieren zu müssen? Was macht das Handeln zu einem scheinbar notwendigen und zugleich problematischen Handeln? Die Suche nach Antworten gestaltet sich als ein schwieriges Unternehmen, da es vonseiten der Erziehungswissenschaften seit über 45 Jahren kaum relevante Beiträge zu diesem Thema gibt. Aus wissenschaftlicher Perspektive scheinen Strafen aus der Erziehung verschwunden zu sein, zumindest scheinen sie für wissenschaftliche Auseinandersetzungen keine Relevanz zu haben. Bei der Suche nach Antworten auf die Grenzziehungen im Sprechen pädagogischer Fachkräfte stößt man folglich auf den Umstand der Begrenzung des Sprechens im wissenschaftlichen Kontext. Das kann als erstes Indiz für die Schwierigkeit des Sprechens über das Thema seitens der pädagogischen Fachkräfte gedeutet werden; doch es bleibt offen, weshalb das Sprechen über Strafe und Strafen von Differenzierungen, Problematisierungen und Positionierungen geprägt ist. Es gilt somit zunächst das ›Schweigen‹ der Wissenschaft ins Zentrum des Forschungsinteresses zu stellen, um im Anschluss daran zu fragen, welche Effekte dies für die pädagogische Praxis hat. Es ist davon auszugehen, dass beim Sprechen auf unterschiedliche Wissensbestände Bezug genommen wird, was zu spezifischen Formen des (Nicht-)Sprechens führt.

Der vorliegende Artikel spürt diesem Schweigen nach. Auf Grundlage der analytischen Rekonstruktion diverser Debatten um das Phänomen Strafe(n) im Rahmen der Studie »Pädagogische Strafen. Verhandlungen und Transformationen« (Richter 2018), werden im Folgenden anhand exemplarischer Einblicke in die Debatten einige der zentralen Ergebnisse der Analysen nachgezeichnet. Dazu wird zunächst im zweiten Kapitel der Frage nachgegangen, wie man sich forschend einem Phänomen annähern kann, über das geschwiegen wird. Wie lässt sich Nichtthematisierung analytisch zum Gegenstand von Forschung machen? Im dritten und vierten Kapitel werden die Ergebnisse einer Analyse von pädagogischen Lexikabeiträgen im Zusammenhang mit einer Systematisierung wissenschaftlicher Formen der Thematisierung von Strafe über einen Zeitraum von hundert Jahren vorgestellt und unterschiedliche Transformationen des Phänomens herausgearbeitet. Das fünfte Kapitel fokussiert die Ergebnisse der Analyse als Verhandlungen um Grenzen des Pädagogischen, woran sich ein Ausblick anschließt, der dazu auffordert, sich auf einen Perspektivwechsel hinsichtlich des Phänomens Strafen einzulassen.

2.2 Schweigen als Gegenstand von Forschung – methodologisch-methodische Zugänge

Weitet man den Blick auf das Thema Strafe(n) – jenseits aktueller erziehungswissenschaftlicher Auseinandersetzungen – eröffnet sich ein kaum zu überschauendes Feld mit zahlreichen Positionen, Forderungen und theoretischen Überlegungen, die den Sinn und Zweck von Strafen im Kontext von Erziehung und gesellschaftlichem Zusammenleben begründen oder widerlegen. Strafen sind historisch eingebunden in gesellschaftliche Wandlungsprozesse, politische Strömungen, rechtliche Auffassungen, anthropologische und philosophische Überlegungen, Erziehungsideologien, Lebensordnungen, Wertvorstellungen, Normsetzungen, sittlich-religiöse Grundhaltungen sowie in die damit einhergehenden Menschenbildern und Generationsverhältnissen.[1] Wie nähert man sich einem

---

1 Eine Aufbereitung und Systematisierung von Perspektiven und Positionen zum Phänomen Strafe(n) aus erziehungswissenschaftlicher Perspektive findet sich bei Scheibe 1967; Netzer 1983 und Richter 2018.

Phänomen an, das durchzogen ist von interdisziplinären Deutungen, historischen Wandlungen, feldspezifischen Logiken und somit nur in seinen jeweiligen Kontextualisierungen erfasst werden kann? Wie kann man ein vermeintliches Verschwinden von Strafe im Feld der Erziehungswissenschaften zum Gegenstand einer Analyse machen? Dies bedarf eines analytischen Zugangs, der das Terrain von Formen des (Nicht-)Sprechens, von Auseinandersetzungen um Wissen in den Fokus rückt. Anstelle der Fokussierung einzelner Positionen und Perspektiven in ihren jeweiligen Argumentationslogiken gilt es, Verhandlungen, Abgrenzungen, Transformationen und Formen des Betonens oder Schweigens einer systematischen Analyse zu unterziehen (vgl. Richter 2018).[2]

Die Analyse pädagogischer bzw. erziehungswissenschaftlicher Lexika und Wörterbücher[3] bietet sich für dieses Vorhaben als Zugang an, da sie als Formen pädagogischer Wissens(re)produktion Wissen enzyklopädisch systematisieren, das zu einem bestimmten historischen Zeitpunkt für die Disziplin und Professionen als relevantes Wissen erachtet wird. Sie sind Dokumentationen eines als gültig deklarierten und definierten Wissens und leisten so einen »entscheidenden Beitrag zum jeweiligen disziplinären Diskurs, sie sind als Kanonisierungsinstrumente auch diskursformierend« (Horn et al.2012, S. 7). In Lexika ordnen sich Wissensbestände die »in einem Wissensgebiet bestimmen, *wie wir wissen, was wir wissen*« (Knorr Cetina 2002, S. 11; Herv. i. O.). Es handelt sich um zeitlich-historische, disziplinär verortete und mit Theorien durchzogene Ausschnitte von Wissen. Dies gilt es wiederum als Kontextualisierung reflexiv in die Analysen einzubeziehen.[4]

Im Anschluss an eine Recherche deutschsprachiger pädagogischer bzw. erziehungswissenschaftlicher Lexika und Wörterbüchern über einen Zeitraum der letzten hundert Jahre[5], wurde ein Analysekorpus von insgesamt 40 pädagogischen Lexika zusammengestellt.[6] Der Korpus wurde zunächst mit einem systematisierenden Blick untersucht, bei dem erste Konjunkturen von Begriffen und Themen sowie Knotenpunkte als inhaltliche Überschneidungen und Bezugspunkte unterschiedlicher Formen der Thematisierungen im Sprechen über Strafe ausgemacht werden konnten. Dabei wurden sämtliche Verweisungszusammenhänge von Begriffen in die Analyse einbezogen.[7] Interdisziplinäre und theoreti-

---

2 Zum methodischen Vorgehen der analytischen Einbeziehung von komplexen Verweisungszusammenhängen vgl. auch Foucault 1981, 1994 (Genealogie), Friebertshäuser & Richter 2012, 2019 (Ethnographische Collage), Langer & Wrana 2010 (diskursanalytische Ethnographie).
3 Unter dem Begriff ›pädagogische Lexika‹ werden im Folgenden Lexika und Wörterbücher der Pädagogik und Erziehung zusammengefasst.
4 Eine Fokussierung auf theoretische Bezugnahmen und Konjunkturen im Kontext gesellschaftlicher Veränderungsprozesse wäre ebenfalls ein interessanter Zugang der Analyse des Phänomens Strafe(n) im Kontext von Erziehung.
5 Zur Begründung der zeitlichen Auswahl vgl. Richter 2018, S. 17.
6 Für den Zeitraum zwischen 1910 und 1960 wurden alle erschienenen Lexika genutzt, da es in diesem Zeitraum nur wenige Publikationen gibt. Ab 1960 wurden jeweils fünf bis sechs Lexika pro Jahrzehnt ausgewählt.
7 Folgende Begriffe bildeten im Anschluss an die Auswertung der Verweisungszusammenhänge den Analysekorpus: Autonomie, Autorität, Belohnung, Bestrafung, Disziplin, Dis-

sche Perspektiven in der Auseinandersetzung mit dem Phänomen Strafe(n) wurden in die Analysen integriert, insofern hier ebenfalls Verweiszusammenhänge hergestellt wurden. Der weitere Analyseverlauf zeichnete sich durch ein Changieren zwischen systematisierenden Analysen und kontrastierenden Feinanalysen aus mit dem Fokus auf Brüche, Differenzierungen und Grenzziehungen als Produkte sozialer Praxis (vgl. Wrana 2014, S. 83 f.). Im Zentrum stand die Frage: Wer (Sprecher*in) spricht mit wem (Adressat*in) wovon (Gegenstand) wann (zeithistorischer Kotext) in welcher Weise? Oder mit Foucault gefragt: »[W]ie kommt es, daß eine bestimmte Aussage erschienen ist und keine andere an ihrer Stelle?« (Foucault 1981, S. 42) Durch die Verknüpfung und Wiederholung von bestimmten Wörtern, der Zuschreibung von Eigenschaften sowie Formen expliziter und impliziter Bewertungen entstehen Konnotationsketten und Bedeutungsgefüge. Dabei werden Differenzen häufig so expliziert, dass sie nicht nur basale Strukturen erzeugen, sondern die Lesenden zu einer Positionierung für die eine Seite der Differenz auffordern (vgl. Foucault 1978, S. 192; Wrana 2014).

2.3 Transformationen von Strafen in der Erziehung

Anhand der Analysen der Wissensbestände um das Phänomen Strafe ließen sich als zentrale Markierungen unterschiedlicher Formen der Thematisierung der Übergang zu den 1970er Jahren sowie der Übergang zu den 1990er Jahren ausmachen. Die Übergänge gehen einher mit unterschiedlichen Formen des Sprechens über Strafe(n) in Form von *Legitimierungen* (bis zu den 1970er Jahren), *Problematisierungen* (ab den 1970er Jahren) und *Distanzierungen* (ab den 1990er Jahren) sowie mit begrifflichen Transformationen wie der Transformation *vom Strafen zur Disziplin*.

Bis Ende 1960er Jahre[8] wird die Strafe als ein wichtiges Erziehungsmittel hervorgehoben. »Zum Zweck der Bildung des Geistes und Charakters kann die Erziehung Lohn und S[trafe] nicht entbehren«, so bspw. von dem Theologen Hermann Mosapp 1915 (S. 1291) in dem von Ernst M. Roloff herausgegebenen »Lexikon der Pädagogik« beschrieben. Im Zentrum der Beschreibungen stehen Strafwesen, Strafzwecke, Strafformen sowie die dabei für den Erziehenden zu be-

---

ziplinierung, Disziplinschwierigkeiten, Disziplinkonflikte, Disziplinprobleme, Erziehungsmaßnahme, Erziehungsmittel, Erziehungsstil, Erziehungsstrafe, Erziehungsziel, Gehorsam, Kontrolle, Lob, Macht, Ordnungsmaßnahmen, Pädagogische Maßnahmen, Regeln, Rüge, Sanktion, Schuldisziplin, Schulstrafe, Schulzucht, Strafe(n), Tadel, Unterrichtsstörungen, Zucht, Zuchtmittel, Züchtigung, Zwang.

8 Die Jahresangaben sind grobe zeitliche Angaben, die Wandlungen des Phänomens Strafe im Kontext von Erziehung sind prozesshaft und gehen mit unterschiedlichen Formen des Sprechens zu spezifischen Zeiten einher. Die Zuordnungen sind somit nicht statisch zu betrachten, sondern eingebunden in einen dynamischen Prozess, verwoben in kontroverse Debatten.

achtenden Grundsätze der Strafpraxis. Die Strafe wird zu einer erzieherischen Kunst erklärt, deren Wirkung von den Fähigkeiten und Formen der Anwendung des Erziehenden abhängt (vgl. auch L[9] Eberhard 1931). Es bedürfe einer spezifischen pädagogischen Beziehung, damit eine Strafe erzieherisch wirke und zur gewünschten Einsicht führe. Die richtig angewandte Strafe gehe im Zweck der Erziehung zur Sittlichkeit auf. Der folgende Auszug veranschaulicht die Form des Sprechens über Strafen bis Ende der 1960er Jahre.

> »Es soll nicht zu viel gestraft werden, sonst verliert die S[trafe] an Wirksamkeit u. stumpft ab; es soll stufenweise gestraft werden, sonst werden die Erziehungsmittel zu bald aufgebraucht. Die Stufenleiter der S.n ist eine außerordentlich weitschichtige, u. schon vom reinen Nützlichkeitsstandpunkt aus gesehen ist es ein unnötiger u. schädigender Kräfteaufwand des Erziehers, wenn er sich gleich auf eine höhere od. gar auf die höchste Sprosse der Leiter emporschwingt. Bezüglich der Art der S. ist durchaus individuell zu verfahren u. auf die besonderen Verhältnisse des Zöglings, auf Alter, Geschlecht, körperliche Umstände, geistige Begabung, Temperament, Eindrucksempfänglichkeit jede mögliche Rücksicht zu nehmen. [...] Bezüglich der Verhängung der S. muß oberster Grundsatz sein, dass sie nur da angewandt wird, wo ein begangenes moralisches Unrecht vorliegt. [...] Die Stufenleiter der S.n ist eine überaus reichhaltige. Sie beginnt mit rein geistigen S.n. Wie vieles läßt sich unter Umständen schon mit einem Blick ausrichten [...]. Stärker schon u. auch dem weniger Feinfühligen verständlich ist das Strafmittel des Wortes, das bei Missfallen an einem Unrecht durch Tadel, Rüge, Zurechtweisung, Verweis, Warnung, Androhung einer empfindlicheren S. Ausdruck gibt [...]. Die geistig-sinnlichen S.n lassen sich zusammenfassen unter dem Namen Ehren-S. n, weil sie sich durch Einwirkung auf das Ehr- bzw. Schamgefühl des Zöglings an seine feineren u. höheren Triebe wenden u. immer natürlich sehr abgestuft, etwas irgendwie Entehrendes an sich haben. [...] S.n rein sinnlicher Art sind zunächst die Entziehungen. [...] Den stärksten Appell an die sinnliche Seite des Menschen stellt die körperliche Züchtigung dar« (L Mosapp 1915, S. 1292 ff.).

Zusammenfassend werden über differente Beschreibungen von Strafpraktiken und die dabei zu beachtenden Grundsätze zwischen *pädagogischen Strafen*, die dem Zweck der Erziehung dienen, *nichtpädagogischen Strafen*, die dem Zweck der Erziehung zuwiderlaufen und *vorpädagogischen Strafen* als Disziplinarstrafen, die dem Zweck der Herstellung der Basis für Erziehung dienen, unterschieden. Die Grenze zwischen pädagogischen und nichtpädagogischen Strafen wird dabei kontrovers diskutiert. Gemeinsam ist den Auffassungen die Notwendigkeit der Einsicht in das Vergehen, wobei diese mal Voraussetzung für Strafe und mal Ziel der Strafe ist. Einigkeit besteht ebenfalls in dem übergeordneten Ziel der Veredelung des Charakters, der sittlichen Weckung bzw. Höherführung, Uneinigkeit besteht darin, welche Strafformen für dieses Ziel zur Anwendung kommen sollen, was sich besonders an Disputen um die körperlichen Züchtigungen zeigt.

Ende der 1960er Jahre werden Strafen zunehmend in ihrer erzieherischen Funktion hinterfragt und als Gefährdung von Erziehung vor dem Hintergrund unterschiedlicher Strafgefahren problematisiert.[10] Sprachlich vollzieht sich dies

---

9 Die Literaturangaben, die sich auf Lexika beziehen, werden im Folgenden durch die Hinzufügung des Kürzels »L« gekennzeichnet, um die analytische Herangehensweise über Lexika von der Aufarbeitung der erziehungswissenschaftlichen Auseinandersetzungen zu unterscheiden.

durch die Differenzierung zwischen einem Strafverständnis von *früher* und dem von *heute*. So wird in vielen Lexikabeiträgen ab den 1970er Jahren zu Beginn ein Rückblick auf die ›Geschichte der Erziehungsstrafe‹ gegeben (vgl. exemplarisch L Maier 1978; L Petzold & Speichert 1981; L von der Burg & Kreis 1982). Im »Wörterbuch der Pädagogik« (1977) wird der Wandel von dem Erziehungswissenschaftler Wolfgang Scheibe folgendermaßen beschrieben:

> »Den Erwachsenen schienen Strafmaßnahmen, wie sie diese selbst in Kindheit und Jugend erfahren hatten, sinnvoll und notwendig, einmal angesichts der offenbar den Normen widerstrebenden Natur des Kindes, zum anderen weil die Kindesstrafe dem Strafrecht der Erwachsenen entsprach und von Christentum und Kirche gutgeheißen wurde. Die traditionellen Lehrbücher und Schulordnungen stützten die Anwendung der S[trafe] als gewichtiges Erziehungsmittel. Durch die Aufstellung von Verfahrensregeln beim Strafen versuchten sie, die Kinder vor Strafmißbrauch zu schützen und die Aussicht auf einen Straferfolg zu erhöhen (A. H. Francke). [...] In Erziehungswissenschaft und pädagogisch reflektierter Praxis kann heute der Konsens angenommen werden, daß eine Erziehung mit dem vorherrschenden Druck von Drohungen und häufigem Strafen abzulehnen ist, daß Erziehung vielmehr bemüht sein muß, a) Erziehungsschwierigkeiten vorzubeugen und b), wenn diese doch auftreten, was nicht ausbleiben wird, ihnen in pädagogisch durchdachter Weise zu begegnen, nicht durch kurzschlüssiges Strafen« (L Scheibe 1977, S. 218 f.).

An die Stelle einer selbstverständlichen Erziehungshandlung ist eine kritische Betrachtung dieser getreten. Nicht mehr die Strafpraxis steht demnach im Fokus, sondern deren Reflexion. Früher wurde kurzschlüssig als Intervention gestraft und heute gelte es, vorausschauend und präventiv Erziehungsschwierigkeiten vorzubeugen. Über die Differenzierung zwischen ›früher‹ und ›heute‹ lässt sich im Heute eine Strafkritik markieren mit der Forderung der Straflosigkeit für die Zukunft, in Abgrenzung zur früheren Annahme von Strafnotwendigkeit. So lässt sich in den 1970er Jahren ein Strafdiskurs nachzeichnen von der Strafe als legitimem Erziehungsmittel hin zu einem zu legitimierenden Erziehungsmittel, das zugleich auf der Schwelle zu einem illegitimen Erziehungsmittel steht. Die zuvor anthropologisch-philosophischen Maßstäbe von *Gut* und *Böse*, von Gewissensbildung und sittlicher Höherführung werden durch Bezugspunkte wie *schädigende* und *heilsame* psychische Faktoren ersetzt. Damit rückt die Konstruktion von Normalität und Abweichung in Form von Fehlentwicklung bzw. auffälligem Verhalten ins Zentrum (vgl. Stoeckle 1969, S. 31), einhergehend mit Forderungen nach ›Therapieren statt Strafen‹. Inhaltlich und sprachlich zeigt sich der Perspektivwechsel bspw. bei Peter Köck, der in dem gemeinsam mit Hanns Ott herausgegebenen »Wörterbuch für Erziehung und Unterricht« (1983) auf folgende Gefahren aufmerksam macht:

> »Kinder und Jugendliche, die immer wieder und evtl. immer stärker bestraft werden, erhalten falsche Verstärkungen und werden in eine Frustrations-Aggressions-Kette hinein-

---

10 Die Problematisierungen sind im Kontext der der sogenannten ›68er Bewegungen‹ zu reflektieren, die die bestehenden Verhältnisse kritisierten und neue Schwerpunkte und Themen in die Erziehung einbrachten. Die Bewegungen richteten sich gegen die mangelnde Aufarbeitung des Nationalsozialismus, gegen ein auf Autorität und Hierarchie ausgelegtes Erziehungs- und Generationenverhältnis und die damit einhergehende Anwendung von Strafe und Gewalt sowie gegen den Vietnamkrieg.

gedrängt, aus der sie nur schwer wieder auszugliedern sind. Bei häufigen und strengen Strafen ergeben sich immer emotionale Nebenwirkungen, die auf lange Sicht der Persönlichkeitsentwicklung des Menschen abträglich sein können« (L Köck 1983, S. 508).

Unter Bezugnahme auf psychologische Erkenntnisse werden Strafen kritisiert, einhergehend mit Forderungen nach Alternativen – ohne die Benennung dieser. Relativ unkommentiert vollzieht sich so Anfang der 1970er Jahre ein Wechsel der Perspektive auf das Phänomen Strafe. Der Perspektivenwechsel geht mit dem Effekt einher, dass an die Stelle der Auseinandersetzungen mit dem pädagogischen *Zweck von Strafen* (Sittlichkeitserziehung) Auseinandersetzungen mit den nichtpädagogischen *(Neben-)Wirkungen von Strafen* (Angst, Widerstand, Aggressivität usw.) treten.[11] Erziehende sind nicht mehr primär dazu aufgerufen, Grundsätze der Strafpraxis zu beachten und damit pädagogisch zu handeln (wie bis zu den 1970er Jahren), sondern sie sind aufgefordert, nach Alternativen zu suchen, um pädagogisches Handeln zu gewährleisten. Strafen werden damit zunehmend aus dem *Raum des Pädagogischen* hinausgedrängt und *entpädagogisiert*. Dies scheint jedoch nur auf theoretische Debatten und nicht gleichermaßen auf die pädagogische Praxis zuzutreffen. Winfried Böhm beschreibt dies folgendermaßen: »Die Strafe stellt ein besonders problematisches, in der erzieherischen Praxis gleichwohl weit verbreitetes Erziehungsmittel dar« (L Böhm 1982, S. 506 f.).

Ab den 1990er Jahren werden Strafe(n) in der erziehungswissenschaftlichen Literatur kaum noch thematisiert und wenn, dann wird die mangelnde Thematisierung problematisiert. In pädagogischen Lexika wird der Begriff ›Strafe‹ weiterhin aufgeführt, jedoch ohne inhaltliche Neubetrachtungen und damit einhergehenden Differenzierungen und Bewertungen. Es wird auf die Debatten der vergangenen Jahre verwiesen bei gleichzeitiger sprachlicher Distanzierung. Neu sind zunehmende Verweise auf den Begriff ›Disziplin‹.

Zusammenfassend lassen sich folgende Bezugspunkte von Differenzierungen im Sprechen ausmachen, mit denen innerhalb der letzten hundert Jahre ein Bedeutungswandel von Strafen markiert wird:

1. Vergangenheit vs. Gegenwart (als grundlegender Wandel von Sichtweisen auf Strafen);
2. gewünschte Wirkungen vs. unerwünschte Nebenwirkungen (als disziplinärtheoretische Bezugnahmen von Strafzwecken) sowie
3. private vs. öffentliche Erziehung (als unterschiedliche Felder von Erziehung mit unterschiedlichen Voraussetzungen und Möglichkeiten).

Besonders im Bereich der öffentlichen Erziehung fehle es an emotionaler Nähe, einer spezifischen pädagogischen Beziehung, so dass hier Strafpraktiken in Gefahr stünden, zu einer Dressurmaßnahme zu werden (vgl. exemplarisch L Böhm 1982, S. 506 f.). Praktiken des Strafens gerieten so ab den 1970er Jahren – insbesondere in der öffentlichen Erziehung – zunehmend unter Legitimierungszwang.

---

11 In dieser Zeit werden zunehmend psychologische und insbesondere psychoanalytische Befunde im Feld der Erziehungswissenschaft rezipiert. Ebenfalls begann sich die psychoanalytische Pädagogik an den Hochschulen zu etablieren.

Zugleich stellt sich für den Bereich der öffentlichen Erziehung verstärkend die Frage, wie Ordnung als Voraussetzung für Bildung und Erziehung hergestellt werden könne. An die Stelle der Auseinandersetzungen mit der Frage, was eine ›richtige‹ bzw. eine ›gute Erziehungsstrafe‹ sei, treten Auseinandersetzungen um die Frage, wie Ordnung (bspw. im schulischen Kontext als Voraussetzung für Bildung) hergestellt werden könne und inwiefern hier ›Disziplinarstrafen‹ legitimierbar seien. Die Verbindung *Strafe und Erziehung* (Strafe als Erziehung) wandelt sich zu der Verbindung *Strafe und Disziplin* (Disziplin durch Strafe).

2.4 Transformationen von Strafen zu Disziplin (-Schwierigkeiten)

Aus der Analyse der pädagogischen Lexika und unter Hinzunahme erziehungswissenschaftlicher Literatur lässt sich zusammenfassend und systematisierend folgender Wandel rekonstruieren: von Strafe *als* Erziehung über Strafe *und* Erziehung hin zu Disziplin *und* Erziehung bis zur Disziplin *als* Ergebnis von Erziehung.

Bis Ende der 1960er Jahre wurde die pädagogische Erziehungsstrafe (Sittlichkeitserziehung) von der nichtpädagogischen bzw. vorpädagogischen Disziplinarstrafe (Herstellung von Ordnung) abgegrenzt. Im Zuge der Kritik der Erziehungsstrafe rückte die Disziplinarstrafe als etwas Nichtpädagogisches im pädagogischen Raum ins Zentrum der Debatten. Zum einen sei sie Voraussetzung für Erziehung, zum anderen stünde sie jedoch in Gefahr, der Erziehung zuwiderzulaufen.

> »Die Disziplinarstrafe soll den Raum vorbereiten, in dem dann eine geordnete Erziehung bzw. ein geordneter Unterricht möglich ist; sie steht immer in Gefahr, zur bloßen Dressurmaßnahme veräußerlicht zu werden und Erziehung in ihr Gegenbild zu verkehren« (L Böhm 1982, S. 506 f.).

Auf der einen Seite wird die Disziplin als Voraussetzung für Erziehung als positive Notwendigkeit hervorgehoben, auf der anderen Seite die Maßnahmen zur Herstellung von Disziplin (Praktiken der Disziplinierung, Disziplinarstrafen) als Gefährdung von Erziehung problematisiert. In der Kopplung *Strafe und Disziplin* erscheint die Strafe produktiv. Sie fungiert als Mittel der Herstellung und Aufrechterhaltung von Disziplin und dient damit der Erziehung. In der Kopplung *Strafe und Erziehung* erscheint die Strafe repressiv, sie gefährde eine produktive Erziehung.

Zwischen den 1970er und 1980er Jahren finden sich vor diesem Hintergrund zahlreiche Forderungen der *Disziplin ohne Strafen*. Während die Disziplin als gewünschter Zustand gefordert wird, wird die Strafe als Maßnahme zur Herstellung von Disziplin oder als Maßnahme der Erziehung nach dem Motto, »echte Disziplin bedarf der Strafe nicht, im Gegenteil« (Scheibe 1967, S. 234), abgelehnt.[12] Im Fokus steht die Frage, wie Disziplin hergestellt und aufrechterhalten werden kann, ohne zugleich die nicht gewünschten Nebenwirkungen der Strafe kontrollieren zu müssen. In pädagogischen Lexika und erziehungswissenschaftlicher Literatur treten an die Stelle der Debatten über die *pädagogische Erziehungsstrafe* Debatten über die *pädagogische Kontrolle der Disziplinarstrafe*. Während die Erziehungsstrafe aus dem Raum des Pädagogischen verdrängt wurde, befindet sich die Disziplinarstrafe als etwas Nichtpädagogisches im pädagogischen Raum. Sie konstituiere den pädagogischen Raum und sei damit für die Erziehung unentbehrlich, stehe jedoch in ständiger Gefahr, als repressive Maßnahme mit den Intentionen einer aufbauenden Erziehung in Konflikt zu geraten und der Erziehung zuwiderzulaufen – so vielfach beschrieben (vgl. exemplarisch Ipfling 1976; als Überblick Richter 2018). Ins Zentrum rückt die Frage, wie Disziplin hergestellt und aufrechterhalten werden kann, ohne zugleich die nicht gewünschten Nebenwirkungen der Strafe kontrollieren zu müssen. Dies ging mit dem Effekt einher, dass zunehmend nicht mehr von Strafe, sondern von Disziplin die Rede ist, und zwar von Disziplin in Abgrenzung zur Strafe. Die Debatten verschieben sich von dem Thema Strafe und Erziehung hin zu dem Thema Strafe und Disziplin im Konflikt zur Erziehung. Vor diesem Hintergrund lassen sich auch die zunehmenden Verweise auf ›Disziplin‹ unter dem Begriff Strafe in pädagogischen Lexika im Übergang zu den 1990er Jahren deuten.

Parallel dazu lässt sich eine Erweiterung des Disziplinbegriffs konstatieren. Wurde Disziplin zunächst rein als Zustand der Ordnung aufgefasst, findet sich der Begriff seither in dreifacher Auslegung:

1. als Voraussetzung für Erziehung – im Sinne der ›Einhaltung von Verhaltensregeln und Vorschriften‹ oder dem ›Einfügen und Einordnen in die Gemeinschaft‹, welche auf Zwang, Furcht und Gewalt gründen könne oder auf Zustimmung, Vertrauen und Achtung – mit den Begriffen äußere Disziplin oder Fremddisziplin beschrieben,
2. als Prozess zur Disziplin – im Sinne der Herstellung von Disziplin – mit dem Begriff Disziplinieren beschrieben und
3. als Ziel von Erziehung – im Sinne der Ordnung im Subjekt, dem disziplinierten Denken und Handeln, der Beherrschung von Gefühlen – mit den Begriffen innere Disziplin oder Selbstdisziplin beschrieben (vgl. exemplarisch L Keller & Novak 1979, S. 73; L Horney 1970, S. 611; L Ott 1983, S. 118; L Köck 2008, S. 98; als Überblick Richter 2018).

Der Begriff Disziplin umfasst damit ein spannungsreiches Gefüge von Zwang, Anpassung, Freiheit und Einsicht und ist damit im Kontext von Erziehung ambivalent. Disziplin kann der Erziehung nützlich sein (einsichtige Einpassung in Ordnungen) oder in Konflikt mit ihr geraten (erzwungene Anpassung an Ordnungen). Während erzwungene Disziplin im Widerspruch zu dem Ziel der

---

12 Pointiert finden sich diese Auffassungen in Titeln wie »Disziplin ohne Strafe« (Dreikurs & Cassel 1975), »Disziplin ohne Zwang« (Ipfling 1976) oder »Disziplin ohne Angst« (Bergmann 2007).

Selbstdisziplin steht, geht die einsichtige Disziplin im Ziel der Selbstdisziplin auf, gewissermaßen ist sie bereits Selbstdisziplin. Disziplinierung kann demnach Erziehung zur Selbstdisziplin oder Strafe als Fremddisziplinierung sein. Pädagogische Disziplinierung ist folglich Erziehung in Abgrenzung zur Strafe. Über die Ausdifferenzierung des Disziplinbegriffs hält dieser teilweise – je nach Auslegung – Einzug in den pädagogischen Raum.

Mit der Transformation von der Strafe zur Disziplin tritt an die Stelle der Unterscheidung zwischen Erziehungs- und Disziplinarstrafen die Unterscheidung zwischen innerer und äußerer Disziplin bzw. Fremd- und Selbstdisziplin. Die Ambivalenz der Begriffe Strafe und Disziplin, hinsichtlich ihrer *repressiven auf Anpassung* und *produktiven auf Einsicht* ausgerichteten Auslegung, ist identisch. Die begriffliche Transformation geht jedoch mit folgendem Effekt einher: Während der Begriff Strafe Ausdruck pädagogischen Handelns war, fasst der Begriff Disziplin lediglich Voraussetzung und Ziel pädagogischen Handelns, die Wege dorthin sind ungewiss. Daraus entwickelt sich die Frage: Wie gelangt man zur Disziplin, die Voraussetzung für Erziehung ist, ohne zugleich widersprüchlich zu den Zielen der Erziehung zu handeln?

Interessant ist, dass parallel zu den Distanzierungen von Strafe in den Lexika eine Ausdifferenzierung von Begriffen zu verzeichnen ist. So ist seit den 1980er Jahren von ›Sanktionen‹ und seit den 1990er Jahren von ›Disziplinierung‹, ›Disziplinproblemen bzw. -schwierigkeiten‹, ›Unterrichtsstörungen‹ sowie ›Erziehungs- und Ordnungsmaßnahmen‹ die Rede. In der Grafik (▶ Abb. 2.1) werden die Begriffskonjunkturen um das Phänomen Strafe der letzten hundert Jahre zusammengefasst, woran sich die Zunahme an verschiedenen Begriffen um das Phänomen Strafe veranschaulichen lässt.

Die begrifflichen Neuschöpfungen lassen sich als Effekt der Abgrenzung von Strafen sowie als Suchbewegung pädagogischer Umschreibungen bzw. Zuschreibungen spezifischer Praktiken deuten. Die Herstellung von Disziplin geht offensichtlich mit Schwierigkeiten einher, was zu einer Veränderung des Sprechens über Disziplin seit den 1990er Jahren führt. Ab den 1990er Jahren finden sich in den pädagogischen Lexika neben dem Begriff ›Disziplin(-ierung)‹ auch die Begriffe ›Disziplinschwierigkeiten‹ und ›Disziplinprobleme‹ und seit dem Jahr 2000 auch der Begriff ›Unterrichtsstörung‹. Mit den Begriffen ›Disziplinprobleme‹ bzw. ›Disziplinschwierigkeiten‹ rücken zunehmend Situationen und Personen in den Fokus. Nicht mehr der *Prozess der Herstellung von Disziplin* steht im Mittelpunkt der Auseinandersetzungen, sondern die Frage des *Umgangs mit einem Mangel an Disziplin*. In der Auseinandersetzung ist Disziplin demnach nicht mehr Ziel der Erziehung, sondern Voraussetzung von Erziehung. Im Übergang zu den 1990er Jahren vollzieht sich damit ein weiterer Perspektivwechsel: Nun steht weder das *pädagogische Handeln* im Fokus (wie bis zu den 1970er Jahren über den Begriff Strafen) noch *Ziele des pädagogischen Handelns* (wie ab den 1970er Jahren zunehmend über den Begriff Disziplin), sondern *Probleme pädagogischen Handelns* und die Frage des pädagogischen Umgangs mit einem Mangel an Disziplin. Durch die Problematisierung von Disziplin – im Sinne eines Mangels an dieser – verändert sich die Funktion der Disziplinierung. Sie dient nicht der Herstellung, sondern der *Wieder*herstellung von Disziplin, der Kompensation

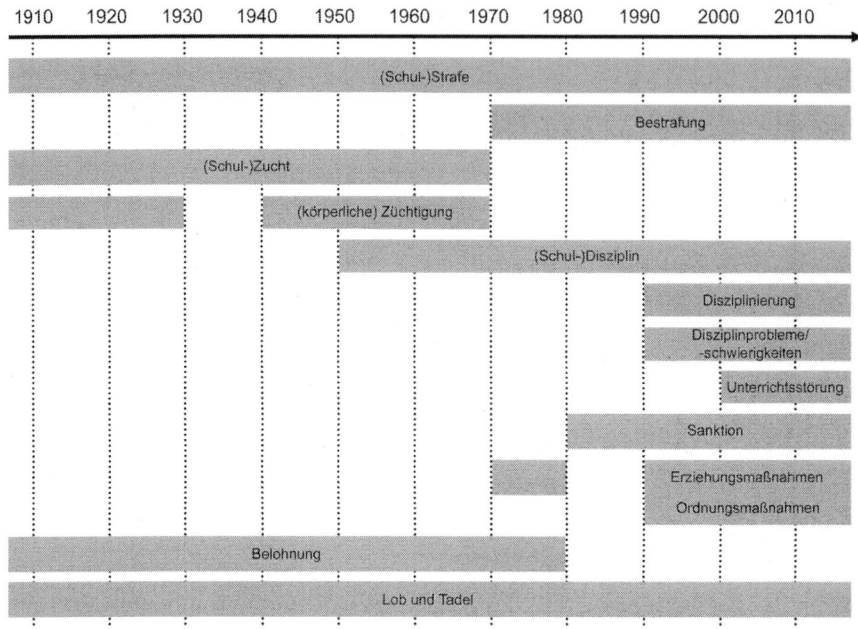

Abb. 2.1: Begriffskonjunkturen des Phänomens Strafe der letzten hundert Jahre (Richter, S. (2018). Pädagogische Strafen. Verhandlungen und Transformationen. Weinheim: Beltz Juventa, S. 142)

von Defiziten und der Bekämpfung bzw. Bearbeitung abweichenden Verhaltens. In dieser Funktionslogik ist sie nicht mehr *aktiv*, sondern *reaktiv* und gerät ebenso wie die Strafe unter Legitimierungszwang.[13]

2.5 Verhandlungen um Grenzen des Pädagogischen – Resümee und Ausblick

Die Transformationen von Strafe(n) vollziehen sich resümierend von der *pädagogischen Erziehungsstrafe* über die *pädagogische Kontrolle der Disziplinarstrafe* hin zum Ideal des Zustandes *Disziplin*, einhergehend mit der Frage, wie sich dieser

---

13 Das im Jahr 2000 verabschiedete Gesetz zur Ächtung von Gewalt in der Erziehung mit der Verankerung des Rechtes auf gewaltfreie Erziehung sowie die Zielsetzungen der Kinderrechtskonventionen der Vereinten Nationen sind in diesem Zusammenhang als bedeutsame Bezugspunkte einzubeziehen. Neben der Frage von Grenzen pädagogischen Handelns stellt sich seither zugleich die Frage nach Grenzen legalen Handelns. Der Einsatz von Strafen geht mit der Gefahr von Bestrafung einher.

pädagogisch (wieder-)herstellen lässt. Dies führt zu einer zunehmenden Distanzierung von Strafe im Übergang zu den 1970er Jahren und zu einer zunehmenden Tabuisierung von Strafe im Übergang zu den 1990er Jahren bei einer gleichzeitigen Ausdifferenzierung von Begrifflichkeiten. Man kann folglich nicht von einem Verschwinden der Strafe sprechen, sondern von Transformationen des Sprechens über Strafen.

Das Verhältnis von Strafe und Pädagogik wird durch Verhandlungen um die Grenzen des Pädagogischen bestimmt. Diese sind ein schmaler, sich ständig wandelnder Grat zwischen vermeintlich ›richtigem‹ bzw. ›gutem‹ pädagogischen Handeln und ›falschem‹ bzw. ›schlechtem‹, ›unpädagogischen‹ Handeln, einhergehend mit unterschiedlichen Formen des Sprechens oder des Schweigens. In der eingangs angeführten Aussage der Lehrkraft »keine Strafe als Strafe« entfalten sich diese Dimensionen von Strafen in der Erziehung, die immer ein Handeln auf der Grenze zwischen pädagogischem und nichtpädagogischem Handeln implizieren. Begriffliche Unterscheidungen und Abgrenzungen lassen sich demnach als Ausdruck von Positionierungen in einem Diskurs beschreiben, der immer durch ein Handeln auf der Grenze bestimmt ist. Wer im pädagogischen Feld straft, begibt sich auf unsicheres Terrain. Dies wiederum geht mit der Suche und mit Forderungen nach Orientierung im Sinne von klaren Handlungsvorgaben und Anleitungen für den pädagogischen Alltag einher.[14] Von zahlreichen Ratgebern wird die Frage aufgegriffen: ›Wie soll ich mit Kindern bzw. mit Schüler*innen umgehen, die sich nicht an Regeln halten?‹ Sie geben Orientierungen und fordern teilweise dazu auf, wieder ›Mut zum Strafen‹[15] zu haben (für eine kritische Perspektive darauf vgl. Richter 2018, S. 156–162). Wissenschaftlich werden diese Forderungen als Ausdruck einer neuen punitiven Wende diskutiert (vgl. Radtke 2007; Dollinger 2007).

Als Resümee der Analysen lässt sich abschließend festhalten, dass Debatten um Strafen von je her normativ geführt wurden. Normative Diskussionen verengen Perspektiven auf Fragen des ›Entweder-Oder‹ (pädagogisch oder nichtpädagogisch, gut oder schlecht, richtig oder falsch). Hier bedarf es m. E. eines Perspektivwechsels. Wendet man den Fokus auf analytische Fragen, wie bspw. nach dem ›Warum‹, ›Wann‹, ›Wozu‹ und ›Wie‹, eröffnet man Räume für Reflexionen pädagogischen Handelns. Unter welchen Bedingungen kommen Strafen aus welchem Grund zum Einsatz und wie werden sie gedeutet? Unter dieser Perspektive liegt der Fokus nicht mehr auf Differenzierungen von Vergangenheit und Gegenwart, von Zwecken und Wirkungen oder von Erziehungsfeldern sowie von Begriffen, sondern es stellen sich Fragen nach situativen Kontexten, Deutungen und Praktiken.

Strafen in der öffentlichen Erziehung werden zumeist dann relevant, wenn Bedürfnisse von Adressat*innen von Erziehung mit denen von pädagogischen Fachkräften bzw. mit der institutionellen Rahmung konkurrieren (Zeitdruck, zeitliche Rhythmisierenden/Taktungen, personelle Unterversorgung, räumliche

---

14 Eine ausführliche Analyse zu Praktiken des Strafens im schulischen Alltag findet sich bei Richter 2019.
15 Vgl. exemplarisch Reimann 2003; Bueb 2006; Kindler 2007.

Gegebenheiten usw.). Einrichtungen der öffentlichen Erziehung sind geprägt durch zahlreiche Regelungen und Ordnungen, die eine Reihe von Erwartungen an Verhalten produzieren. Damit einher geht die Konstruktion eines »normalen Verhaltens«, im Sinne eines an die normativen Erwartungen angepassten Verhaltens, sowie die Konstruktion von »problematischem Verhalten«, im Sinne eines von den normativen Erwartungen abweichenden Verhaltens. Durch die Aufstellung von Regeln und durch die Forderung der Einhaltung dieser Regeln als Norm wird Abweichung produziert (vgl. Becker 1981; Lamnek 1994). Diese ist keine Eigenschaft von einzelnen Kindern oder Jugendlichen, sondern das Resultat der Setzung und Anwendung von Regeln seitens pädagogischer Fachkräfte. Normverletzungen sind folglich immer Bestandteil eines Bewertungsprozesses von Normen und Abweichungen, wobei die Abweichungen als Defizite problematisiert werden. In den pädagogischen Lexika sowie auch in der populärwissenschaftlichen Ratgeberliteratur zeigt sich dies in der Frage des Umgangs mit Disziplinproblemen bzw. Disziplinschwierigkeiten oder Unterrichtsstörungen. Im Zentrum der ›Lösungsansätze‹ stehen Formen der Bearbeitung von Defiziten, die man bei den Adressat*innen (Kindern, Jugendlichen, Schüler*innen etc.) zu sehen meint und die über den Einsatz von Strafen (gelabelt als Sanktionen, Grenzen und Konsequenzen) oder Belohnungen[16] zu bearbeiten versucht werden, im Sinne einer Anpassung von Verhalten an normative Erwartungen.

Unter Hinzunahme kindheitstheoretischer Perspektiven (Kinder/Jugendliche als kompetente Akteure, die aktiv an ihrer sozialen und persönlichen Entwicklung mitwirken), lerntheoretischer und systemtheoretischer Perspektiven (Lernen als individueller und durch subjektive Erfahrungen gesteuerter autonomer Konstruktionsprozess) oder peerkulturtheoretischer Perspektiven (Bedeutungen des Austestens in Gruppen und der Erprobung eigener Grenzen sowie Erfahrungen von Grenzziehungen) erscheinen Situationen, die im pädagogischen Alltag häufig zu Strafen führen, in einem neuen Licht. Dieser Perspektivwechsel eröffnet Reflexionsräume des Verstehens jenseits normativer Bewertungen von Verhalten sowie Möglichkeitsräume eines erwägungsorientierten[17] pädagogischen Handelns. Verstehen anstelle von Bewerten eröffnet Räume der Verständigung über Konflikte im pädagogischen Alltag sowie über Möglichkeiten des Umgangs mit diesen in Form von Angeboten. Erwägungsorientiertes Handeln im Sinne eines multiperspektivisch orientierten Handelns hat Verstehen (Einsicht) durch Verständigung als Bezugspunkt, worüber sich die Deutung von Handeln als Stra-

---

16 Belohnung knüpft ebenfalls an Bewertung von Verhalten vor dem Hintergrund normativer Deutungen an. Kurt Lewin (1931) hat zudem auf die Doppelnatur von Strafe und Lohn aufmerksam gemacht, wodurch das In-Aussicht-Stellen einer Belohnung häufig zugleich eine Strafandrohung birgt. Folge dieser Parallelität sei Hoffnung auf Lohn und Angst vor Strafe mit den Effekten von Trotz oder Flucht.

17 Der erwägungsorientierte Ansatz geht auf ein philosophisches Konzept der Erwägung zurück, das von der »Forschungsgruppe Erwägungskultur Paderborn« initiiert wurde und inzwischen vielfach aufgegriffen und für Forschung, Lehre und Praxis weiterentwickelt wurde. Im Zentrum steht die Frage nach einem kulturwissenschaftlichen Umgang mit Vielfalt. Erwägen versteht sich als ›Denken in Möglichkeiten und Alternativen‹ (vgl. Blanck 2012; Schmidt 2013).

fe aufhebt. Für diesen Perspektivwechsel bedarf es jedoch der erziehungswissenschaftlichen Thematisierung anstelle von Tabuisierungen rund um das Phänomen Strafe(n).

Literatur

Becker, H. S. (1981/1963). Außenseiter. Zur Soziologie abweichenden Verhaltens. Frankfurt a. M.: Fischer-Taschenbuch.
Bergmann, W. (2007). Disziplin ohne Angst. Wie wir den Respekt unserer Kinder gewinnen und ihr Vertrauen nicht verlieren. Weinheim, Basel: Beltz.
Blanck, B. (2012). Vielfaltsbewusste Pädagogik und denken in Möglichkeiten. Theoretische Grundlagen und Handlungsperspektiven. Stuttgart: Lucius & Lucius.
Bueb, B. (2006). Lob der Disziplin. Eine Streitschrift. Berlin: List.
Dollinger, B. (2011). Punitivität in der Diskussion. In B. Dollinger & H. Schmidt-Semisch (Hrsg.), Gerechte Ausgrenzung? Wohlfahrtsproduktion und die neue Lust am Strafen (S. 25–73). Wiesbaden: VS.
Dreikurs, R. & Cassel, P. (1975). Disziplin ohne Strafe. Ravensburg: Maier.
Foucault, M. (1981/1969). Archäologie des Wissens. Frankfurt a. M.: Suhrkamp.
Foucault, M. (1994/1975). Überwachen und Strafen. Die Geburt des Gefängnisses. Frankfurt a. M.: Suhrkamp.
Foucault, M. (1978). Dispositive der Macht. Über Sexualität, Wissen und Wahrheit. Berlin: Merve.
Horn, K.-P., Kemnitz, H., Marotzki, W. & Sandfuchs, U. (Hrsg.) (2012). Klinkhardt Lexikon Erziehungswissenschaft. Band 1. Bad Heilbrunn: Klinkhardt.
Ipfling, H.-J. (1976). Das Disziplinproblem in pädagogischer Sicht. In H.-J. Ipfling (Hrsg.), Disziplin ohne Zwang. Begründungen und Verwirklichungen (S. 9–20). München: Ehrenwirth.
Kindler, W. (2007). Wenn Sanktionen nötig werden: Schulstrafen. Warum, wann und wie? Mühlheim an der Ruhr: Verlag an der Ruhr.
Knorr Cetina, K. (2002). Wissenskulturen. Ein Vergleich naturwissenschaftlicher Wissensformen. Frankfurt a. M.: Suhrkamp.
Lamnek, S. (1994). Neue Theorien abweichenden Verhaltens. München: Fink.
Langer, A. & Wrana, D. (2010). Diskursforschung und Diskursanalysen. In B. Friebertshäuser, A. Langer & A. Prengel (Hrsg.), Handbuch Qualitative Forschungsmethoden in der Erziehungswissenschaft (3., überarb. u. erw. Aufl.). (S. 335–349). Weinheim: Juventa.
Lewin, K. (1974/1931). Die psychologische Situation bei Lohn und Strafe. Stuttgart: Hirzel.
Link, J. (2006). Versuch über den Normalismus. Wie Normalität produziert wird. Göttingen: Vandenhoeck & Ruprecht.
Netzer, H. (1983). Die Strafe in der Erziehung (9. Aufl.). Weinheim, Basel: Beltz.
Radtke, F.-O. (2007). Wiederaufrüstung im Lager der Erwachsenen. Bernhard Buebs Schwarze Pädagogik für das 21. Jahrhundert. In M. Brumlik (Hrsg.), Vom Missbrauch der Disziplin. Antworten der Wissenschaft auf Bernhard Bueb (S. 204–242). Weinheim, Basel: Beltz.
Reimann, G. (2003). Wenn Kinder immer machen, was sie wollen. Ganz ohne Strafen geht es nicht. Freiburg i. Br., Basel, Wien: Herder.
Richter, S. (2018). Pädagogische Strafen. Verhandlungen und Transformationen. Weinheim: Beltz, Juventa.
Richter, S. (2019). Pädagogische Strafen in der Schule. Eine Ethnographische Collage. Weinheim: Beltz, Juventa.
Richter, S. & Friebertshäuser, B. (2012). Der schulische Trainingsraum. Ethnographische Collage als empirische, theoretische und methodologische Herausforderung. In B. Friebertshäuser, H. Kelle, H. Boller, S. Bollig, C. Huf, A. Langer, M. Ott & S. Richter (Hrsg.), Feld und Theorie. Herausforderungen erziehungswissenschaftlicher Ethnographie (S. 71–87). Opladen u. a.: Budrich.

Scheibe, W. (1967). Die Strafe als Problem der Erziehung. Eine historische und systematische pädagogische Untersuchung. Weinheim: Beltz.
Schmidt, C. (2013). Erwägungsorientierte Pyramidendiskussion. Eine Methode für die Auswertung qualitativer Interviews im Team. In B. Friebertshäuser & S. Seichter (Hrsg.), Qualitative Forschungsmethoden in der Erziehungswissenschaft. Eine praxisorientierte Einführung (S. 176–188). Weinheim, Basel: Beltz Juventa.
Stoeckle, B. (1969). Strafe als Erziehungshilfe. Die Stellung der Strafe in der Pädagogik der Gegenwart. München: Ehrenwirth.
Wrana, D. (2014). Praktiken des Differenzierens. Zu einem Instrumentarium der poststrukturalistischen Analyse von Praktiken der Differenzsetzung. In A. Tervooren, N. Engel, M. Göhlich, I. Miethe & S. Reh (Hrsg.), Ethnographie und Differenz in pädagogischen Feldern. Internationale Entwicklungen erziehungswissenschaftlicher Forschung (S. 79–96). Bielefeld: transcript.

Aus dem Korpus Lexika – nach Erscheinungsdatum

Mosapp, H. (1915). Strafe. In E. M. Roloff (Hrsg.), Lexikon der Pädagogik. Band IV (S. 1291–1297). Freiburg i. Br.: Herder.
Eberhard, O. (1931). Strafe. In H. Schwartz (Hrsg.), Pädagogisches Lexikon. Band IV (S. 759–765). Bielefeld: Velhagen & Klasing.
Horney, W. (1970). Disziplin. In W. Horney, J. P. Ruppert & W. Schultze (Hrsg.), Pädagogisches Lexikon in zwei Bänden. Erster Band (S. 610–613). Gütersloh: Bertelsmann.
Scheibe, W. (1977). Strafe. In Willmann-Institut München-Wien (H. Rombach) (Hrsg.), Wörterbuch der Pädagogik. Zweiter Band (S. 218–221). Freiburg, Basel, Wien: Herder.
Maier, K. E. (1978). Strafe. In K. E. Maier (Hrsg.), Pädagogisches Taschenlexikon (S. 407–413). Regensburg: Wolf.
Keller, J. A. & Novak, F. (1979). Kleines Pädagogisches Wörterbuch. Freiburg, Basel, Wien: Herder.
Petzold, H.-J. & Speichert, H. (Hrsg.) (1981). Handbuch pädagogischer und sozialpädagogischer Praxisbegriffe. Reinbek bei Hamburg: Rowohlt.
Burg, U. v. d. & Kreis, H. (Hrsg.) (1982). Lexikon zur Pädagogik. Ein Nachschlagewerk für den Pädagogikunterricht. Düsseldorf: Verlag.
Böhm, W. (1982). Wörterbuch der Pädagogik (12., neuverfasste Aufl.). Stuttgart: Kröner.
Ott, H. (1983). Disziplinierung. In P. Köck & H. Ott (Hrsg.), Wörterbuch für Erziehung und Unterricht (3. Aufl.). (S. 118). Donauwörth: Auer.
Köck, P. (1983). Strafe. In P. Köck & H. Ott (Hrsg.), Wörterbuch für Erziehung und Unterricht (3. Aufl.). (S. 507–509). Donauwörth: Auer.
Köck, P. (2008). Wörterbuch für Erziehung und Unterricht. Das bewährte Fachlexikon für Studium und Praxis. Augsburg: Brigg Pädagogik.

3 Gesetz, Strafe und Wiedergutmachung

Bernd Ahrbeck & Bernhard Rauh

3.1 Einleitung

»Das Böse in uns«, unter dieser Überschrift beklagt Rainer Werner (2011), dass uns der Sühnegedanke abhandengekommen sei, zugunsten einer Resozialisierung, die vom Täter aus denkt. Sühne richtet sich an die persönliche Verantwortung des Täters. Sie soll dazu dienen, dass derjenige, der »sich eines Verbrechens schuldig gemacht hat, seine Schuld tilgen oder mildern« kann, damit »der Friede mit der Gesellschaft wiederhergestellt und die Opfer ›versöhnt‹ werden« (Werner 2011, S. 2), indem ihr Leid eine symbolische und reale Anerkennung erfährt.

Dadurch, dass der Sühnegedanke seine Vorrangstellung eingebüßt hat, ist auch die Beziehung zur Strafe eine andere geworden. Mit Strafen wird inzwischen, insbesondere im Jugendstrafrecht, berechtigterweise vorsichtig umgegangen. Sie werden aus kriminologischer, soziologischer und psychologischer Perspektive mit einer gewissen Reserviertheit betrachtet. Das primäre Ziel ist es, dass jugendliche Täter wieder in die Gemeinschaft zurückgeführt werden und dort ein straffreies und sozial anerkanntes Leben führen. Aber das allein, so Werner, reicht nicht aus. »Der Rechtsfrieden der Gemeinschaft, der ein hohes Gut darstellt, verlangt ein angemessenes Sühne-Äquivalent für das den Opfern angetane Leid« (ebd.).

In den Vereinigungstheorien, die das heutige Strafrecht wesentlich prägen, wird versucht, einen Ausgleich herzustellen. Zwischen den absoluten Straftheorien auf der einen Seite, die durch Vergeltung die Rechtsordnung stabilisieren bzw. wiederherstellen wollen, und den relativen Straftheorien andererseits, die sich primär zum Ziel gesetzt haben, dass weitere Straftaten verhindert werden. Der Schuld- und Sühnegedanke wird in den Vereinigungstheorien zwar relativiert, bleibt aber grundsätzlich erhalten.

3.2 Gesetz und Strafe, Schuld und Identifizierung

Schuld und Strafe sind hingegen in der Pädagogik ausgesprochen unpopuläre Begriffe, in der psychoanalytischen Pädagogik verhält es sich nicht grundsätzlich anders. Strafe gilt als unzeitgemäß, schwer legitimierbar und kaum zumutbar, weder für die Kinder noch für die Erziehenden. Zudem wird ihr Erfolglosigkeit unterstellt, so dass auch aus diesem Grund auf Strafen möglichst verzichtet werden soll (Brühlmeier 1994; Körner & Müller 2010; Richter 2018). Wenn Strafe thematisiert wird, fällt der Blick bevorzugt auf die Motivation der Strafenden und ihre schuldhafte Seite. Rauchfleisch (1997, S. 74) konstatiert eine »Lust an Strafe«, stellt Bestrafung in den Kontext des Destruktionstriebs und sadistisch-masochistischer Arrangements oder identifiziert sie als eine Machtdemonstration Erwachsener, »die durch derartige Handlungen ihre eigene Ohnmacht und die bohrenden Selbstzweifel abzuschütteln wähnen« (ebd., S. 78).

Grundlegende kulturtheoretische Erkenntnisse, die ansonsten hochgeschätzt werden, geraten dadurch aus dem Blick. Das menschliche Zusammenleben wird nämlich wesentlich durch Regeln und Gesetze geprägt. Sie ordnen das gesellschaftliche Leben, bilden einen allgemeinen Rahmen, der den*die Einzelne*n schützt, ihm*ihr aber auch Konformität abverlangt. Eine elementare Grundlage und Errungenschaft des Rechtssystems bestehen darin, dass alle Menschen vor dem Gesetz gleich sind. An einen jeden wird prinzipiell der gleiche Maßstab angelegt. Niemand hat das Recht, sich ihm zu entziehen, niemand darf strafrechtliche Grenzen überschreiten, auch wenn er noch so sehr davon überzeugt ist, dass ihn die eigene Moral dazu legitimiert.

Die vom Staat vertretene gesetzliche Ordnung, sein Gewaltmonopol und die von ihm verhängten Strafen stellen kulturgeschichtlich einen immensen Fortschritt dar. Sie sorgen u. a. dafür, dass das Strafbedürfnis des*der Einzelnen gezügelt und er*sie dazu aufgefordert, genau genommen gezwungen wird, von persönlicher oder familiärer Rache Abstand zu nehmen. Strafen erfolgen, wenn Gesetze übertreten werden. Dazu gibt es keine Alternative, wenn die rechtsstaatliche Ordnung aufrechterhalten werden soll. Insofern ist es gänzlich unangemessen, wenn Strafe nur negativ konnotiert und ihr unterstellt wird, sie greife den*die Einzelne*n in ungerechtfertigter Weise an oder sei lediglich ein Instrument (sadistischer) Machtausübung.

Freud (1930) hat in einem der fundamentalsten kulturtheoretischen Texte des letzten Jahrhunderts, dem »Unbehagen in der Kultur«, die strukturierende Funktion von Gesetzen und sozialen Ordnungen herausgestellt. Sie sind für die Regulation des innerpsychischen Haushalts ebenso unerlässlich wie für den gesellschaftlichen Zusammenhalt. Für Freud, der von einem fundamentalen Konflikt zwischen Trieb und Kultur ausgeht, war diese Frage deshalb so virulent, weil er auf sie keine beruhigende Antwort finden konnte. Er betonte die Notwendigkeit sozialer Kontrolle, die für das Zusammenleben unerlässlich ist, Versagung fordert und damit Leiden verursacht. Zugleich hatte er große Zweifel daran, ob sich die menschliche Destruktivität jemals gänzlich bewältigen lässt. Mit zerstörerischen Durchbrüchen müsse jederzeit gerechnet werden, umso mehr, je stärker soziale Kontrollen geschwächt oder gar außer Kraft gesetzt werden (vgl. Browning 1999). Auch ist eine innere Gewissensschwächung eine große Gefahr, die dadurch angefacht werden kann, dass hohe Ideale die eigene Aggressivität rechtfertigen – oft gepaart mit phantasiertem oder realem äußerem Zuspruch. Die Sicherung des friedlichen Zusammenlebens ist also für Freud eine fragile Angelegenheit. Und eben deswegen betont er so entschieden, dass eine gesetzliche

Rahmung unumgänglich ist, ordnende und leitende Strukturen notwendig sind, um Chaos und Anarchie zu verhindern.

Freuds kulturtheoretische Überlegungen sind durchaus umstritten, vor allem, was ihre triebtheoretische Fundierung betrifft (Hartmann 1997; von Raffay 2006; Lichtenberg Lachmann & Fosshage 2017). Sie findet in dem Satz, »Homo homini lupus«, der Mensch sei des Menschen Wolf, ihren prägnantesten Ausdruck (Freud 1930, S. 471).[1] Die Diskussion darüber, ob es eine primäre Destruktivität gibt und was von der Triebtheorie zu halten ist, wird seit Jahrzehnten ohne abschließendes Ergebnis geführt. Referenzpunkte sind dabei einerseits klinische, darüber hinaus aber auch gesellschaftliche Phänomene. Mitscherlich (1979) hält grausamste Taten wie Folterungen, Kriegsverbrechen und Vernichtungslager nur dadurch für erklärbar, dass es einen Überschuss an destruktiver Energie gibt, der sich nicht allein aus persönlichen Entbehrungen und Frustrationen erklären lässt (vgl. auch Eissler 1992; Nedelmann 1986). Ein Blick in die Geschichte macht es in der Tat schwer, daran zu glauben, dass der Mensch von Natur aus gut ist.

Die Debatte darüber ist jedoch nicht nur eine abstrakt-akademische. Je nachdem, welche Position bezogen wird, können sich daraus durchaus handfeste Folgen ergeben; im Hinblick auf die Bewertung von Taten, wie Motive verstanden und Konsequenzen eingeschätzt werden – etwa bezüglich eines lusthaften Triebgewinns. Jede Art von Trivialisierung sollte sich jedoch verbieten. Von einem erheblichen Maß an menschlicher Aggressivität und Destruktivität ist auszugehen, ob sie nun primär vorgegeben oder reaktiv erworben ist. Sie muss so oder so durch Erziehung sozialisiert werden. Eine große Vorsicht ist deshalb geboten, wenn z. B. in der Tradition Rousseaus und der Reformpädagogik das Bild an sich harmloser und unschuldiger jungen Menschen gezeichnet wird, die nur durch schädigende äußere Einflüsse und eine versagende, repressive Gesellschaft aggressiviert werden (Ahrbeck 2019).

Auf der intrapsychischen Ebene spielt es eine zentrale Rolle, wie der Aggressivität und Destruktivität Einhalt geboten wird, wie sie sich binden, kanalisieren und in eine kulturverträgliche Form überführen lassen. Mit der Ödipalität ist eine anthropologische und psychologische Theorie formuliert, die die strukturelle Ordnung der Gesellschaft mit der psychischen Konstitution des*der Einzelnen in Beziehung bringt (Freud 1905). Ein zentraler Inhalt ist die Übernahme gesellschaftlicher Werte in das Über-Ich.

> »Die Kultur bewältigt also die gefährliche Aggressionslust des Individuums, indem sie es schwächt, entwaffnet und durch eine Instanz in seinem Inneren, wie durch eine Besatzung in der eroberten Stadt, überwachen läßt« (Freud 1930, S. 483).

Erst dadurch, dass ein Mensch sich schuldig fühlen kann, wird er überhaupt gesellschaftsfähig, zu Triebumlenkung und Sublimierung in der Lage. Es kommt zu einer Identifizierung mit gesellschaftlichen Werten und Gesetzen, die in einen

---

1 »Infolgedessen ist ihm der Nächste nicht nur möglicher Helfer und Sexualobjekt, sondern auch eine Versuchung, seine Aggressionen an ihm zu befriedigen, seine Arbeitskraft ohne Entschädigung auszunützen, ihn ohne seine Einwilligung sexuell zu gebrauchen, sich in den Besitz seiner Habe zu setzen, ihn zu demütigen, ihm Schmerzen zu bereiten, ihn zu martern und zu töten« (Freud 1930, S. 470 f.).

inneren Besitz übergehen. Folglich stellt der ödipale Konflikt mehr als nur einen Entwicklungsabschnitt unter anderen dar. Ausführliche, sehr illustrative Darstellungen dazu finden sich bei Haesler (1995 2000).

3.3 Antisoziale Tendenz und Wiedergutmachung

Die Bewältigung von Aggressivität und Destruktivität ist und bleibt eine ernstzunehmende und schwierige Aufgabe. Winnicott (1979, 1983, 1984, 1988) leistet dazu einen bemerkenswerten Beitrag, indem er beschreibt und analysiert, wie ein solcher Bewältigungsprozess ablaufen kann. Nach Winnicott (1988, S. 123) ist Aggression neben der Liebe »eine der beiden Hauptquellen der Energie eines Menschen« und damit ein »Beweis für das Leben« (Leuzinger-Bohleber & Lebiger-Vogel 2016, S. 45), der sich frühkindlich in Bewegung und Aktivität zeigt. Darauf weist bereits die lateinische Wortbedeutung hin, ad-gredior: »heranschreiten« (Langenscheidt 1980), sich annähern, aber auch angreifen und ergreifen. So sieht Winnicott (1988, S. 125) die primäre Funktion von Aggression beim kleinen Kind in der Selbstbehauptung vor allem darin, die Differenz »zwischen Selbst und Nicht-Selbst« zu markieren. Eine primäre Destruktivität steht nicht im Mittelpunkt seiner Theoriebildung, ihn interessiert viel mehr die Reaktion der Objekte auf die destruktiven Impulse des Kindes. Er lässt aber keinen Zweifel daran, wie psychisch und sozial bedeutsam die Aggressionsthematik ist (Winnicott 1979, S. 108 f.).

Winnicott hat das freudsche Konfliktmodell für das Verständnis von erschwerten Entwicklungsprozessen um objektbeziehungstheoretische oder gar intersubjektive Perspektiven weiterentwickelt. Während des Zweiten Weltkriegs arbeitete er mit Kriegswaisen und evakuierten Kindern. Diese Arbeit förderte sein Verständnis für das, wie er es nennt, »*Antisoziale Verhalten*« (Winnicott 1988, S. 160; Herv. i. O.) von Kindern und Jugendlichen. Delinquentes und aggressiv-destruktives Handeln sind als Symptome einer »antisozialen Tendenz« zu verstehen, als unbewusste Notsignale an die soziale Umgebung und damit ein »Ausdruck von Hoffnung«, was erst einmal befremdlich erscheint (ebd.). Depressiven Kindern und Jugendlichen hingegen ist der Zugang zu dieser Triebenergie verloren gegangen. Sie haben resigniert und sich zurückgezogen, sind re-grediert, was nach Winnicott eine noch gravierendere Störung als delinquentes Verhalten darstellt, mit dem Kinder und Jugendliche unbewusst an einer Beziehung zu ihrer Umwelt festhalten. Sie geben nicht völlig auf. Die unterschiedlichen Erscheinungsformen aggressiv-destruktiven und gewalttätigen Handelns müssen in zweifacher Weise verstanden werden – sowohl bezogen auf das Selbst als auch als Mitteilung an die soziale Umwelt des Kindes oder Jugendlichen. Gesucht wird nach einer Umwelt, die stark genug ist, ihrem aggressiv-impulsiven Verhalten grenzsetzend standzuhalten.

»Das ist die Suche nach etwas in der Umwelt, das verlorengegangen ist, nach einer menschlichen Haltung, die so zuverlässig ist, daß es die Freiheit gewinnt, sich zu bewegen und zu handeln und Erregung zuzulassen. Besonders um dieser zweiten Tendenz willen provoziert das Kind absolut eindeutige Reaktionen der Umwelt, so, als suche es nach einem sich ständig erweiternden Rahmen, einem Kreis, dessen ursprüngliche Form die Arme der Mutter oder der Körper der Mutter war. Man kann auch eine Reihe erkennen: der Körper der Mutter, die Arme der Mutter, die elterliche Beziehung, das Elternhaus, die Familie einschließlich Vettern und anderen Verwandten, die Schule, der Wohnort mit der Polizeistation und schließlich das Land mit seinen Gesetzen« (Winnicott 1988, S. 163).

Pecher (1989, S. 84 ff.) wirft in diesem Sinne die Frage auf, ob nicht auch das Gefängnis als haltende Struktur gesucht werden kann, als Ausdruck eines unbewussten Wunsches nach einer väterlich begrenzenden Funktion (vgl. auch Schwaiger 2009, S. 148).

Die Bezugspersonen müssen die Aggressionen in der Terminologie Winnicotts (1979, S. 105–109; 1984, S. 99) »überleben«. Das bedeutet, dass sie ihrerseits als Angegriffene nicht zu grausamer Vergeltung übergehen und sich damit als unzerstörbar erweisen. Sie dürfen zu keinem Exponenten eines externalisierten archaischen kindlichen Über-Ichs werden, das Rache und Strafe fürchtet, zugleich aber auch herbeisehnt, um die eigene Aggressivität legitimieren und fortführen zu können.

Wenn die Bezugspersonen trotz der erfahrenen Angriffe die Bedürfnisse des Kindes nach Bindung und Entlastung wahrnehmen und sie hinreichend erfüllen, können sich im Kind Schuldgefühle einstellen. Eng verbunden damit ist der Wunsch, das beschädigte Objekt wiederherzustellen, es wieder ›ganz‹ und wieder ›gut‹ zu machen. Gelingt dies, kann im Inneren wieder (relativ) unbeschwert auf das ›reparierte‹ Liebesobjekt zurückgegriffen und eine gute Beziehung erlebt werden.

Die Voraussetzung dafür, dass sich Schuldgefühle entwickeln, besteht nach Winnicott (1988, S. 184) darin, dass die eigenen destruktiven Fantasien und Impulse ertragen werden können. Die Umwelt ist dabei von entscheidender Bedeutung. Ihre Reaktionen und Umgangsformen sind es, die einen solchen Prozess fördern und dadurch die intrapsychischen Voraussetzungen dafür schaffen können, dass ein Kind zur Wiedergutmachung wirklich fähig wird. Erst wenn die Schuldgefühle nicht mehr Überhand nehmen, kann sich im Kind das stabile und reife Gefühl eines genügend guten Selbst etablieren. Die Bezugspersonen werden dabei als verzeihende Objekte internalisiert, die die Wiedergutmachung des Kindes annehmen. Es entwickelt sich ein mildes Über-Ich, das auch im Dienste der »*Ich-Bedürfnisse*« (Winnicott 1988, S. 166; Herv. i. O.) steht und eine hinreichend gute Subjektbildung unterstützt. Die Wiedergutmachung fördert die Fähigkeit zur Empathie, die für die soziale Entwicklung des Kindes und seine Beziehungsfähigkeit höchst relevant ist. Wer sich in das Objekt eigener aggressiver Impulse einzufühlen vermag, kann die Wirkung seines Handelns einschätzen und sich bewusster steuern. Bleibt eine Wiedergutmachung aus oder misslingt sie, behalten die Schuldgefühle eine unerträglich quälende, verfolgende und entwicklungshindernde Qualität.

Winnicott leitet die Frage, wie ein Mensch, der gegen das Gesetz verstoßen oder andere geschädigt hat, sich so verändern kann, dass er sich sozial wieder integrieren lässt, also wieder in die Gemeinschaft hineinkommt, aus der es sich durch seine Taten hinausbewegt hat. Entscheidend ist für ihn dabei, dass die Kinder und Jugendlichen eine Chance zur Wiedergutmachung erhalten. Denn die Wiedergutmachung verändert sowohl die Beziehung der Beteiligten zueinander als auch die kindliche Innenwelt in gravierender Weise. Eine Bearbeitung bzw. Bewältigung des delinquenten Verhaltens sei nur auf diesem Weg möglich.

Winnicott plädiert für klare Grenzsetzungen (1988, S. 121–123). Eine Erweiterung des Toleranzrahmens gegenüber delinquentem Verhalten, die bis heute propagiert, aber auch kritisch gesehen wird (Magdeburger Initiative 1999; Heisig 2010; Müller 2013), lehnt er ab, eine solche Haltung liegt ihm fern. Gleichwohl geht es ihm nicht um ein hartes Strafprinzip. Wichtig ist, dass auch schon kleine Gesten von Wiedergutmachung als solche erkannt und angenommen werden. Wiedergutmachung sucht einen dritten Weg, sie ist kein Ungeschehenmachen, aber auch keine Vergeltung in Sinne eines archaischen »Auge um Auge, Zahn um Zahn« oder »Wie du mir, so ich dir.«

Mit einer ›wirklichen‹ Wiedergutmachungshandlung zeigt ein Mensch, dass er Gesetze und Regeln anerkennt und ein Verständnis dafür entwickelt hat, dass anderen Schmerzen oder Schaden zugefügt wurde. Auf der intrapsychischen Ebene geht es wesentlich um eine Identifizierung mit der Gesellschaft – und eben nicht um eine antrainierte Unterwerfung unter deren Regeln. Damit ist Winnicott Freud nicht fern, der in der Anerkennung von Schuld eines der wichtigsten, die Kultur ermöglichenden Phänomene sieht.

3.4 Grenzsetzende pädagogische Organisationsformen und Konzepte

3.4.1 Geschlossene Unterbringung (GU)

Zu den großen Kontroversen nicht nur der (Sozial-)Pädagogik gehört die Bewertung der ›Geschlossenen Heime‹. Im Mittelpunkt steht ihr freiheiteinschränkender Charakter, die Frage nach der Strafdimension, den für die pädagogische Arbeit notwendigen Rahmenbedingungen und den institutionell förderlichen Potenzialen der ›Geschlossenen Unterbringung‹. Um das Für und Wider wird heftig gestritten, die unterschiedlichen Positionen stehen sich unversöhnlich gegenüber, vermittelnde Stellungnahmen finden sich eher selten. Der Grund dafür liegt in der hohen affektiven Besetzung des Themas, wie häufig, wenn es um moralisch aufgeladene Fragen geht, um Gutes und Schlechtes, Gerechtigkeit und letzten Endes Menschlichkeit. Spaltungen liegen dann nicht fern und gegenseitige heftige Vorwürfe ebenso wenig.

In der Tat ist die Freiheitseinschränkung ein wichtiges, subjektiv bedeutsames Faktum. Sie erfolgt jedoch nicht willkürlich, sondern streng juristisch abgesichert und soll dazu dienen, dass hochgefährdete Kinder und Jugendliche, die in offenen Systemen nachweislich nicht mehr zugänglich sind, doch noch pädagogisch erreicht werden können. Diese Form des Freiheitsentzuges ist nicht vom Strafgedanken getragen: Die Einrichtungen ersetzen keine Strafmaßnahmen der Justiz, sie wollen allenfalls im Vorfeld präventiv wirken – das wird häufig nicht richtig wahrgenommen.

In einem überschaubaren Rahmen mit einem dichten persönlichem Betreuungsschlüssel sollen intensive Beziehungserfahrungen entstehen, die es ermöglichen, dass die innere und äußere Problematik der Kinder und Jugendlichen bearbeitbar wird. Dazu gehört ganz wesentlich die Auseinandersetzung mit vorgegebenen Strukturen, Regeln und Grenzen. Das Aggressionsthema ist häufig essenziell: aufgrund der inneren Problematik der verbindlich betreuten Personengruppe und auch deshalb, weil Aggressionen durch den institutionellen Einschluss noch erstarken können, vor allem in der Anfangsphase. In der pädagogischen Begegnung müssen sich die Erziehenden den ihnen entgegen gebrachten Angriffen stellen, nicht ausweichen, bagatellisieren, verharmlosen. Die Erfahrung, dass sich das Gegenüber als standhaft erweist, sich nicht zerstören lässt und auch nicht von schädigenden und vernichtenden Racheimpulsen getrieben wird, kann zu einer inneren Beruhigung führen. Das Objekt erweist sich in diesem Fall auch in heftigen Krisenfällen als verlässlich, belastbar und beziehungsstabil – es »überlebt« (Winnicott). Eine Identifizierung mit den Pädagog*innen wird in einem gewiss schwierigen Prozess möglich. Die gesellschaftlichen Strukturen werden als etwas erfahren, das zwar (unumgänglich) einschränkt, zugleich aber auch die individuellen Freiheitsgrade erhöht und eine persönliche Weiterentwicklung ermöglicht.

Das wiederum setzt voraus, dass seitens der Erziehenden eine intensive Auseinandersetzung mit eigenen Aggressionen, Verletzungen und Schuldthematiken erfolgt ist. Sie müssen sich einlassen, sich verwickeln, und zugleich dafür Sorge tragen, dass es zu keiner Reinszenierung der biografischen Erfahrungen dieser lebensgeschichtlich stark belasteten Klientel kommt (Rauh 2017, S. 10 f.). Eigene Strafwünsche müssen wahrgenommen und reflektiert, ein Mitagieren aufgrund eigener unbearbeiteter Problemlagen verhindert werden. Dann kann eine verbindliche Unterbringung die von Winnicott beschriebene haltend-begrenzende Funktion übernehmen, was einschließt, dass die Dynamik von Schuldgefühl und Wiedergutmachung zu einem wichtigen pädagogischen Thema wird.

Hoops und Permien (2006, S. 11) weisen darauf hin, dass »der Begriff ›Geschlossene Unterbringung‹ [...] einen Dauereinschluss suggeriert, den es in Jugendhilfe und Jugendpsychiatrie nicht gibt«. I. d. R. handelt es sich um einen temporären Einschluss von wenigen Wochen. Dafür, dass unter dieser Bedingung prinzipiell keine erfolgreiche pädagogische Arbeit entstehen kann (Peters 2016), gibt es kaum überzeugende Argumente (Ahrbeck 1997, 2004; Stadler 2009; Hoops & Permien 2006).

Ein wesentlicher Teil der Abwehr und des Widerstands gegen eine ›Geschlossene Unterbringung‹ besteht psychodynamisch betrachtet darin, dass hier in besonderer Verdichtung unliebsame Themen aufgeworfen werden. Sie betreffen unumgängliche Sozialisationsnotwendigkeiten, die kulturell erzwungene Einpassung des*der Einzelnen in die Gesellschaft, die zwingend notwendige Auseinandersetzung mit der menschlichen Aggressivität und den Umstand, dass eine Schuldbearbeitung unerlässlich ist. Freuds und Winnicotts Einsicht, dass sich Erziehung im Spannungsfeld von Freiheit und Grenzsetzung abspielt, »zwischen der Scylla des Gewährenlassens und der Charybdis des Versagens« (Freud 1933, S. 160), gehört ebenso dazu. Solange am Erziehungsbegriff festgehalten wird, sind Erziehung und Zwang untrennbar miteinander verwoben. Und d. h. auch, dass einzelne Erziehungsmaßnahmen als strafend erlebt werden können.

3.4.2 ›Konfrontative Pädagogik‹: Trainings- und Bootcamps

In den letzten Jahren hat sich mit der ›Konfrontativen Pädagogik‹ eine Gegenbewegung zu einer Pädagogik entwickelt, die Strafen und Grenzsetzungen reserviert gegenübersteht. Einflussreich ist sie im Umgang mit delinquenten und dissozialen Jugendlichen geworden (Weidner & Kilb 2011), begleitet oder ergänzt durch die Einführung neuer Straftechniken (Petermann, Döpfner & Schmidt 2008), die auf verhaltenstheoretischer Grundlage beruhen. Das Konfrontationsprinzip, ohne das die Pädagogik prinzipiell nicht auskommt, wird dabei zu der entscheidenden und oft überdimensionierten Größe erhoben. Sicherlich auch deshalb, weil in der Vergangenheit der Konfliktvermeidung und dem Vertrauen auf die kindlichen Selbstkonstruktionskräfte (Stichwort: ›Kinder als Experten ihres Lebens‹) eine viel zu große Bedeutung beigemessen wurde (Bürgerschaft der Freien und Hansestadt Hamburg 2000).

Das Ziel der ›Konfrontativen Pädagogik‹ ist es, solche Personen mit teils heftigen Mitteln zu einer Verhaltensänderung zu bewegen, die auf andere Weise für nicht mehr zugänglich gehalten werden. Regelüberschreitungen sollen konsequent verfolgt, Grenzen aufgezeigt und aggressive Übergriffe mit Entschiedenheit unterbunden werden. Neben der äußeren Verhaltenssteuerung bezieht sich das Konfrontationsprinzip auch auf die Innenwelt. Der Abwehr der Jugendlichen wird mit Härte begegnet, sie soll mit drastischen Methoden in Frage gestellt, wenn nicht gar gebrochen werden.

Eine extreme Zuspitzung findet die ›Konfrontative Pädagogik‹ in den amerikanischen Boot-Camps (z. B. Glen-Mills-School) (Colla, Scholz & Weidner 2001) und in den hiesigen Trainingscamps Lothar Kannenbergs (2006). Die zugrundeliegende ›Philosophie‹ ist eine einfache. Kinder und Jugendliche sollen durch strikte Maßnahmen auf einen ›richtigen‹ Weg gebracht werden, der keine Zwischentöne kennt und ohne Ambivalenzen auskommt. Das ›Gute‹ soll das Böse ersetzen. Als Identifikationsfiguren dafür dienen ausschließlich oder stark überwiegend männliche Bezugspersonen. Sie repräsentieren ein korrektes Verhalten und eine einwandfreie innere Haltung, die mit Entschiedenheit und ohne jeden inneren Zweifel sanktionsreich durchgesetzt werden. Die militärisch orientierten Knabenhorte längst vergangener Zeiten, über die August Aichhorn berichtete (Füchtner 2015), feiern hier eine Renaissance.

Ein entscheidendes Missverständnis besteht darin, dass sich auf diesem Weg ein fehlendes väterliches Prinzip einführen ließe (Ahrbeck & Winkler 2009).

Identifikationen sollen in streng hierarchischen Beziehungen auf eine archaische Weise erfolgen, letztlich durch Unterwerfung, ohne dass auf die komplexe Innenwelt mit ihren einzelnen Facetten Bezug genommen wird. Das führt auf der Über-Ich-Ebene dazu, dass ein System früher Spaltungen unter veränderten Vorzeichen aufrechterhalten und verstärkt wird. Gleiches gilt für die Objekterfahrungen und ihre inneren Repräsentanzen. Ein aussöhnendes Prinzip, das die Person respektiert, aber nicht ihr Verhalten, das nicht nur begrenzt und verbietet, sondern auch verzeiht und ermutigt, kommt nicht vor. Es gibt nur schwarz oder weiß. Eine innere Entwicklung reiferer Strukturen wird dadurch unmöglich. Vermittelnde, freundliche Beziehungserfahrungen fehlen, das Verständnis für schwierige innere Situationen bleibt aus und damit das Ringen um Einsicht, um eine Integration unterschiedlicher Triebregungen, um Triebneutralisierung und -sublimierung.

Gegen die ›Konfrontative Pädagogik‹ hat sich u. a. deshalb ein erheblicher Widerspruch erhoben. Dörr und Herz (2009, S. 8) sprechen von »eine[r] Kultur der Punitivität mit einem zunehmenden Bedeutungszuwachs von Zwang und Disziplinierung« und subsumieren diese Entwicklung unter die »›Unkulturen‹ der Bildung und Erziehung« (Buchtitel).

Anhand von Winnicotts Überlegungen zur Schuld und Wiedergutmachung wird deutlich, wie groß die Differenzen zu psychoanalytisch geprägten Rehabilitationsbemühungen sind, die sowohl unumgängliche kulturelle Anpassungsleistungen einfordern und zugleich den Blick auf die Innenwelt der Kinder und Jugendlichen und ihre Objektwelt bewahren.

3.5 Professionalisierung für den Umgang mit der »antisozialen Tendenz«

In obigen Beispielen wurde auf zwei Formen der Grenzsetzung Bezug genommen, die zu unterschiedlichen pädagogischen Bewertungen führen, wobei beide als strafend erscheinen können und es wohl auch müssen. Entscheidend ist dabei, welche erzieherischen Intentionen dem zugrunde liegen und wie sie vermittelt werden. Während die GU, besser formuliert: eine ›verbindliche Unterbringung‹, für eine bestimmte Personengruppe pädagogisch dringend benötigte Rahmenbedingungen schaffen und Entwicklungsprozesse im Sinne Winnicotts fördern kann, wurden die Trainingscamps der ›Konfrontativen Pädagogik‹ unter dem Gesichtspunkt der Grenzverletzungen kritisch betrachtet.

Das Thema Grenzsetzung spielt aber auch im Erziehungsverhalten von Eltern und pädagogischen Fachkräften generell eine wichtige Rolle (vgl. Rauh 2016). Kinder benötigen Erwachsene, die das aggressive und destruktive Handeln in seiner sozialen Eingebundenheit sehen, die dahinterstehenden Motive verstehen und zugleich entwicklungsnotwendige Grenzen setzen. Ein Kind kann dadurch aggressive Impulse besser annehmen und integrieren, es muss sich nicht mehr übermäßig schuldig und böse fühlen. Damit korrespondiert eine Über-Ich-Bildung, die zunehmend einen reiferen Charakter annimmt und in abgemilderter Form das Erleben von Schuldgefühlen zulassen kann. Wohingegen ein rigides, strafendes Über-Ich Schuldgefühle unerträglich macht, sie verdrängen oder abspalten muss, so dass die Gefahr unkontrollierter Durchbrüche steigt.

In der pädagogischen Arbeit mit Kindern, die eine antisoziale Problematik aufweisen, verläuft dieser Prozess aufgrund der starken Affektivität, einer hohen Konflikthaftigkeit und struktureller Besonderheiten der Persönlichkeitsentwicklung unter erschwerten Bedingungen. Dazu gehört, dass eine förderliche pädagogische Beziehung trotz diverser Bedrohungen aufrechterhalten und ein Abgleiten in eine Spirale der Hoffnungslosigkeit verhindert wird. Das lässt sich modellhaft in fünf Schritten beschreiben.

1. Die Pädagog*innen bemühen sich um einen freundlichen Beziehungsaufbau, der sich als tragend und verlässlich erweisen soll und dem Kind das Gefühl vermittelt, dass es trotz seiner bisherigen Schwierigkeiten anerkannt und gemocht wird. Dieses Bemühen findet durch anfängliche reziproke Antworten des Kindes eine Bestätigung, die Pädagog*innen erleben sich ihrerseits aufgewertet und anerkannt.
2. Wenn das Kind nun beginnt, Hoffnung zu schöpfen, Vertrauen fassen will und sich wirklich anschließen möchte, gerät es in eine innerlich prekäre Situation. Seine Bedürfnisse nehmen zu, sein Anspruchsdenken und seine Kränkbarkeit ebenfalls, so dass es vermehrt zum Widerspruch neigt, sich trotzig zeigt, Aggressionen freisetzt und destruktiv bis hin zu einem heftigen delinquenten Verhalten agieren kann.
3. Es ist naheliegend, dass dieses Verhalten von den pädagogischen Bezugspersonen als ›Undankbarkeit‹ erlebt wird und es deshalb zu einem gekränkten Rückzug kommt. Oder auch zu heftigen Racheimpulsen, aufgrund der erfahrenen Ohnmacht und Hilflosigkeit, durch das Gefühl, enttäuscht und gekränkt, ausgebeutet und hintergangen worden zu sein. Daraus können sich Straf- und Disziplinierungswünsche ergeben, die als pädagogische oder therapeutische Maßnahmen verbrämt ausagiert werden (Bovensiepen 1985, S. 112) und über pädagogisch notwendige Begrenzungen hinausgehen. Das wiederum steigert einen aggressiven Kreislauf, der fatal ist, weil er in dem Kind archaische Schuldgefühle wecken kann, die entlastenden Wiedergutmachungswünschen im Wege stehen.
4. In diesem Prozess fühlt sich auch das Kind getäuscht, das seine Hoffnungen auf die anfangs so freundlich, unkompliziert und gutwillig erscheinenden Erziehenden gesetzt hat, die ihm nunmehr gänzlich anders erscheinen. Das Vertrauen in andere sinkt aufgrund eines immensen Enttäuschungs- und Kränkungserlebens noch weiter. Ein Hoffnungsverlust tritt ein.
5. Dieser Negativentwicklung kann nur dadurch begegnet werden, dass den Erziehenden von Anfang an bewusst ist, wie unausweichlich sie in oft schwer zu durchschauende, aggressiv aufgeladene und emotional beanspruchende Beziehungskonstellationen geraten werden, die voller Enttäuschungen, Kränkun-

gen, Entwertungen und Ohnmachtserleben sind. Gemäß Winnicott ist es entscheidend, dass sie die ihnen entgegengebrachten Angriffe überstehen und in sich eine (relative) Beruhigung herstellen, so dass sich Rachewünsche zähmen lassen und der Wunsch überwunden wird, den anderen zu vernichten. Solche Formen des »Überlebens« und die damit verbundenen Beziehungserfahrungen können dazu führen, dass sich auch hochaggressive, dissozial agierende und delinquente Kinder wieder beruhigen und öffnen, sich auf das Objekt verlassen und es für ihre Entwicklung »verwenden« (Winnicott 1979, S. 109). Der Begriff des Sich-verwenden-Lassens wird von Winnicott in einer entwicklungsfördernden Weise verstanden.

Das hier vertretene Professionsverständnis bezieht sich auf das pädagogische Durcharbeiten schwieriger Beziehungskonstellationen auf der Basis einer klaren Zielsetzung und dem Wissen um die innere Problematik der zu erziehenden Kinder und Jugendlichen. Es bezieht sich auch auf die inneren Prozesse, die in den Erziehenden bewegt und ihrerseits bearbeitet werden müssen. Schuld und Widergutmachung sind dabei überdauernde, nie ganz aufzulösende Themen. Insofern kann es auch keinen unbeschwerten, von der Last der Vergangenheit befreiten Neubeginn geben, der in der (Sozial-)Pädagogik einige Popularität erreicht hat. Von Freyberg (2009, S. 43) spricht von einem »Mythos vom Neuanfang«, der nur aufgrund von Spaltungen und Verleugnungen aufrechterhalten werden kann. Cohen (2004, S. 51) sieht in ihm eine »goldene Fantasie«, die mit einer Immunisierung gegenüber den Fakten und Gesetzen der inneren und äußeren Realität einhergeht.

3.6   Verantwortete Schuld

In historischen wie aktuellen Erziehungsdiskursen spielt die Frage nach den Machtverhältnissen eine prominente Rolle, wie sie sich in Freuds Gegenüberstellung von übermäßigem Gewährenlassen und überzogener Strenge wiederfindet. Seit Jahrzehnten hat sich im öffentlichen und wissenschaftlichen Raum ein Erziehungsverständnis etabliert, das zwar die Notwendigkeit von Grenzsetzungen betont, zugleich aber von dem Wunsch geleitet ist, dies könne in einer möglichst repressionsfreien, primär an den kindlichen Bedürfnissen orientierten Weise geschehen. Strafen sind dementsprechend verpönt und ebenso all das, was an sie zu erinnern scheint. Offensichtlich wird noch immer ein Kampf gegen die übermächtige autoritäre Erziehung längst vergangener Tage geführt. Es fällt schwer, einen Weg der ›Pädagogischen Mitte‹ (Zierer, Kahlert & Burchardt 2016) einzuschlagen, der sich zu beiden Seiten hin abgrenzt, also auch zu den neu ins Spiel gebrachten überzogenen Disziplinierungsideen, die z. B. Bueb (2008) vertritt.

Gefürchtet wird vor allem, Kinder durch Erziehungsmaßnahmen gegen sich aufzubringen, als jemand dazustehen, der Zwang ausübt, sich als ›böse‹ entpuppt und sich dadurch schuldig macht. Aber ebenso wenig, wie sich Schuldkategorie aus dem Leben tilgen lässt (Tournier 1959), kann die Frage nach der Schuld in der Erziehung ausgeblendet werden. Erziehung ist ein per se schuldbehaftetes Unterfangen und zu ihr gehört die »Ausübung von Macht über Menschen« (Flitner 1952, S. 56).

In der Erziehung muss es um eine »verantwortete Schuld« (Figdor 2012, S. 141 f.) gehen. Eine Schuld, die erlebt, anerkannt und reflektiert wird – im Hinblick auf die Erziehungsziele, die kindliche Innenwelt und pädagogische Beziehungsgestaltung, die eingesetzten Mittel und die persönliche Beteiligung der Erziehenden selbst. Ein solcher Zugang unterscheidet sich fundamental von rezepthaften und technologischen Verhaltensregulationen, die sich einer solchen Reflexionsebene entziehen. Eine »verantwortete Schuld« kann sich dem Kind und der Gesellschaft gegenüber legitimieren. Sie stellt sich in den Dienst der kindlichen Entwicklung, indem sie von einer exzentrischen Position aus kindliche Bedürfnisse und Erziehungsnotwendigkeiten zugleich wahrnimmt. Auch trägt sie gesellschaftlichen Notwendigkeiten Rechnung, in dem Wissen darum, dass der kulturelle Zusammenhalt eine Begrenzung der aggressiven Triebhaftigkeit erfordert und die Anerkennung von Gesetzen voraussetzt. Grenzsetzung und Strafe, Schuld und Wiedergutmachung sind dabei unumgängliche Themen.

Literatur

Ahrbeck, B. (1997). Konflikt und Vermeidung. Neuwied: Luchterhand.
Ahrbeck, B. (2004). Kinder brauchen Erziehung. Stuttgart: Kohlhammer.
Ahrbeck, B. (2019). Was Erziehung heute leisten kann. Pädagogik jenseits der Illusionen. Stuttgart: Kohlhammer.
Ahrbeck, B. & Winkler, D. (2009). Denn sie wissen nicht was sie tun. Die konfrontative Pädagogik und das väterliche Prinzip. In M. Dörr & B. Herz (Hrsg.), »Unkulturen« in Bildung und Erziehung (S. 87–100). Wiesbaden: VS.
Bovensiepen, G. (1985). Haß und Ohnmacht – aggressive Kinder in der Institution. In A. Leber, H.-G. Trescher & C. Büttner (Hrsg.), Die Bedeutung der Gruppe für die Sozialisation. Teil 1: Kindheit und Familie (Beiheft zur Zeitschrift Gruppenpsychotherapie und Gruppendynamik; Heft 21) (S. 105–113). Göttingen: Vandenhoeck & Ruprecht.
Browning, Ch. R. (1999). Ganz normale Männer. Das Reserve Polizeibataillon 101 und die »Endlösung« in Polen. Reinbek: Rowohlt.
Brühlmeier, A. (1994). Ein paar Überlegungen zum Problem der Strafe (http://www.bruehlmeier.info/Strafe/202.htm), Zugriff am 02.08.2019.
Bueb, B. (2008). Lob der Disziplin. Berlin: Ullstein.
Bürgerschaft der Freien und Hansestadt Hamburg (2000). Bericht der Enquete-Kommission »Jugendkriminalität und ihre gesellschaftlichen Ursachen«. Drucksache 16/4000. 16. Wahlperiode. Hamburg.
Cohen, Y. (2004). Das mißhandelte Kind. Ein psychoanalytisches Konzept zur integrierten Behandlung von Kindern und Jugendlichen. Frankfurt a. M.: Brandes & Apsel.
Colla, H. E., Scholz, C. & Weidner, J. (2001) (Hrsg.) »Konfrontative Pädagogik«. Das Glen Mills Experiment. Mönchengladbach: Forum.
Dörr, M. & Herz, B. (Hrsg.) (2009). »Unkulturen« in Bildung und Erziehung. Wiesbaden: VS.
Eissler, K. (1992). Todestrieb, Ambivalenz, Narzißmus. Frankfurt a. M.: Fischer.

Figdor, H. (2012). Wie werden aus Pädagogen »Psychoanalytische Pädagogen«? In W. Datler, U. Finger-Trescher & J. Gstach (Hrsg.), Psychoanalytisch-Pädagogisches Können. Vermitteln – Aneignen – Anwenden. Jahrbuch für Psychoanalytische Pädagogik, 20 (S. 121–156). Gießen: Psychosozial.
Flitner, W. (1952). Über Macht in der Erziehung. In W. Flitner (1989), Gesammelte Schriften. Band 3 (S. 56–66). Paderborn: Schöningh.
Freud, S. (1905/1999). Drei Abhandlungen zur Sexualtheorie. Gesammelte Werke. Band V (S. 27–145). Frankfurt a. M.: Fischer.
Freud, S. (1930/1999). Das Unbehagen in der Kultur. Gesammelte Werke. Band XIV (S. 419–506). Frankfurt a. M.: Fischer.
Freud, S. (1933/1999). Neue Vorlesungen zur Einführung in die Psychoanalyse. Gesammelte Werke. Band XV. Frankfurt a. M.: Fischer.
Freyberg, Th. von (2009). Tantalos und Sisyphos in der Schule. Zur strukturellen Verantwortung der Pädagogik. Frankfurt a. M.: Brandes & Apsel.
Füchtner, H. (2015). Individuelle und gesellschaftliche Verwahrlosung. Psychoanalytische und sozialpsychologische Diagnosen. Wien: LIT.
Haesler, L. (1995). Auf der Suche nach einer erträglichen Welt. Über den Umgang des Menschen mit der Wirklichkeit. Darmstadt: Wissenschaftliche Buchgesellschaft.
Haesler, L. (2000). Das ödipale Dreieck – Lebensgeschichtliches Ereignis oder psychische Struktur? In B. Ahrbeck & J. Körner (Hrsg.), Der vergessene Dritte – Ödipale Konflikte in Erziehung und Therapie (S. 25–49). Neuwied: Luchterhand.
Hartmann, H. (1997). Ich-Psychologie: Studien zur psychoanalytischen Theorie. Stuttgart: Klett-Cotta.
Heisig, K. (2010). Das Ende der Geduld. Konsequent gegen jugendliche Gewalttäter. Freiburg i. Br.: Herder.
Hoops, S. & Permien, H. (2006). »Mildere Maßnahmen sind nicht möglich!« Freiheitsentziehende Maßnahmen nach § 1631b BGB in Jugendhilfe und Jugendpsychiatrie. München: Deutsches Jugendinstitut.
Kannenberg, L. (2006). Durchboxen. Ich lebe. Kassel: Opal.
Körner, J. & Müller, B. (Hrsg.) (2010). Schuldbewusstsein und reale Schuld. Gießen: Psychosozial.
Langenscheidts Handwörterbuch Lateinisch-Deutsch (1980). München: Langenscheidt.
Leuzinger-Bohleber, M. & Lebiger-Vogel, J. (2016). Frühkindliche Entwicklungsprozesse und Migration. Psychoanalytisches Grundlagenwissen. In M. Leuzinger-Bohleber & J. Lebiger-Vogel (Hrsg.), Migration, frühe Elternschaft und die Weitergabe von Traumatisierungen. Das Integrationsprojekt »Erste Schritte« (S. 42–83). Stuttgart: Klett-Cotta.
Lichtenberg, J. D., Lachmann, F. M. & Fosshage, J. L. (2017). Das Selbst und die motivationalen Systeme. Zu einer Theorie psychoanalytischer Technik. Frankfurt a. M.: Brandes & Apsel.
Magdeburger Initiative (1999). Forum zu Jugend und Kriminalität. (Erstunterzeichner: Breyman, K., Figl, E., Ostendorf, H., Sessar, K., Sonnen, B.-R., Viehmann, H., Zinke, S.) (http://horst.viehmann.net/magdeburg.pdf), Zugriff am 13.8.2019.
Mitscherlich, A. (1979). Zwei Arten der Grausamkeit. In A. Mitscherlich, Toleranz – Überprüfung eines Begriffs (S. 168–189). Frankfurt a. M.
Müller, A. (2013). Schluss mit der Sozialromantik!: Ein Jugendrichter zieht Bilanz. Freiburg i. Br.: Herder.
Nedelmann, C. (1986): Turning a blind eye: ein Auge zudrücken. Wissenschaft & Frieden (1) (https://www.wissenschaft-und-frieden.de/seite.php?artikelID=0646), Zugriff am 31.7.2018.
Pecher, W. (1989). Das Gefängnis als Vater-Ersatz. Die Suche nach dem Vater als unbewußtes Motiv für Straffälligkeit. Frankfurt a. M.: R. G. Fischer.
Petermann, F., Döpfner, M. & Schmidt M. H. (2008). Ratgeber Aggressives Verhalten. Informationen für Betroffene, Eltern, Lehrer und Erzieher. Göttingen: Hogrefe.
Peters, F. (2016): Geschlossene Unterbringung in der Kinder- und Jugendhilfe – eine unendliche Geschichte. Kindesmißhandlung und Vernachlässigung. Interdisziplinäre Fachzeitschrift für Prävention und Intervention, 19 (2), S. 170–183.

Raffay, A. von (2006). Die Gewissensfrage in Psychoanalyse und Analytischer Psychologie. Stuttgart: Frommann-Holzboog.
Rauchfleisch, U. (1997). Strafe als Mittel zum Lustgewinn? In B. Zöller (Hrsg.), Mit Strafen leben? Über Strafen und Bestrafung im zwischenmenschlichen Bereich (S. 73–81). Basel: Promedas.
Rauh, B. (2016). Grenzverletzungen, Grenzen anerkennen und Grenzen überwinden. In B. Rauh & T. Kreuzer (Hrsg.), Grenzen und Grenzverletzungen in Bildung und Erziehung (S. 17–33). Opladen: Budrich.
Rauh, B. (2017). Verwicklung, Containment, Abstinenz. In B. Rauh (Hrsg.), Abstinenz und Verwicklung. Annäherungen in Theorie, Forschung und Praxis (S. 7–21). Opladen: Budrich.
Richter, S. (2018). Pädagogische Strafen. Verhandlungen und Transformationen. Weinheim: Beltz Juventa.
Schwaiger, B. (2009). Das Begehren des Gesetzes. Zur Psychoanalyse jugendlicher Straftäter. Marburg: transcript.
Stadler, B. (2009). Therapie unter Zwang – ein Widerspruch? Intensivtherapie für dissoziale Jugendliche im geschlossenen Mädchenheim Gauting. Baden-Baden: Tectum.
Tournier, P. (1959). Echtes und falsches Schuldgefühl. Zürich: Rascher.
Werner, R. (2011). Verbrechen und Strafe. Die WELT vom 13.11.2011, S. 2.
Weidner, W. & Kilb, R. (Hrsg.) (2011). Handbuch Konfrontative Pädagogik. Grundlagen und Handlungsstrategien zum Umgang mit aggressivem und abweichendem Verhalten. Weinheim: Juventa.
Winnicott, D. W. (1979). Vom Spiel zur Kreativität. Stuttgart: Klett-Cotta.
Winnicott, D. W. (1983). Die antisoziale Tendenz. In D. W. Winnicott, Von der Kinderheilkunde zur Psychoanalyse (S. 230–243). Frankfurt a. M.: Fischer.
Winnicott, D. W. (1984). Reifungsprozesse und fördernde Umwelt. Frankfurt a. M.: Fischer.
Winnicott, D. W. (1988). Aggression. Versagen der Umwelt und antisoziale Tendenz. Stuttgart: Klett-Cotta.
Zierer, K., Kahlert, J. & Burchardt, M. (Hrsg.) (2016). Die pädagogische Mitte: Plädoyers für Vernunft und Augenmaß in der Bildung. Bad Heilbrunn: Klinkhardt.

4   Pädagogische Grenzüberschreitung und sexueller Missbrauch

Jürgen Oelkers

Bezugnahmen auf den platonischen Eros waren in der radikalen Pädagogik, die nach dem Ersten Weltkrieg aus der deutschen Jugendbewegung hervorging, etwa im Hamburger Wendekreis, keine seltene Erscheinung, und wie »platonisch« dieser Eros sein und ob er eine entschiedene Grenze darstellen sollte, war zumindest nie ganz klar. Grenzen der Erziehung waren ein Thema in der Weimarer Pädagogik, aber es waren solche der Wirksamkeit und nicht des Schutzes vor sexuellen Übergriffen. Erst die massiven Vorfälle an der Odenwaldschule haben dazu geführt, dass diese Frage nicht länger ignoriert werden konnte. Dieser Fall steht daher im Mittelpunkt der nachfolgenden Überlegungen, in denen pädagogische Grenzüberschreitungen zum Thema werden.

Der Lehrer Kurt Zeidler (1919) sprach vom »erziehenden Eros« und vertrat seine These von der neuen Erziehung am 30. Juni 1919 in einem viel beachteten Vortrag in der Hamburger »Gesellschaft der Freude des vaterländischen Schul- und Erziehungswesens«. Eros wird als gemeinschaftsbildende Kraft verstanden, während Päderastie als nicht wünschenswert bezeichnet wird.

Dagegen regte sich Widerstand. In einer Kritik an Zeidler forderte die Lehrerin Alma de l'Aigle[1] die »Freigabe der Knabenliebe«. Die Kritik wurde in der Lehrerzeitschrift »Pädagogische Reform« veröffentlicht. Es ging um die »Lösung der sexuellen Spannung« im Jugendalter und dazu könne die Knabenliebe beitragen, wenngleich nicht jedes Kind danach strebt.

> »Es gibt manche Kinder, die nicht nach Menschen verlangen, die ihre ganze verdunstende Sexualität, ihre ganze Sexualität und Liebe, nur in ihr Werke (Kunstwerk im weiteren Sinne, da es aus innerer Notwendigkeit entstand) ausströmen wollen und können« (de l'Aigle 1919, S. 180).

Ein Jahr später, am 24. Juni 1920, trug Alma de l'Aigle selbst in der Hamburger vaterländischen Gesellschaft vor. Das Thema bezog sich auf das »sexuelle Problem in der Erziehung« und nicht auf den pädagogischen Eros oder die Freigabe der Knabenliebe. Es geht um die Frage, welche Rolle in der künftigen Erziehung von Großstadtkindern die sexuelle Aufklärung spielen soll.

Am Ende des Vortrages kommt sie auf das Verbot der Päderastie im Strafgesetzbuch zu sprechen. In dem Verbot komme der Wille des Volkes »zur Ablehnung der sexuellen Perversität zum Ausdruck« (de l'Aigle 1920, S. 32). Auf der anderen Seite wird Otto Fenichel zitiert: »Solange die Integrität der Gesellschaft

---

1   Alma de l'Aigle (1888-1859) war zunächst Privatlehrerin und unterrichtete dann im Hamburger Hilfsschulwesen. Sie verweigerte den Eid auf die neue Reichsverfassung und wurde einem Disziplinarverfahren ausgesetzt.

dadurch nicht verletzt wird, ist jede Sexualhandlung jeder andern gleichberechtigt«. Und weiter: »Aus einer unschädlichen (sexuellen) Handlung jemandem einen Vorwurf zu machen, ist von vornherein eine Ungerechtigkeit höchsten Grades« (ebd.).[2]

Ein radikaler sexueller Individualismus ohne Bindung an die soziale Gemeinschaft wird abgelehnt. Zugleich wird gesagt: »Wir wollen in der Sexualpädagogik, und in ihr vor allem, den freideutschen Gedanken lebendig machen, den Gedanken, dass jeder sein Leben nach den ihm eingeborenen Gesetzen zu formen hat« (ebd., S. 33; Sperrung im Text entfällt). Daraus erwachse die Aufgabe, auch das Leben des sozialen Organismus zu formen, nach unseren inneren Gesetzen, »die zugleich die seinen sind« (ebd.).

Eine klare Grenze ist das nicht. Wenn jeder nach seinen »eingeborenen Gesetzen« handelt, dann muss er oder sie nur eine Umwelt finden, die das toleriert und mit einer Autorität absichert. Die deutschen Landerziehungsheime und die Gemeinschaften der deutschen Bewegung waren so strukturiert, und lange hat sich die Frage nach den Grenzen und den Grenzüberschreitungen nicht gestellt oder wurde gerade mit dem Hinweis auf den pädagogischen Eros verharmlost.

Am 1. Oktober 2014 wurde im deutschen Fernsehen (ARD) der Spielfilm *Die Auserwählten* gezeigt, der die Geschichte der sexuellen Gewalt an der Odenwaldschule erzählt. Diese Geschichte, die zuvor niemand für möglich gehalten hat, wird in fiktiver Form aufgearbeitet, sie enthält also keine Klarnamen, basiert aber in den entscheidenden Handlungsteilen auf Aussagen von Opfern.[3]

Der Film sorgte für heftige Reaktionen in der Öffentlichkeit. Eine Schule der Reformpädagogik konnte unmöglich eine Schule sexueller Gewalt sein, aber genau das stellte sich als Jahrzehnte lange Praxis heraus. Heutige Schätzungen, die auf Interviews beruhen, gehen davon aus, dass es in vier Jahrzehnten zwischen 500 und 900 Opfer gegeben hat, also viel mehr als ursprünglich angenommen wurde.[4]

Wenige Tage nach Ausstrahlung des Films, am 7. Oktober 2014, schrieb eine ehemalige Odenwaldschülerin in einem Blog: »An der Odenwaldschule habe ich vor allem gelernt, dass das, was gesagt wird, noch lange nicht gemeint ist, sondern dass es Worthülsen sind.« Die schöne Rhetorik der reformpädagogischen Vorzeigeschule hatte nichts mit der erfahrbaren Wirklichkeit zu tun, in der der Schulleiter sich wie der Führer einer Sekte verehren lassen konnte.

Gemeint war Gerold Becker, ein Charismatiker, der zwischen 1969 und 1985 das öffentliche Gesicht der Odenwaldschule darstellte und mit seiner Person die Ideale der Reformpädagogik zu repräsentieren schien. Er hatte, wurde angenommen, besonders die Traditionen der deutschen Landerziehungsheime neu belebt, also die freie Erziehung in einer Lebensgemeinschaft, und so auch den pädagogischen Eros in einer Polis nach antikem Vorbild.

Die Erziehung sollte »vom Kinde aus« gedacht und verwirklicht werden, mit der besonderen Betonung der Nähe zum Kind, wie Becker in zahlreichen Schrif-

---

2 Fenichel (1916).
3 Dargestellt in dem Dokumentarfilm *Und wir sind nicht die Einzigen* (2011).
4 Quelle: https://www.fr.de/rhein-main/mehr-opfer-11792091.html (Zugriff am 30.04.2010).

ten immer wieder nahegelegt hat. Anders als in den normalen Schulen sollten die menschlichen Beziehungen im Mittelpunkt stehen, damit hatte er Erfolg, war in allen Medien präsent und blieb das Gesicht der Odenwaldschule, auch nachdem er sie 1985 unter nie geklärten Umständen verlassen hatte.

Die Ehemalige schreibt weiter:

> »Ich habe mit 14 Jahren Gerold Becker als das genuin Böse empfunden, während andere ihn zur Ikone erhoben – von was eigentlich? Ich habe dort gelernt, dass man niemandem trauen kann und die Angst war allgegenwärtig. Mein Vater hat mich verraten und meine Mutter war schlicht desinteressiert an mir. Das ist auch heute noch so. Nach meiner Vergewaltigung durch einen Lehrer brachte mich mein Vater in ein Krankenhaus. In einem Zwiegespräch mit Becker – in seinem Büro – wurde ich genötigt zu schweigen. Mein Vater will sich heute an nichts mehr erinnern«.[5]

Das war kein Einzelfall, der doch für sich genommen ausreichen würde, den Schulleiter zu verurteilen. Aber die Praxis von sexueller Gewalt, Ausbeutung und Vertuschung ist vielfach bestätigt (Burgsmüller & Tilmann 2010, Keupp et al. 2019; Brachmann 2019). Und es handelte sich nicht um einen Einzeltäter, sondern eine Gruppe von Tätern zu verschiedenen Zeiträumen der Schulgeschichte, die alle nie zur Rechenschaft gezogen worden sind. Diejenigen, die noch leben, schützt die Verjährungsfrist.

Die Täter waren entschlossene Sexualverbrecher, die das Vertrauen von Kindern und Jugendlichen ausnutzten, deren Eltern hintergingen und sogar kriminelle Vereinigungen bildeten. Wolfgang Held, der langjährige Musiklehrer der Schule und einer der Haupttäter, prostituierte ihm anvertraute Jungen auf kaum vorstellbare Weise. Einer der ehemaligen Schüler erinnert sich:

> »Unsere Eltern finanzierten Urlaubsreisen nach Griechenland, unter Führung von Wolfgang Held. Wir sollten die griechische Geschichte kennenlernen. Held nahm da immer noch Freunde mit, einen dickbäuchigen Mediziner und dessen Bruder, der Schorsch hieß. Alle drei hatten eines gemeinsam: Sie waren Päderasten. Und da gab es noch diesen Freund, einen Unternehmer, Dieter, der Typ hatte in der Nähe von Heidelberg eine Hütte im Wald, auch dort feierten sie Partys, und Held präsentierte ihm seine Jungs, also uns. Das war reine Prostitution. Pure Kriminalität«.[6]

Der Junge war noch keine 14 Jahre alt, als er zu Held kam und in dessen Familiengruppe aufgenommen wurde. Die Gruppe bestand nur aus Jungen, und Held hatte ihm gesagt, er würde sich dort wohlfühlen. Der 13-Jährige kannte zuvor keine Sexualität.

»Ich habe sie bei Wolfgang Held gelernt. Das muss man sich vorstellen: Es macht verrückt«.[7] Held hatte mächtige Freunde, er wurde von der Schulleitung gedeckt und glaubte selbst, er handele im Geiste der alten Griechen.

Gerold Becker hat am 18. März 2010 in einem unpersönlichen Schreiben seine Taten gestanden, dabei jedoch vermieden, sie als Verbrechen zu bezeichnen.

---

5 Quelle: http://www.pisaversteher.com/2014/09/27/2779/ (Zugriff am 16.12.2014).
6 Adrian Koerfer im Gespräch mit Stephan Lebert. In Die Zeit Nr. 14 vom 28. April 2019, S. 12.
7 Ebd.

Zu dem Schreiben ist er von seinen Freunden genötigt worden. Er starb wenige Monate später, ohne sich nochmals öffentlich zu äußern.

Seine ›Erklärung‹ bot eine Entschuldigung an, aber zeigte keine Reue und beschränkte sich auf seine Zeit an der Odenwaldschule. Was vorher war und was nachher, blieb ausgespart. Liest man die Erklärung heute, so erhält man den Eindruck, dass ein Anwalt sie verfasst hat. Es wird nur zugegeben, was unumgänglich ist, ohne das Geständnis an sich herankommen zu lassen. Kurz vor seinem Tod hat Becker einem Besucher gesagt: »Ich habe eine gute Zeit gehabt«.[8]

Unmittelbar nach der Aufdeckung des Missbrauchs im Frühjahr 2010 konnte man im Umfeld des Täters wortreiche Ablenkungsmanöver erkennen, auch betroffene Reden hören und schließlich Versuche des Schönfärbens lesen, nur um danach den Fall auf sich beruhen zu lassen. Die Aufarbeitung dieser fatalen Grenzüberschreitung überließ man anderen.

Die Ausnahme ist der langjährige Freund und Sexualpartner von Gerold Becker, der Berliner Pädagoge Hartmut von Hentig, der bis heute versucht, Becker zu erklären und damit eine umfangreiche Selbstrechtfertigung verbunden hat (Hentig 2016). Im Internet gibt es dazu ein Videoportal und ein Diskussionsforum.[9]

Am 17. November 1999 ist Gerold Becker zum ersten Male als Straftäter entlarvt worden. Der entsprechende Artikel erschien in der Frankfurter Rundschau, er basierte auf Aussagen von Opfern, ließ an Eindeutigkeit nichts zu wünschen übrig und – blieb folgenlos. Becker konnte weitermachen wie bisher, hielt Vorträge, schrieb Artikel, war in den Medien präsent und konnte sich die humane Schulreform »im Namen des Kindes« auf seine Fahnen schreiben.

Zu diesem Zeitpunkt waren Diskussionen weitgehend vergessen, die zwanzig Jahre zuvor erneut über die Emanzipation von Pädophilen geführt worden waren. Damals traten Teile der Grünen dafür ein und auch die Tageszeitung in ihren Anfängen. Gerold Becker hat sich daran nie beteiligt, es gibt von ihm keine einzige öffentliche Äußerung über die strafrechtliche Befreiung von Pädophilen.

Sein Freund Hentig schreibt 2016, dass man diese Diskussion wohlwollend verfolgt habe. Das »Thema Pädophilie« sei nicht nur »enttabuisiert« worden, sondern »war einem aufklärerischen, menschenfreundlichen Pädagogen eigentlich aufgetragen.«

> »So wie man den Homosexuellen das Ausleben ihrer ererbten, nicht ›verschuldeten‹ sexuellen Disposition nicht länger versagen wollte, so musste man doch wenigstens fragen, was denn eigentlich ein Pädophiler mit seiner ›Natur‹ machen solle. Wichtiger noch: Weiß man denn, was Kinder in dieser Hinsicht wirklich wollen, wirklich brauchen, wirklich fürchten?« (Hentig 2016, S. 476/477)[10]

Lange ist auch die Theorie vertreten worden, die Zeit unter Becker sei lediglich der »Unglücksfall« der Reformpädagogik gewesen, wobei man wissen muss, dass einzig die Opfer dafür gesorgt haben, dass die Sexualverbrechen an der

---

8 Oelkers (2016), S. 514.
9 Quelle: www.noch-immer-mein-leben.de.
10 Pornographie konnte »ein Ausweg für ewig Verschmähte sein [...] und vielleicht auch Pädophilie« (Hentig 2016, S. 477).

Odenwaldschule öffentlich bekannt wurden. Das blieb zunächst ohne jede Resonanz.

Bis sie tatsächlich gehört wurden, vergingen mehr als zehn Jahre, in denen alles versucht wurde, die Aussagen zu unterdrücken und die Täter zu schützen. Von einem »Unglücksfall« kann daher keine Rede sein. Es handelte sich um die gezielte Behinderung von Aufklärung, wozu auch die deutschen Medien beitrugen. Auch das war eine Grenze: Nur wegen ein paar zweifelhafter Aussagen wollte man die berühmte Schule und mit ihr die Reformpädagogik nicht schädigen.

Gerold Becker hat jahrzehntelang Kinder missbraucht. Der erste dokumentierte Fall, datiert auf das Jahr 1956, geschah während einer Familienfeier. Von dieser Feier gibt es ein Foto, es zeigt Gerold Becker mit zwei Jungen, die beide lachend in die Kamera blicken. Becker ist noch keine zwanzig Jahre alt und auffällig gut angezogen. Er steht in der Mitte zwischen den beiden Jungen und hat seine Hände links und rechts fürsorglich über ihre Schultern gelegt.

Das muss am Nachmittag gewesen sein, in der Nacht hat Becker den älteren Jungen sexuell missbraucht. Auch danach hat er ihm nachgestellt, stets in der Rolle des bewunderten großen Freundes, den er auch an der Odenwaldschule und zuvor als Jugendführer oder schon als Gymnasiast immer gespielt hat.

Während seines Theologiestudiums in Göttingen unterhielt Becker als Führer der Bündischen Jugend sexuelle Beziehungen zu Minderjährigen und mit diesem Hintergrund kam er 1969 an die Odenwaldschule. Er war also schon Täter und fand dort ein für ihn ideales Täterfeld, eine abgelegene Privatschule, in denen Lehrer*innen und Schüler*innen auf engstem Raum in sogenannten »Familien« zusammenlebten. Schon vor ihm sind dort Fälle sexuellen Missbrauchs vorgekommen, die nie publik wurden. Die Täter wurden geschützt, Becker konnte daher sicher sein, dass ihm nichts passieren würde.

Gerold Becker galt in allen Zuschreibungen als begnadeter Erzieher und die Inkarnation seines reformpädagogischen Credos,[11] das er bei jeder Gelegenheit und in vielen Artikeln öffentlich verkündete. Geprüft hat das niemand. Über sich selbst hat er nie etwas preisgeben und konnte beredt schweigen. Jede*r im pädagogischen Milieu kannte seinen Namen und niemand wusste etwas über ihn, auch nicht, was er als Leiter der Odenwaldschule tatsächlich bewirkt und geleistet hat.

Und so durfte er die Laudatio halten, als Astrid Lindgren am 22. Oktober 1978 der Friedenspreis des deutschen Buchhandelns verliehen wurde. Am Tag zuvor hatte sie die Odenwaldschule besucht und war offenbar beeindruckt von der liberalen Pädagogik, die dort herrschte. Beckers Rede ist viel gelobt worden, sie zeigte den einfühlsamen Pädagogen, der wusste, wie die Seele des Kindes geschützt werden kann; wie verlogen die Rede war, fiel nur seinen Opfern auf, die sich nicht äußern konnten (Mehrick 2018).

Das Kapital der Schule war das reformpädagogische Konzept, also das Zusammenleben in sogenannten »Familien«, und damit die soziale Nähe und das besondere Erziehungsverhältnis zwischen Erwachsenen und Kindern, das die Grundlage der neuen Pädagogik darstellen sollte. Die Lehrer*innen waren zu-

---

11 Prominent bei Hentig (1996).

gleich Freund*innen und Erzieher*innen, was in der Literatur immer wieder als pädagogisches Optimum hingestellt wurde und auch heute noch Anhänger findet. Gemeinsam lernen und arbeiten schien der Königsweg aus den Sackgassen der bürokratischen Staatsschule zu sein.

Konkret hieß das etwas ganz anderes. Die Lehrer*innen mussten neben ihrem Unterricht Kinder und Jugendliche unterschiedlichsten Alters betreuen, mit denen sie in Wohngruppen auf engstem Raum zusammenlebten. Betreuung war rund um die Uhr angesagt, das gehörte zum Konzept der pädagogischen »Nähe«, eine Entlastung war daher nicht vorgesehen. Es gab keine klare Trennung zwischen Arbeit und Freizeit, alle Konflikte mussten ausgehalten werden und ein Rückzug aus dem Internat war nicht möglich.

Die Folge war eine hohe Fluktuation im Kollegium; wer die Schule kennengelernt hatte, versuchte, sie möglichst schnell wieder zu verlassen. Die Lehrer*innen wurden zwar gut bezahlt und erhielten auch zahlreiche Privilegien, aber nur wenige Lehrer*innen waren über einen längeren Zeitraum an der Schule tätig, oft die, die keine andere Stellung finden konnten. Das ist nie bekannt geworden und auch deswegen wurde das reformpädagogische Konzept nie bezweifelt. Seitens der Schüler*innen gab es immer wieder Kritik, aber die wurde überhört oder ihrer Unreife zugeschrieben.

Für die pädagogische Öffentlichkeit war die Odenwaldschule der praktische Beweis, dass Schule und Unterricht ›anders‹ sein können, nämlich

- Orte des Aufwachsens in Gemeinschaft,
- für vielfältige und friedliche Erfahrungen stehen,
- Ausgleich zwischen den Geschlechtern bewirken,
- anspruchsvollen Unterricht realisieren,
- dabei egalitär verfasst sind und demokratisch geleitet werden.

Nichts davon traf so zu, aber alles entsprach der Pädagogik der Landerziehungsheime und ihren Idealen, die noch 2005 im Einklang mit der Praxis als einzigartig und Modell für die Staatsschulen hingestellt werden konnte (Vereinigung 2005). Das glaubte man allzu gerne und ein solcher Glaube verhinderte das Nachfragen. Die Reformpädagogik lieferte die Rhetorik und die hielt davon ab, die innere Wirklichkeit der Schule wahrzunehmen.

Es gab dort Jahrzehnte lang keine Instanz, an die sich die Schüler*innen frei und unkontrolliert durch die Schule hätten wenden können, die psychologische Beratung arbeitete mit der Schulleitung zusammen und der Schulleiter übte die Macht aus. Sexuelle Übergriffe wurden vertuscht und die Täter sind nie zur Rechenschaft gezogen worden. Wenn sie nicht mehr zu halten waren, wurden sie diskret entsorgt. Selbst als ein externer Supervisor von Missbrauchsfällen erfuhr und das intern zur Sprache bringen wollte, hatte das keine Folgen. Er wurde einfach nicht mehr beauftragt.

Alles geschah zum Wohle der Schule, und sexuelle »Freizügigkeit« wurde ihrer historischen Eigenart zugerechnet, auch dann, wenn ein Verdacht aufkam, es könne mit den Beziehungen zwischen Lehrer*innen und Schüler*innen etwas nicht stimmen. Einer jungen Mitarbeiterin, die einen solchen Verdacht zur Sprache bringen wollten, wurde von Kolleg*innen beschieden, an dieser Schule sei »das nun mal so«, sie sei eben etwas Besonderes und die Mitarbeiterin solle das am besten auch so sehen, wenn sie an der Schule bleiben wolle.[12]

Eines der Opfer war Georg.[13] Er besuchte als Erwachsener häufig die Odenwaldschule, die für ihn als Kind und Jugendlicher ein Horror gewesen ist und der er doch verbunden blieb. Auch eine schreckliche Kindheit kann eine Heimat sein. Bei seinen Besuchen machte er Erfahrungen, die man nicht für möglich halten würde.

Einen dieser Besuche nahm er zum Anlass, sich einem Lehrer anzuvertrauen. Aber der sagte nur: »So etwas passiert doch überall«. 1998 hatte er eine Begegnung mit einem anderen Lehrer, dessen Namen er erst sehr viel später erfuhr. Georg erzählte ihm von Beckers Täterschaft, woraufhin der Lehrer sagte: »Der Gerold, der hat das sicher nicht so gemeint.«[14]

Wenn man sich die Geschichten der Opfer vor Augen hält, dann stellt man nicht einfach nur Schweigen und Wegschauen fest, sondern ein mehr oder weniger offenes Agieren der Täter, damit verbunden eine Kommunikation in und mit Andeutungen innerhalb des Kollegiums und z. T. klare Ansagen in der Schülerschaft sowie jegliches Fehlen von Verantwortung für die Schule, also das Gegenteil von dem, was in der Pädagogik der Schule immer postuliert wurde.

Die Berufung auf die deutsche Reformpädagogik diente nicht nur zur Selbstbestätigung, sondern zugleich auch als Tarnung, denn mit ihr ließ sich suggerieren, private Landerziehungsheime wie die Odenwaldschule befänden sich in der besten Welt, die pädagogisch denkbar war. Alle Medien und auch die Politik bestätigten dieses Bild, das mit jedem Bericht und mit jedem Besuch etwa des hessischen Ministerpräsidenten oder gar des deutschen Bundespräsidenten verfestigt wurde. Einer seiner Söhne hat die Schule besucht und gehört zu den Opfern.[15]

Der ästhetische Blickfang der Schule, also ihre Holzhäuser in der hügeligen Landschaft, war Fassade, aber das Gleiche gilt für die Sprache, mit der sie dargestellt wurde, was niemand besser konnte als der Schulleiter. Gerold Becker war ein gefragter Rhetoriker, er hielt ständig Reden und fand dabei für jeden Anlass stets die passenden Worte. Er sprach oft bei den Abiturfeiern der Odenwaldschule, aber auch aus Anlass der Konfirmation oder bei der Verabschiedung von Lehrer*innen. Auffällig ist weiterhin, wie oft er Totenreden gehalten hat, also eine Rede am offenen Grab hielt.

Gerüchte über die Odenwaldschule gab es in jeder Phase ihrer Geschichte, aber ihnen ging nie jemand nach oder man glaubte ihnen nicht. Der Ruhm der Schule bestimmte das Bild nach Außen und jeder Leiter der Schule hatte größtes Interesse, dieses Bild zu erhalten und kritische Fragen nicht aufkommen zu lassen. Dabei halfen nicht zuletzt prominente Pädagogen.

---

12 Quelle: Dokumentarfilm »Wir sind nicht die Einzigen« (2011) (Oelkers 2016, S. 401).
13 Name vom Autor geändert.
14 Quelle: Gespräch des Altschülers mit mir (vgl. Oelkers 2016).
15 Adrian Koerfer im Gespräch mit Stephan Lebert. In Die Zeit Nr. 14 vom 28. April 2019, S. 12.

Hartmut von Hentig sagte im Jubiläumsjahr 1985, die Odenwaldschule sei endlich die Schule, die Rousseau gefordert hat. Weil sie die Kinder beobachtet und nicht einfach Theorien folgt, sieht sie die Folgen dessen, was sie selbst tut.[16] Das Zitat zierte lange die Homepage der Schule, und tatsächlich hätte es eine größere Adelung kaum geben können.

Als Pädagog*in jedenfalls wollte man das nur allzu gerne glauben. Heute weiß man, dass alles getan wurde, die Folgen des eigenen Tuns *nicht* zu beachten.

Unter Gerold Becker verstand sich die Odenwaldschule als »Polis« und so in Distanz zur Gesellschaft. Sie galt auch deswegen als ideal und vorbildlich. Am Ende der 1960er Jahre hatte radikale Schulkritik Konjunktur, in der Lehrer*innenbildung wurde nach Alternativen zur Staatsschule gesucht und die Odenwaldschule stellte sich selbst als »Modell« für Schulen im gesellschaftlichen Wandel hin (Schäfer, Edelstein & Becker 1971).

Die Odenwaldschule, die zeitweise Freiheiten bis zur Verwahrlosung ließ und an der Drogenkonsum sowie Alkoholmissbrauch zur Tageserfahrung gehörten, war zugleich ein kontrolliertes Soziotop, in dem viele lebten, die dort ihre letzte Chance sehen mussten. Die meisten Schüler*innen kamen als »Schulversager«, Scheidungskinder oder auffällige Jugendliche an die Schule, alle hatten ein Interesse, den Schulabschluss zu machen und missliebige Schüler*innen konnten jederzeit gemobbt und der Schule verwiesen werden.

Die deutsche akademische Pädagogik hat über Jahrzehnte ein gänzlich anderes Bild vermittelt. Landerziehungsheime waren für sie seit der Weimarer Republik »Musteranstalten«, die nie einer Prüfung unterzogen wurden. Sie würden zeigen, wie Schulen aussehen müssen, die von gegenseitiger Achtung geprägt sind und in denen sich die Schüler*innen wohlfühlen. Anders als in der Staatsschule lernen sie nicht nur für sich, sondern leben und lernen zusammen in einer Gemeinschaft.[17] Das schien bereits Ende des 19. Jahrhunderts die ideale Pädagogik auszumachen und war ein starker Bezugspunkt für alle Alternativschulen.

Entsprechend sahen die Selbstbeschreibungen aus. Gerold Becker bezeichnete die Odenwaldschule gerne als eine »pädagogische Provinz«, die vor allem die Begegnung von Mensch zu Mensch gewährleisten würde. Schüler*innen und Lehrer*innen sind primär Menschen, die an einem Ort wie der Odenwaldschule einen authentischen Umgang pflegen könnten, während die Staatsschulen, forciert durch die Schularchitektur und den starren Stundenplan, »Abfüllstationen« gleichen würden (Becker 1976, S. 86).

Diese Metapher hat Becker häufig verwendet und immer wie eine empirische Beschreibung verstanden. Staatliche »Unterrichtsschulen« *sind* »Abfüllstationen« oder Anstalten des mechanischen Lerndrills im 45-Minuten-Takt. Nur wenn sie diese Struktur überwinden, können Schulen »human« sein und das führt sie dann wie von selbst auf die Reformpädagogik (Becker 1992, S. 73). In der Konsequenz wären dann alle anderen Schulen *inhuman*.

---

16 Quelle: Dokumentarfilm »Schule auf dem Zauberberg« (1985).
17 So noch Richard von Weizsäcker in dem Dokumentarfilm »Schule auf den Zauberberg« (1985).

Diese Denkweise setzt eine dualistische Zuordnung voraus, die nicht nur im Lichte von Beckers eigener Geschichte fragwürdig ist, nämlich die der *einen* guten und der *anderen* schlechten Pädagogik. Doch weder waren Landerziehungsheime irgendwann einmal »Musterschulen« der menschlichen Begegnung noch sind Staatsschulen je das genaue Gegenteil gewesen. Die Dichotomie ist für die Rhetorik der großen Alternative zum System nötig, aber sie darf nicht für die Wirklichkeit gehalten werden. Doch genau das wurde ständig versucht.

Der Göttinger Bildungsphilosoph Herman Nohl (1958, S. 62) hielt über die ersten Landerziehungsheime zu Beginn des 20. Jahrhunderts fest, dort sei »eine ganz einfache, wunderbar heitere« und höchst lebendige Knabenwirklichkeit« entstanden und man könne hier auch die »Zeitlosigkeit echter Pädagogik« erfahren. Diese Pädagogik basiert auf der *Idee* der Landerziehungsheime (Picht 1950).

Das war lange unstritten und wurde gestützt von einer weitgehend kritikfreien Literatur, in der Heroengeschichten erzählt wurden. Die Odenwaldschule sollte für die größere Öffentlichkeit, insbesondere auch für die Lehrer*innenbildung, ein Musterland der neuen Erziehung sein, was unberührt von jeder Realerfahrung behauptet werden konnte. Damit wurde ein Bild kreiert und eine Marke für den Privatschulmarkt geschaffen, die die Nachfrage sichern sollte. Und dabei half wiederum die akademische Pädagogik.

Der Heidelberger Pädagogikprofessor Hermann Röhrs schrieb im vierten Band des Killy-Literaturlexikons den Artikel über Paul Geheeb, den Gründer der Odenwaldschule. Dort heißt es,

- im Sinne ihres Gründers versuche die Odenwaldschule, landschaftliche Schönheit mit Stadtnähe zu verbinden,
- Bildung bedeute für sie »eine Sensibilisierung der Jugend für den Dialog mit der Natur«
- und ihr hafte etwas »von der Erschließung des gelobten Landes« im biblischen Sinne an.
- So wenigstens seien Geheeb und seine Schule von Hermann Hesse oder Martin Buber verstanden worden (Röhrs 2009, S. 130).

Die Odenwaldschule entspräche so dem Land Kanaan,[18] was ganze Generationen von Pädagog*innen sehen und glauben wollten, immer versehen mit dem Hinweis, dass soziale Nähe die stärkste erzieherische Kraft sei und die Distanz der professionellen Rollen in den öffentlichen Schulen das natürliche Verhältnis zwischen Lehrer*innen und Schüler*innen auf den Kopf stellen würde. Diese Grenze sollte im Namen der besten Erziehung gezielt missachtet werden.

Wirksam wird der Glaube an die ›neue‹ Erziehung aber erst durch Praxis. Die Odenwaldschule wurde deswegen so bewundert, weil angenommen wurde, sie habe verwirklicht, was woanders ein pädagogischer Traum bleiben musste. Kronzeugen wie Hermann Hesse oder Martin Buber sowie Heerscharen von Besucher*innen, darunter zahllose Lehramtsstudierenden, machten die Schule unangreifbar. Tatsächlich wusste niemand von ihnen, was in der Schule vor sich ging.

---

18 Genesis 12, 4.

Gepflegt wurde eine Idylle, die das öffentliche Bild der Schule Jahrzehnte lang geprägt hat. Paul Geheeb hielt in einem Tondokument wohl aus den 1930er Jahren fest:[19]

> »Im Landerziehungsheim sollen die Kinder in reiner Luft, unverkümmert und unverbogen, sich zu wahrem Menschentum entwickeln, bewahrt vor den Übeln der Zivilisation, von denen die Welt draußen voll ist. Unsere Kinder bilden den Mikrokosmos einer wirklich organischen, einheitlichen Lebensgemeinschaft«.[20]

Die »Übel« sind draußen, nicht drinnen. Und die Schule definiert sich über den Schutz der Kinder, der erreicht wird, indem sie mit ihren Lehrer*innen eine »organische« Lebensgemeinschaft bilden. Das war die Selbstsicht und das wurde auch außerhalb der Schule gerne geglaubt.

Einer der Lehrer der Odenwaldschule sagte Jahrzehnte später auf einem Kongress im Oberstufen-Kolleg der Universität Bielefeld,[21] dass die Odenwaldschule »unter den Deutschen Landerziehungsheimen« die Schule war und ist, »in der die Ideen der Reformpädagogik am konsequentesten verwirklicht worden« seien. Anwesend auf dem Kongress war auch Hartmut von Hentig.

Der Lehrer sagte weiter, bei der Umsetzung der reformpädagogischen Ideen spielten die »alters- und geschlechtsheterogenen Heimgruppen«, also die »Familien« der Odenwaldschule, eine zentrale Rolle, weil dort »verlässliche, stabile Beziehungen zwischen Kindern und Erwachsenen, aber auch der Kinder untereinander« realisiert werden. »Schule und Heim bilden inhaltlich und organisatorisch eine Einheit« (Dehnert 1989, S. 99).

Zwanzig Jahre später war die Odenwaldschule innerhalb weniger Wochen von einer idyllischen Lebensgemeinschaft zu einem Ort sexueller Gewalt geworden. Auf dem Höhepunkt der Krise, im Frühjahr 2010, sagte Hartmut von Hentig, seine Pädagogik sei nicht von der deutschen Reformpädagogik beeinflusst worden (Hentig 2010). Doch er war selbst Lehrer an einem Landerziehungsheim und kannte die von ihm so hochgelobte Odenwaldschule längst, bevor Gerold Becker dort Lehrer wurde.

Für die Gründungsväter der Landerziehungsheime vor und nach dem Ersten Weltkrieg findet er rückblickend erstaunliche Etiketten, die nicht etwa ironisch gemeint sind. Hermann Lietz nennt er in seinen Lebenserinnerungen den »Schulvater« und Paul Geheeb wird als »Schulheiliger« der Landerziehungsheime bezeichnet. Lietz war misogyn, erklärter Militarist und Antisemit, Geheeb galt gegenüber jungen Frauen als übergriffig, schrieb gezielte Verleumdungsbriefe an Eltern missliebiger Schüler*innen,[22] hielt sich einen Privatzoo und ließ seinen Schwiegervater die jährlichen Überschreitungen des Budgets der Schule bezahlen.

---

19 Quelle: http://www.dradio.de/download/92827 (Zugriff am 15. Juli 2015).
20 »Werde, der Du bist – die Odenwaldschule«. Deutschlandradio vom 11. April 2008.
21 Die Tagung fand statt vom 17. bis 19. November 1988 und wurde durchgeführt vom Oberstufen-Kolleg in Zusammenarbeit mit der Landeszentrale für politische Bildung Nordrhein-Westfalen (Hillebrandt & Waltrup 1989, S. 1). Bezugspunkt der Tagung zur Öffnung der Schule war die historische Reformpädagogik und die Kritik an der »Trennung von Leben und Lernen« (ebd., S. 3).
22 Oelkers (2016), S. 292.

Bezogen auf Gustav Wyneken und Kurt Hahn wird von Hentig gar der Ausdruck »Schulcharismatiker« gewählt. Georg Picht schließlich ist der philosophische »Denk-Täter«, den er – Hentig – sich »zum Beispiel« genommen habe (Hentig 2009, S. 447 f.). Wyneken war ein verurteilter Päderast, Picht war als Schulleiter weitgehend unfähig und Hahn folgte einer repressiven Sexualpädagogik, wie Golo Mann, der das erleben musste, in seinen Erinnerungen an Salem festhielt.

Hentigs letzte Programmschrift aus dem Jahre 2006 betraf die »Entschulung« der Mittelstufe, also der 13- bis 15-Jährigen. Sie sollten Lerngelegenheiten ohne Schulorganisation erhalten, um die Heftigkeit der Pubertät besser bewältigen zu können. Das würde gelingen mit zweijährigen Aufenthalten in sich selbst versorgenden Hausgemeinschaften auf einem Bauernhof, also quasi in Landerziehungsheimen (Hentig 2011, S. 26–32). Die Anknüpfungspunkte für diese Idee sind die historische Reformpädagogik,[23] die deutsche Jugendbewegung und die Alternativschulen der 1960er Jahre (ebd., S. 37–42).

Es geht um einen Wandel »außerhalb des vorhandenen pädagogischen Institutionengerüstes« (ebd., S. 68). Dieser Wandel wird modellhaft dargestellt in einem »pädagogischen Manifest«, das Hentig vor seiner Veröffentlichung mit ausgewählten Fachleuten diskutiert hat. Experte für die Idee der Erziehungsgemeinschaft auf dem Lande war Gerold Becker, sieben Jahre nachdem er das erste Mal öffentlich entlarvt worden war. Hentig und sein Kreis haben das ignoriert. Becker, als wäre nichts geschehen, sollte einbringen, »was man in den Landerziehungsheimen über das Verhältnis von Leben und Lernen weiß« (ebd., S. 99).

Das Bild vom »Zauberberg« entsteht nicht zufällig. Das Gelände der Schule liegt in idyllischer Umgebung am Rande des Odenwalds in der Nähe der Stadt Heppenheim. Man erreicht die Schule am Ende einer Serpentinenstraße und sieht dann eine Ansammlung von Jugendstilhäusern vor sich, die so gar nichts mit der gewohnten Schularchitektur zu tun haben. Man glaubt sich tatsächlich an einem besonderen Ort, und es braucht nur wenig, um von Beginn an einen Zauber zu verspüren. Gerold Becker (1993) hat das so beschrieben und wird gewusst haben, warum.

Die Odenwaldschule ist 1910 gegründet worden und existiert nicht mehr. Die private Schule wurde im Sommer 2015 geschlossen, der Grund war Insolvenz als Folge stark gesunkener Nachfrage. Nachdem im Frühjahr 2010 bekannt wurde, dass die Schule über Jahrzehnte ein Ort sexueller Gewalt gewesen ist, war der Ruf verspielt und die Schüler*innenzahlen gingen kontinuierlich zurück. Die Insolvenz musste gegen den Willen des Trägervereins, dem die Schule gehört, durchgesetzt werden.

Ein Ende ist damit nicht in Sicht, weil sich das Problem sexueller Gewalt in pädagogischen Institutionen nicht auf die Odenwaldschule beschränken lässt. Gewalt kann es überall geben, pädophile Täter finden sich in Schulen, in kirchlichen Internaten, auch in Medienhäusern oder Sportvereinen, überall, wo Abhängigkeiten gegeben sind und das Vertrauen von Kindern oder Jugendlichen erschlichen werden kann, ohne dass klare Grenzen gezogen. Aber Orte der Gewalt

---

23 Kurt Hahns Kurzschule, Tolstois Schule für Bauernkinder oder Makarenkos Gorki-Kolonie (Hentig 2011, S. 37, 39).

waren eben auch solche mit einem Anstrich der Alternativerziehung. Zu nennen wären etwa andere Landerziehungsheime wie das Landschulheim Burg Neudeck, die sozialistisch-libertäre Kommune Friedrichshof im Burgenland, die Kontakte zur Odenwaldschule hatte, weiter die Dachsberg-Kommune in Nordrhein-Westfalen, die Sonderschule Embrach im Kanton Zürich oder die Elly-Heuss-Knapp-Schule in Darmstadt mit dem Lehrer Erich Buß als monströsem Einzeltäter (Bricht 2016). Weitere Fälle sind dokumentiert.

In keinem Text der Reformpädagogik steht etwas von sexueller Gewalt, sondern nur von Eros und Nähe. Die idealisierende Sprache lässt nichts anders zu, und solange es keinen Verdacht gab, war diese Sprache auch extrem glaubwürdig. Nunmehr gibt es Tatorte, die nicht geleugnet und nicht übersehen werden können. Und es gibt die Besonderheit der Täter, die sich als herausgehobene Pädagogen verstanden und verhalten haben.

Was bei ihnen auffällt, ist kein geduldeter Behördenterror wie bei den Schweizer Verdingkindern.[24] Vielmehr wäre zu klären, wieso die Täter sich überhaupt auf »Reformpädagogik« berufen konnten, warum der »pädagogische Eros« Legitimationsgrund der alternativen Praxis war und aus welchem Grunde immer die ›neue‹ oder ›bessere‹, auf jeden Fall die ›alternative‹ Erziehung bemüht worden ist.

Eine Antwort geht dahin, dass die Reformpädagogik als moralischer Block so unangreifbar war, dass die Berufung auf sie für Täterschutz sorgte. Allein damit konnten Nachfragen ausgeschlossen werden, solange jedenfalls das Verhalten deckungsgleich schien mit der kinderfreundlichen Rhetorik, die also größten persönlichen Gewinn versprach. Aber sie musste auch mit Namen und Konzepten verbunden sein.

Erich Buß, der Lehrer aus Darmstadt, berief sich auf Alexander Neill und die antiautoritäre Pädagogik, seine Fürsorge gerade gegenüber bedürftigen Schüler*innen wurde im Kollegium bewundert und die Nähe, die er zeigte, galt als vorbildlich, während er einfach nur ein »gutes Gespür« dafür hatte, welche Kinder er gefahrlos ausbeuten konnte.[25] Er tat alles, um sein besonderes Engagement unter Beweis zu stellen, und dabei schützte ihn seine gespielte Selbstlosigkeit.

Als Gerold Becker im November 1999 in Verdacht geriet, hat er alle kritischen Fragen in seinem Umfeld mit der Gegenfrage beantwortet, ob man sich denn vorstellen könne, dass er in der Lage sei, »so etwas« zu tun. Gemeint war, ob man ihm »das« als dem renommierten Reformpädagogen, der sich »vom Kinde aus« definiert, zutraue. Und damit ließ sich jeder Verdacht zerstreuen.

Die Reformpädagogik lebt von ihren Namen, die als die großen Männer und Frauen der ›neuen‹ Erziehung wahrgenommen werden. Die Konzepte folgen den Namen und die Praxis wird von den Personen hervorgebracht, beides ist singulär und kann doch vorbildlich für andere werden. Das Vorbild aber ist kaum angreifbar, wenn es mit sich eine Pädagogik inkarniert.

Hartmut von Hentig beschrieb 2016 seinen Freund Becker als den herausragenden Erzieher, der mit seinem Charakter und seiner Praxis für das einstehen

---

24 »Nicht zu vergessen«. Süddeutsche Zeitung Nr. 69 vom 22. März 2019, S. 3.
25 Der Spiegel Nr. 49 vom 26.11.2016, S. 46–49. Vgl. Bericht (2016).

würde, was er in seiner Pädagogik postulieren würde. Trotz seiner Taten soll Gerold Becker unbeschadet in Erinnerung gehalten werden. Das verlangt offenbar seine Adelung zum großen Pädagogen und so zu einer großen Persönlichkeit.

Vier seiner Eigenschaften seien besonders hervorstechend gewesen: Seine Intelligenz, seine »stupende Großzügigkeit«, seine Friedfertigkeit und seine »besinnungslose Hilfsbereitschaft«. Das sind die Eigenschaften des idealen Reformpädagogen: Selbstlosigkeit, Menschenliebe, Langmut und ein helfender Geist im Dienste des Kindes.

An sie soll erinnert werden, wenn es um Gerold Becker geht, dessen »Pädagogik« Hentig auf vielen Seiten dokumentiert, nur um dann auch pädophile Briefe aus dem Nachlass zum Abdruck zu bringen. Offenbar gehört das zusammen.

Doch »je genauer und mutiger« heute jemand Gerold Beckers Pädagogik darstellt, »umso empörter wird man das gegenwärtig ›zynisch‹ nennen« (ebd., S. 452). Die Pädagogik soll sich mit der Person verbinden, die sexuelle Gewalt nicht. Und Hentig zitiert dann Adolf Muschg: Jedes System montiert »an irgendeiner Stelle eine Klinge, über die sie ihre Sünder springen lässt; wenn es nicht mehr die Homophilie ist, ist es die Pädophilie. Aber damit würde Gerold Becker sich kaum exkulpieren« (ebd., S. 953 f.).

Schulen für die demokratische Gesellschaft brauchen keine pädagogische Mission auf den Spuren von Plato oder Rousseau, sondern eine professionelle Lehrerschaft, die ihr Handwerk versteht und sich nicht einfach von »Nähe« leiten lässt. Sie braucht Eltern, die der Schule vertrauen und eine Öffentlichkeit, die über Bildung nicht ständig alarmiert ist. Und sie braucht Schüler*innen, die sich auf die Schule verlassen können, ohne in Abhängigkeit zu geraten. Auf diese Weise sind auch in Zukunft Fortschritte in der Schulentwicklung möglich, ohne den pädagogischen Eros bemühen zu müssen.

Die Geschichte der Odenwaldschule verweist nicht nur auf Reformpädagogik, sondern auch und, wie ich finde, primär auf den Umgang mit sexueller Gewalt gegenüber Kindern und Jugendlichen in der Gesellschaft. Die Praxis ist verbreiteter und dichter, als ich mir das je vorgestellt habe, und es wäre eine grundlegende Aufgabe jeder Pädagogik, sich damit auseinanderzusetzen, wozu auch die kaum glaublichen Rechtfertigungen der Täter gehören. Sexuelle Gewalt markiert die absolute Grenze jeder Pädagogik, egal ob mit oder ohne ›Reform‹.

Literatur

Becker, G. (1976). »Überschaubar, durchschaubar, verständlich«. Thesen zum Zusammenhang von Größe und Nützlichkeit von Schulsystemen. Erfahrungen an der Odenwaldschule. In Überschaubare Schule. Freie Schule III. Hrsg. v. d. Arbeitsgemeinschaft Freier Schule (S. 84–92). Stuttgart: Klett.

Becker, G. (1992). Schule angesichts einer veränderten Kindheit. Der Zusammenhang von innerer Gestaltung von Schule und gesellschaftlichen und kulturellen Rahmenbedingungen. In M. Schindehütte (Hrsg.), Schule in Hessen. Eigenverantwortung und Selbstverwaltung. Gestaltungsperspektiven für die kommenden Jahre (S. 50–76). Hofgeismar: Evangelische Akademie (= Hofgeismarer Protokolle, Band 295).

Becker, G. (1993). Schulleitergeschichten. Der krumme Nagel. In G. Becker & J. Zimmer (Hrsg.), Lust und Last der Aufklärung. Ein Buch zum 80. Geburtstag von Hellmut Becker (S. 334–344). Weinheim, Basel: Beltz.

Bericht über die Aufarbeitung der sexuellen Missbrauchsfälle an Schülern der Elly-Heuss-Knapp-Schule in Darmstadt (1964–1992). Verfasst von Claudia Burgsmüller und Brigitte Tilmann unter Mitarbeit von Ute Weinmann. Wiesbaden: Hessisches Kultusministerium 2016.

Brachmann, J. (2019). Tatort Odenwaldschule. Das Tätersystem und die diskursive Praxis der Aufarbeitung von Vorkommnissen sexualisierter Gewalt. Mit Beiträgen von Andreas Langfeld, Bastian Schwennigcke und Steffen Marseille. Bad Heilbrunn/Obb.: Klinkhardt.

Burgsmüller, C. & Tilmann, B. (2010). Abschlussbericht über die bisherigen Mitteilungen über sexuelle Ausbeutung von Schülern und Schülerinnen an der Odenwaldschule im Zeitraum 1960 bis 2010. Ms. Wiesbaden/Darmstadt (http://robertcaesar.files.wordpress.com/2010/11/odenwaldschule-abschlussbericht-17-Dezember-2010.pdf).

Dehnert, P. (1989). Die Odenwaldschule Ober-Hambach. In E. Hillebrandt & A. Waltrup (Hrsg.), Die Region im Unterricht. Ein Lesebuch zur Öffnung der Schule (S. 99–104). Bielefeld: Oberstufen-Kolleg.

De l'Aigle, A. (1919). Kritisches zu Zeidlers Vortrag. Pädagogische Reform 43. Jahrgang, 28 (9. Juli), S. 179/180.

De l'Aigle, A. (1920). Das sexuelle Problem in der Erziehung. Lauenburg (Elbe): Adolf Saal.

Fenichel, O. (1916). Sexuelle Aufklärung. Schriften zur Jugendbewegung, 3 (Mai/Juni), S. 52–60.

Hentig, H. v. (1996). Calling for Attention: Nikolaus. Neue Sammlung, 36 (1) (Januar/Februar/März), S. 177–187.

Hentig, H. v. (2009). Mein Leben – bedacht und bejaht. Kindheit und Jugend. Schule, Polis und Gartenhaus. Weinheim, Basel: Beltz.

Hentig, H. v. (2010). »Was habe ich damit zu tun?«. Die Zeit Nr. 13 vom 25. März, 19.

Hentig, H. v. (2011). Bewährung. Von der nützlichen Erfahrung, nützlich zu sein. Die Entschulung der Mittelstufe und ein einjähriger Dienst für die Gemeinschaft. Ein pädagogisches Manifest im Jahre 2005 vorgelegt (2. Aufl.). Weinheim, Basel: Beltz.

Hentig, H. v. (2016). Immer noch Mein Leben. Erinnerungen und Kommentare 2005 bis 2015. Berlin: WiMiKi.

Hillebrandt, E. & Waltrup, A. (Hrsg.) (1989). Die Region im Unterricht. Ein Lesebuch zur Öffnung der Schule. Bielefeld: Oberstufen-Kolleg.

Keupp, M., Mosser, P., Busch, B., Hackenschmied, G. & Strauss, F. (2019). Die Odenwaldschule als Leuchtturm der Reformpädagogik und Ort sexualisierter Gewalt. Eine sozialpsychologische Perspektive. Wiesbaden: Springer 2019.

Mehrick, M. (2018). Der lange Weg zurück. Das verlorene Leben. Kröning: Asanger.

Nohl, H. (1958). Erziehergestalten. Göttingen: Vandenhoeck & Ruprecht.

Oelkers, J. (2016). Pädagogik, Elite, Missbrauch. Die »Karriere« des Gerold Becker. Weinheim, Basel: Juventa.

Röhrs, H. (2009). Geheeb, Paul. In W. Kühlmann et. al. (Hrsg.), Killy Literaturlexikon: Autoren und Werke des deutschsprachigen Kulturraums. Band 4 (S. 130–131). Berlin, New York: Gruyter.

Schäfer, W., Edelstein, W. & Becker, G. (1971). Probleme der Schule im gesellschaftlichen Wandel: Das Beispiel Odenwaldschule. Frankfurt a. M.: Suhrkamp.

Vereinigung Deutscher Landerziehungsheime (2005). Ganztagsschulen und mehr: Landerziehungsheime. Dokumentation der 3. Großen Mitarbeitertagung vom 4.–6.11.2004 in Jena. Stuttgart: Vereinigung Deutscher Landerziehungsheime.

Zeidler, K. (1919). Vom erziehenden Eros. Hamburg: Adolf Saal.

5 Grenzen und Grenzsetzungen in der Behindertenhilfe
Praxis, Handlungsmuster, Reflexionen

Ernst Wüllenweber

5.1 Vorbemerkungen

Die Themen Grenzen und Grenzsetzungen sind hoch aktuelle Themen in der Pädagogik, insbesondere mit Blick auf die familiäre Erziehung. Eltern sollen ihren Kindern passende Grenzen setzen, damit diese keine Auffälligkeiten entwickeln, besser lernen und sich in der Schule anpassen und eingliedern können. Omer (2019) hat mit dem Ansatz Neue Autorität diese Entwicklung konkretisiert und alltagsbezogen differenziert. Dabei sollen familiäre Grenzen nicht autoritär oder vornehmlich durch Konsequenzen und Distanzierung, sondern in Kooperation und zugleich mit Klarheit gesetzt werden (vgl. auch Reichenbach 2014). Auch in der Schulpädagogik und insbesondere in der Sozialpädagogik und Jugendhilfe werden die Themen stark diskutiert (u. a. Schwabe 2008). Mit dem umstrittenen Ansatz »Konfrontative Pädagogik« nach Weidner und Kilb (2010) werden diese Themen sogar in den Mittelpunkt sozialpädagogischen Handelns gerückt.

Im Gegensatz hierzu spielen die Themen Grenzen und Grenzsetzungen weder in der Behinderten- bzw. Eingliederungshilfe noch in der Heil- bzw. Sonderpädagogik eine explizite Rolle. So finden sich beide Begriffe z. B. nicht in den Standardwerken von Dederich et al. (2016), Theunissen, Kulig und Schirbort (2016) und Greving und Ondracek (2005). Zwar werden die Themen, wie auch Klauß schon (2000) anmerkte, häufig mitreflektiert, sie stehen jedoch nie im Zentrum der Reflexionen.

Im Gegensatz hierzu wurden die verwandten Themen Grenzverletzungen und Grenzüberschreitungen seit Beginn der 2000er Jahre theoretisch und empirisch vielfältig bearbeitet. Hierzu liegen diverse Veröffentlichungen vor, u. a. von Schröttle (2014), Mattke (2014) und Sierck (2019). Diese Perspektive soll daher an dieser Stelle nicht erneut vertieft werden.

Aufgrund des erwähnten begrenzten heilpädagogischen Fachdiskurses zu Grenzen und Grenzsetzungen betrachte ich in diesem Beitrag vornehmlich die Praxissituation in der Behindertenhilfe mit Blick auf Wohneinrichtungen, Förderschulen für geistige Entwicklung und Werkstätten für Menschen mit Behinderung. Es werden Einstellungsmuster und Handlungsmuster zur Thematik aufgezeigt und mit Beispielen verdeutlicht. Abschließend werden die dargestellten Muster hinsichtlich ihrer Bedeutung für die Klient*innen und für die Professionalität diskutiert.

5.2 Einstellungs- und Handlungsmuster im Umgang mit Grenzen und Grenzsetzungen in der Praxis der Behindertenhilfe

Die Themen Grenzen und Grenzsetzungen in der Behindertenhilfe werden an dieser Stelle unter drei Gesichtspunkten diskutiert:

a. Grenzen und Grenzsetzungen im Umgang mit Selbstbestimmung und Empowerment
b. Grenzen und Grenzsetzungen im Umgang mit kritischen Verhaltensweisen und Verhaltensauffälligkeiten
c. Umgang mit persönlichen Grenzen von Fachkräften.

a. Grenzen und Grenzsetzungen im Umgang mit Selbstbestimmung und Empowerment

Seit Beginn der 1990er Jahre haben die Themen Empowerment und Selbstbestimmung in der Heilpädagogik und Behindertenhilfe ein sehr großes Interesse gefunden. Es wird vor allem mit Blick auf Empowerment und in Verbindung mit Inklusion von einem Paradigmenwechsel in der Behindertenhilfe gesprochen.

Der Umgang mit Selbstbestimmung und Empowerment in der Praxis der Behindertenhilfe muss jedoch als heterogen bis gegensätzlich und teilweise als diffus charakterisiert werden. Die Umsetzung in den pädagogischen Alltag und besonders in die Gesprächsführung erscheint nur unzureichend konkretisiert. Wiederholt wird dabei die vorherrschende Orientierung an den Grenzen von Empowerment kritisiert (vgl. Theunissen 2007).

Ich möchte vier Einstellungs- und Handlungsmuster, die sich natürlich überschneiden können, differenzieren:

1. Selbstbestimmung als Maximalkonzept:
Selbstbestimmung wird als »Anything Goes« aufgefasst und gelebt, verbunden mit dem häufig zu hörenden Schlagwort, »jeder hat ein Recht auf Verwahrlosung«. Dieser, aus meiner Sicht, naive Umgang mit Selbstbestimmung scheint keine Grenzen zu kennen, mitunter erst bei Lebensgefahr. Der Pegel von der früher vorherrschenden Fremdbestimmung scheint hier ins gegenteilige Extrem umgeschlagen. Es stellt sich die Frage, welche fachlichen Ansprüche, auch angesichts der hohen staatlichen Zuwendungen an die Behindertenhilfe, hierdurch verfolgt werden sollen.

> **Beispiel**
>
> Bei der Besichtigung einer Wohngruppe, zeigt ein Bewohner dem Besucher sein Zimmer. Das Zimmer gleicht einer Rumpelkammer, es stapeln sich Kartons, Wäsche und allerlei Gegenstände sogar auf dem Bett des Bewohners. Auf die Frage, wo der Bewohner denn schlafen würde, zeigt dieser auf einen Schlafsack auf dem Boden. Die anwesende pädagogische Betreuerin erklärt: »Wir greifen erst bei Lebensgefahr ein«.

2. Selbstbestimmung als Minimalkonzept:
   Völlig im Gegensatz zum Vorherigen wird hier die Selbstbestimmung stark begrenzt. Den Klient*innen wird das Recht auf eine eigene Entscheidung selbst heute noch bis auf Kleinigkeiten abgesprochen. Auch Alltägliches wird vorgegeben. Die Chancen von Selbstbestimmung werden nicht erkannt, vielmehr werden ausschließlich die Risiken gesehen und betont.

> **Beispiel 1**
>
> Der Leiter einer Wohneinrichtung für erwachsene Menschen mit geistiger Behinderung verfügt, dass die Fernseher in allen Räumen und Zimmern um 21.00 Uhr abgeschaltet werden müssen, damit die Bewohner*innen keine schädlichen Sendungen sehen können.

> **Beispiel 2**
>
> In einer Wohneinrichtung für Menschen mit geistiger Behinderung und zusätzlich Autismus wird verfügt, dass selbst im Sommer für alle Bewohner*innen um 20.00 Uhr Nachtruhe sei, mit dem merkwürdigen Hinweis, es sei bekannt, dass Autist*innen viel Schlaf benötigen würden.

3. Selbstbestimmung als Überredungskunst:
   Dieses Handlungsmuster erscheint in der Praxisbeobachtung als dominant. Die Selbstbestimmung wird dem Anschein nach als wertvoll anerkannt, in der Praxis und in der Gesprächsführung werden die Klient*innen jedoch auf subtile Weise zu der Entscheidung hingeführt, die die Fachkräfte ihrerseits für die beste erachten. Die Klient*innen sehen dann gewissermaßen ein, was für sie richtig ist. Die Überredung erscheint als Selbstbestimmung, da letztendlich der*die Klient*in zugestimmt hat. Bei Wüllenweber (2014) finden sich hierzu diverse Beispiele.

> **Beispiel**
>
> Einer Bewohnerin war versprochen worden, dass sie das nächste freiwerdende Zimmer als Einzelzimmer bekommt, worauf sie sich sehr freut. Aufgrund äußerer Umstände können die Fachkräfte diese Absprache jedoch

nicht einhalten. Nun überzeugen die Fachkräfte die Bewohnerin in mehreren Gesprächen und mit Verlockungen, dass für sie das Wohnen im Doppelzimmer doch am besten sei. Schließlich stimmt die Bewohnerin zu und gibt ihren Wunsch auf. Die Fachkräfte schreiben in den Bericht, dass die Bewohnerin lieber im Doppelzimmer leben möchte und dies ihre Entscheidung sei.

4. Selbstbestimmung als Lernkonzept:
Nur vereinzelt ist zu beobachten, dass Selbstbestimmung als ein Lernkonzept aufgefasst und umgesetzt wird. Insbesondere erwachsene Menschen mit geistiger Behinderung haben in ihrer Kindheit und Jugend zu wenig die Chance gehabt, Selbstbestimmung zu erlernen. Einen spontanen Impuls, z. B. sich für eine Reise anzumelden, gilt es hinsichtlich möglicher Vor- und Nachteile und möglicher Alternativen zu verstehen, um schließlich zu einer »informierten Entscheidung bzw. persönlichen Selbstbestimmung« zu gelangen. Ausgehend von der Gesprächsführung erscheint hier der Selbstbestimmungsdialog (vgl. ausführlich Wüllenweber 2014) passend.

Beispiel

Frau A. hat einen neuen Freund gefunden, den sie sehr liebt und auf den sie sehr stolz ist. Der neue Freund drängt sie jedoch bereits nach wenigen Wochen zu einer Heirat. Frau A. fühlt ich hin und her gerissen: Sie fürchtet den neuen Freund zu verlieren, falls sie nein sagt; zugleich ist ihr persönlich die Heiratsidee völlig fremd, daran hatte sie in ihrem ganzen Leben noch nie gedacht. In einem Beratungsprozess mit mehreren Terminen lernt Frau A. den Wunsch ihres Freundes und zugleich ihre eigene Zurückhaltung besser zu verstehen. Es werden mehrere Möglichkeiten durchgesprochen und hinsichtlich etwaiger Vor- und Nachteile verglichen. Schließlich ist sich Frau A. sicher, dass sie ihrem Freund erst einmal absagen, ihm jedoch zugleich eine Heirat in einem Jahr vorschlagen möchte, wenn sie sich weiterhin so gut verstehen.

b. **Grenzen und Grenzsetzungen im Umgang mit kritischen Verhaltensweisen und Verhaltensauffälligkeiten**

Grenzen und Grenzsetzungen im Umgang mit kritisch gesehenen Verhaltensweisen und sogenannten Verhaltensauffälligkeiten können als ›Achillesverse‹ der Praxis der Behindertenhilfe gesehen werden. Auch in diesem Problembereich lassen sich verschiedene Muster differenzieren:

1. Grenzen und Grenzsetzungen werden nicht differenziert zu Regeln und Konsequenzen: Dieses m. E. besonders häufig anzutreffende Einstellungsmuster »wirft alles in einen Topf«. In einem Atemzug wird von Regeln, Grenzen und Konsequenzen gesprochen, ohne die einzelnen Begriffe näher zu bestimmen

und zu differenzieren. Es bleibt unklar, ob es einen Unterschied gibt, wenn es z. B. heißt, »Man müsse mehr Regeln setzen« oder »Grenzen sind in unserer Arbeit ganz wichtig«.

> **Beispiel**
>
> In einem Fallkonzept zum Umgang mit fremdaggressivem Verhalten eines Bewohners ist u. a. zu lesen: »Der Bewohner zeigt uns immer wieder unsere Grenzen auf. [...] Wir sollten ihm jedoch durch unsere Regeln Grenzen aufzeigen. [...] Dabei sind Konsequenzen wichtig, damit er lernt mit Regeln umzugehen, und auch Grenzen erfährt«.

2. Grenzen und Grenzsetzungen werden abgelehnt, sie gelten als veraltete Pädagogik:
Diese ideologisch vertretene Haltung erfährt mitunter starken Zuspruch, zugleich jedoch auch viel Ablehnung.

> **Beispiel**
>
> Eine Bewohnerin zeigt den extremen Wunsch, Kaffee in großen Mengen zu trinken. Das Team ist unsicher, wie mit dem Problem umzugehen ist, schließlich würde die Bewohnerin sogar den heißen Kaffee direkt aus der Maschine in sich »hineinkippen«. Das Team berichtet von einer Supervision, die zu diesem Thema erbracht habe, dass jeder so viel Kaffee trinken könne, wie man möchte. Es dürften diesbezüglich keine Vorgaben gemacht werden, selbst wenn eine Bewohnerin sich anscheinend selbst schaden würde. Dies wäre eine moderne Sichtweise auf solche Themen, habe der Supervisor betont.

3. Grenzen und Grenzsetzungen als Machtmittel und als pädagogische Konsequenzen deklariert:
Grenzen und Grenzsetzungen sind grundsätzlich an eine irgendwie vorhandene Macht gebunden. Nur wer über Macht verfügt, kann anderen Menschen Grenzen aufzeigen und setzen. Diametral zum vorherigen Muster werden hier Grenzen jedoch gezielt als Machtmittel eingesetzt. Den Klient*innen soll deutlich werden, dass die Entscheidungsmacht bei den Betreuungspersonen bzw. der Einrichtung liegt.

> **Beispiel**
>
> Eine Bewohnerin einer geschlossenen Wohngruppe ist starke Raucherin. Seit mehreren Jahren erhält sie pro Tag nur fünf Zigaretten zu festgelegten Zeiten. Zeigt sie sich kooperativ erhält sie eine Zigarette zusätzlich als Belohnung, umgekehrt wird ihr eine Zigarette gestrichen.

4. Grenzen und Grenzsetzungen werden als Strukturierung verschleiert:
Da Grenzen und Grenzsetzungen in der Behindertenhilfe eher kritisch gesehen werden (siehe Muster 2), werden die Themen moderner gefasst und zunehmend als Strukturierung überschrieben. Strukturierung klingt nach Konzeption und Systematik. Die Praxis stellt sich jedoch nicht selten anders dar.

> **Beispiel**
>
> Eine junge Frau stellt sich als Bewohnerin einer ambulant betreuten Wohngemeinschaft vor. Im Gespräch wird angesprochen, dass sie in Stresssituationen mitunter den ganzen Tag im Bett bleiben und zu selbstverletzendem Verhalten neigen würde. Ihr wird der Einzug mit der Begründung verweigert, dass in der Wohngemeinschaft Struktur sehr wichtig sei, und dass ihr Verhalten »hierzu einfach nicht passt«.

5. Grenzen und Grenzsetzungen werden situativ und subjektiv gesetzt:
Viele Fachkräfte in der Behindertenhilfe bestimmen Grenzen und Grenzsetzungen anscheinend vornehmlich subjektiv. So sind in Fallberatungen und Supervision des Öfteren gegenteilige Aussagen zum gleichen Verhalten eines*r Klient*in zu hören. Einerseits wird formuliert, dass ein Verhalten als störend, ja als gefährlich eingeschätzt wird, andererseits wird zum gleichen Verhalten von anderen Fachkräften formuliert, das Verhalten störe nicht wirklich und sei auch nicht gefährlich.

> **Beispiel**
>
> In einer Werkstatt für Menschen mit Behinderung beobachtet ein Gruppenleiter, wie ein Beschäftigter die Jacke eines anderen Beschäftigten schwer erreichbar über ein Leitungsrohr an der Decke wirft. Der Gruppenleiter spricht den Beschäftigten an und fragt ihn, warum er dies getan habe. Dieser antwortet, das ginge den Gruppenleiter nichts an, der andere Beschäftigte wisse schon warum. Daraufhin entfernt sich der Gruppenleiter und erzählt dies einem Kollegen mit dem Fazit, dass sollen die beiden Beschäftigten untereinander klären. Der zweite Gruppenleiter schätzt die Situation völlig anders ein. Er fordert den Beschäftigten auf, sofort eine Leiter zu holen, die Jacke runter zu holen und sich zu entschuldigen. Als dieser sich weigert, droht der Gruppenleiter dem Beschäftigten mit Ausschluss aus der Fußballmannschaft der Werkstatt, die dieser Gruppenleiter betreut.

6. Bedeutung von körperlichen bzw. physischen Interventionen:
Die Bedeutung von physischen Interventionen zur Grenzsetzung bei kritischen Verhaltensweisen und Verhaltensauffälligkeiten ist in den beiden letzten Jahrzehnten enorm gewachsen. Es macht den Anschein, als würde Deeskalation zunehmend auf physische Interventionen reduziert. Dabei werden nicht selten harte Eingriffe anstelle der geringst notwendigen gesetzt.

> **Beispiel**
>
> Herr T. wurde zu einem Besuch bei seinen Eltern gebracht. Bei diesen Besuchen ist es üblich, dass ihm die Eltern zur Verabschiedung Süßigkeiten für die Rückfahrt mitgeben. Das wurde heute vergessen. Auf der Rückfahrt fordert Herr T. nun die Süßigkeiten von den beiden ihn begleitenden Mitarbeitern ein. Diese weisen seinen Wunsch mit dem Hinweis zurück, dies hätten die Eltern vergessen, sie hätten nichts dabei. Als das Fahrzeug an einer Raststätte vorbeifährt, fordert Herr T. anzuhalten und Süßigkeiten zu kaufen. Dies lehnen die Mitarbeiter ab. Nun eskaliert die Situation: Herr T. schreit laut und schlägt gegen die Scheibe des Fahrzeuges. Die Fahrt wird sofort abgestoppt. Herr T. wird durch körperliche Interventionen auf den Boden des Fahrzeugs gezwungen. Er wird an den Händen und Füßen mit Kabelbindern fixiert und muss die weitere Fahrt auf dem Boden des Fahrzeugs verbringen.

7. In den letzten beiden Jahrzehnten ist zunehmend erkennbar, dass in Einrichtungen der Behindertenhilfe spezifische Ansätze im Umgang mit Verhaltensauffälligkeiten implementiert und umgesetzt wurden. Inzwischen sind mehr als zwei Dutzend Ansätze bekannt. Nur wenige Ansätze, so vor allem die Positive Verhaltensunterstützung (PVU) (vgl. Theunissen 2008) und das mehrdimensionale Kriseninterventionsprogramm (Ki-Pro) (vgl. www.ki-pro.de), beinhalten jedoch explizite Aussagen zu den Themen Grenzen und Grenzsetzungen. Auch wenn die Mehrzahl der eingebrachten und hier nicht näher erwähnten Ansätze theoretisch und methodisch als unterkomplex gesehen werden müssen, ist die grundsätzliche Tendenz zur Anwendung von Konzepten positiv zu vermerken.

c. Umgang mit persönlichen Grenzen der einzelnen Fachkräfte

Es erscheint unstrittig, dass es jeder Fachkraft in den Einrichtungen der Behindertenhilfe, wie auch in anderen Arbeitsfeldern, zusteht, dass ihre persönlichen Grenzen beachtet werden. Klauß (2000) zeigt diverse eindeutige Beispiele hierzu auf. Die Beobachtung der diesbezüglichen Praxis zeigt jedoch auch hier die bei den anderen Themen aufgezeigte Diffusität und Heterogenität.

Zunächst zu den beobachteten Mustern:

1. Fachkräfte trauen sich nicht bzw. zu wenig eigene Grenzen zu setzen:
Ein Teil der Fachkräfte der Behindertenhilfe traut sich nur zurückhaltend, den Klient*innen Grenzen zu setzen. Sie wirken diesbezüglich fachlich und persönlich unsicher.

Beispiel 1

Eine Fachkraft begleitet einen Bewohner regelmäßig mit öffentlichen Verkehrsmitteln zu Arztbesuchen. Der Bewohner hat es sich zur Angewohnheit gemacht, an jeder Haltestelle mehrfach und laut »Ricola«, so wie in der bekannten TV-Werbung, zu rufen. Zunächst erscheinen andere Fahrgäste hierüber erheitert, nach mehreren Haltstellen sind jedoch für die Fachkraft Verwunderung und Ärger anderer Fahrgäste spürbar. Der Fachkraft sind diese Situationen persönlich sehr unangenehm. Sie traut sich jedoch nicht einzugreifen, z. B. könnte sie den Bewohner versuchen abzulenken. In ihrem Team war besprochen worden, dies sei nun mal die Eigenart des Bewohners, damit müsse sie als Fachkraft klarkommen.

Beispiel 2

Ein Bewohner im ambulant betreuten Wohnen ist in seinem Nahfeld, auf dem Weg zur Arbeit und in der Werkstatt körperlich mobil. Er besteht jedoch darauf, bei allen Freizeitaktivitäten, selbst bei kleinen Spaziergängen, von seiner Betreuerin im Rollstuhl gefahren zu werden. Diese Praxis ist er seit Kindheit an mit seinen Eltern gewohnt.

2. Grenzen werden rein subjektiv definiert:
   Auch wenn die persönlichen Grenzen von Menschen individuell sind, werden diese jedoch mitunter sehr subjektiv bis willkürlich gesetzt. Hier werden die Grenzen vornehmlich ausgehend von momentaner Befindlichkeit und persönlichen Vorlieben thematisiert und gesetzt.

Beispiel 1

Eine Fachkraft lehnt es ab, Bewohner*innen zu Volksmusikkonzerten zu begleiten, dies würde »sie sich nicht antun«. Hingegen hat sie die Bewohner*innen überzeugt, dass Konzerte von Grönemeyer auch schön seien. Inzwischen war sie mehrfach (und auf Kosten der Bewohner*innen) bei diesen Konzerten. Desgleichen begleitet die Fachkraft die Bewohner*innen nicht zu Fußballspielen, da ihr diese zu langweilig erscheinen. Sie konnte es jedoch erreichen, dass die Bewohner*innen mit ihr Eishockeyspiele besuchen, mit dem Hinweis, »dies gefalle auch ihren Leuten viel besser«.

Beispiel 2

Ein Beschäftigter einer Werkstatt für behinderte Menschen erscheint ab und an verspätet aus der Pause an seinem Arbeitsplatz. Auf seine Verspätung angesprochen versucht der Mitarbeiter, sich mit einer Notlüge rauszureden. Die zuständige Gruppenleiterin erklärt, dass sie seine Lügereien nicht ertragen könne, und verweigert den restlichen Tag den Kontakt zu diesem Mitarbeiter.

5.3 Differenzierung der Grundmuster

Betrachten wir die differenzierten und beschriebenen Muster in der Globalperspektive, so werden Parallelen deutlich. Es zeigt sich ein breites Spannungsbild mit verschiedenen Zwischenstufen zwischen mehr oder weniger autokratischen bis hin zu selbstherrlichen Einstellungs- und Handlungsmustern einerseits und mehr oder weniger großzügiger Gewährung von Autonomie bis hin zu größter Freizügigkeit andererseits. Die Analogie zu den klassischen Erziehungsstilen von autoritär über demokratisch bis hin zu laissez-faire ist augenfällig. Es verwundert jedoch, dass sich heute beide Extreme vorfinden lassen, also der autoritäre Stil ebenso wie der laissez-faire Stil. Es macht den Eindruck, dass den Fachkräften die Problematik dieser Extreme nicht bewusst ist, sie handeln jeweils mit subjektiver Überzeugung.

Wie lassen sich sowohl die festgestellte Heterogenität und die beobachtete Selbstsicherheit erklären?

Die Praxis der Behindertenhilfe zeichnet sich generell durch eine große Heterogenität der Sicht- und Handlungsweisen aus. Die hier festgestellte Heterogenität fällt nicht aus dem Rahmen, sondern bestätigt die Problematik. Folgende Erklärungen erscheinen aussagekräftig.

Die Bedeutung von subjektiven Theorien (vgl. Schlee et al.1988) beschreibt die Neigung, einen Sachverhalt vornehmlich ausgerichtet an milieubedingten Lebensüberzeugungen und persönlichen Einstellungen auszurichten und sich fachlichen Meinungen zu verschließen. Subjektive Theorien erscheinen in allen pädagogischen Arbeitsfeldern von großer Bedeutung, in den Einrichtungen der Behindertenhilfe erscheinen sie besonders ausgeprägt.

Die subjektiven Theorien kooperieren mit, wie ich es nenne, lokalen Theorien. Zwischen einzelnen Teams oder zwischen Einrichtungen haben sich teils sehr unterschiedliche bis gegensätzliche Sichtweisen etabliert. Die Fachkräfte bestätigen sich gegenseitig und grenzen sich von anderen Teams und Einrichtungen durch die Bildung einer spezifischen Identität ab.

Die Klient*innen der Behindertenhilfe konfrontieren und kritisieren die Fachkräfte deutlich weniger, als dies z. B. in der Jugendhilfe und auch in der Psychiatrie festzustellen ist. Es mangelt also an einem wichtigen Korrektiv durch die Klient*innen selbst (vgl. Ahrbeck & Rauh 2004).

Insbesondere mangelt es an einem spezifischen heilpädagogischen Fachdiskurs, der die Handlungsweisen der Praxis orientieren könnte. Die heilpädagogischen Fachdiskurse konzentrieren sich vornehmlich auf Systemfragen und Makrothemen wie Inklusion oder aktuell die Umsetzung des Bundesteilhabegesetzes (BTHG). Mikrothemen, die unmittelbar die pädagogische Praxis in den Einrichtungen bearbeiten, kommen zu wenig vor. Auch diesbezüglich mangelt es also an einem Korrektiv. Es macht sogar den Eindruck, dass Grenzen und Grenzsetzungen ein zu heikles Thema sind, und daher in den Fachdiskursen bewusst ausgespart werden.

Zusammengefasst wird die häufig beklagte mangelnde Professionalisierung der Berufe in der Behindertenhilfe und die hieraus folgende unzureichende Professionalität der einzelnen Fachkräfte als Erklärung für die festgestellte Heterogenität plausibel (vgl. ausführlich Wüllenweber 2012, 2014).

5.4 Schlussbemerkung

Die besprochenen Muster haben für die Klient*innen der Behindertenhilfe große Auswirkungen. Sie beeinflussen in hohem Maße ihre Lebensqualität ebenso wie die Förderung bzw. Begrenzung ihrer individuellen Entwicklungspotentiale. Diese Bedeutung ist eingebettet in ein ganzes Spektrum analoger oder assoziierter Problematiken. So erleben nicht wenige, dass ihnen Grenzen unbegründet, wechselnd und unterschiedlich gesetzt werden. Ein kleiner Teil der Klienten rebelliert auf unterschiedliche Weise, manche gelten dann als Systemsprenger. Die überwiegende Anzahl passt sich jedoch dieser Heterogenität und Diffusität notgedrungen und behinderungsbedingt mehr oder weniger an.

Literatur

Ahrbeck, B. & Rauh, B. (Hrsg.) (2004). Behinderung zwischen Autonomie und Angewiesensein. Stuttgart: Kohlhammer.
Dederich, M., Beck, I., Antor, G. & Bleidick, U. (Hrsg.) (2016). Handlexikon der Behindertenpädagogik. Schlüsselbegriffe aus Theorie und Praxis (3., erw. u. überarb. Aufl.) Stuttgart: Kohlhammer.
Glammeier, S. (2018): Machtmissbrauch in Institutionen für Kindern und Erwachsene mit Behinderungen. Gemeinsam leben, 1, S. 13–20.
Greving, H. & Ondracek, P. (Hrsg.) (2005). Handbuch Heilpädagogik. Troisdorf: Bildungsverlag EINS.
Klauß, T. (2001): Pädagogische Reflexionen zum Umgang mit Grenzen und Grenzverletzungen von Menschen mit geistiger Behinderung. In M. Seidel & K. Hennicke (Hrsg.), Delinquentes Verhalten von Menschen mit geistiger Behinderung. Dokumentation der Arbeitstagung der DGSGB am 10.11.2000 in Kassel (S. 12-29) (https://www.ph-heidelberg.de/fileadmin/user_upload/wp/klauss/grenzverl.pdf), Zugriff am 04.01.2020.
Mattke, U. (Hrsg.) (2014). Sexuell traumatisierte Menschen mit geistiger Behinderung. Forschung – Prävention – Hilfen. Stuttgart: Kohlhammer.
Omer, H. & Streit, Ph. (Hrsg.) (2019). Neue Autorität: Das Geheimnis starker Eltern. Göttingen: Vandenhoeck.
Reichenbach, R. (Hrsg.) (2011): Pädagogische Autorität. Macht und Vertrauen in der Erziehung. Stuttgart: Kohlhammer.
Schlee, J., Groeben, N., Wahl, D. & Scheele, B. (Hrsg.) (1998). Forschungsprogramm Subjektive Theorien. Eine Einführung in die Psychologie des reflexiven Subjekts. Tübingen: Francke.
Schwabe, M. (Hrsg.) (2008): Zwang in der Erziehung? Chancen und Risiken. München: Reinhardt.
Sierck, U. (Hrsg.) (2019). Macht und Gewalt – Tabuisierte Realitäten in der Behindertenhilfe. Weinheim: Beltz.
Theunissen, G., Kulig, W. & Schirbort, K. (Hrsg) (2006). Handlexikon Geistige Behinderung. Schlüsselbegriffe aus der Heil- und Sonderpädagogik, Sozialen Arbeit, Medizin, Psychologie, Soziologie und Sozialpolitik. Stuttgart: Kohlhammer.

Theunissen, G. (Hrsg.) (2007). Empowerment behinderter Menschen. Inklusion, Bildung, Heilpädagogik, Soziale Arbeit. Freiburg i. Br.: Lambertus.

Theunissen, G. (Hrsg.) (2008). Positive Verhaltensunterstützung. Marburg: Lebenshilfe Verlag.

Weidner, J. & Kilb, R. (Hrsg.) (2010). Konfrontative Pädagogik: Konfliktbearbeitung in Sozialer Arbeit und Erziehung. Wiesbaden: VS.

Wüllenweber, E. (Hrsg.) (2009). Krisen und Behinderung. Entwicklung einer praxisbezogenen Theorie zum Verstehen von Krisen und eines Handlungskonzeptes für die Krisenintervention bei Menschen mit geistiger Behinderung und bei Autismus. Hamburg: Elbeverlag.

Wüllenweber, E. (Hrsg.) (2012). Soziale Konflikte als pädagogisches Problem. (Heil-)Pädagogisches Handeln in kritischen Situationen in Einrichtungen der Behindertenhilfe. Hamburg: Elbeverlag.

Wüllenweber, E. (2014). »Mein Vater hat gesagt, mir gefällt das nicht!« Selbstbestimmungsdialog – theoretische und methodische Grundlagen der Förderung von Selbstbestimmung durch Gesprächsführung und Beratung. In E. Wüllenweber (Hrsg.), Einander besser verstehen. Hilfen und Ansätze für Menschen mit geistiger Behinderung, mit Lernbehinderung und bei Autismus. Band 2: Gesprächsführung, Beratung und Begleitung (S. 86–104). Marburg: Lebenshilfe Verlag.

6 Über die Bearbeitung von Grenzen in der Heimerziehung
Eine Erkundung in (sozial-)pädagogischer Absicht

Sven Huber

Die Auseinandersetzung mit den Möglichkeiten einer (sozial-)pädagogischen Bearbeitung von Grenzen schließt an Debatten über das Spannungsverhältnis von Hilfe und Kontrolle an und eröffnet analytische Perspektiven auf Fragen, die den Kern der sozialpädagogischen Professionalisierung betreffen. Der Beitrag versucht am Beispiel der Heimerziehung zunächst aufzuzeigen, weshalb die Thematisierung von Grenzen in (sozial-)pädagogischer Absicht ein schwieriges, dennoch aber wichtiges und lohnenswertes Unterfangen darstellt. Im Anschluss wird die Aufgabe sozialpädagogischer Grenzbearbeitung näher bestimmt und es werden exemplarisch Herausforderungen diskutiert, denen sie sich zu stellen hat. Abschließend wird in einem kurzen Ausblick die Forderung nach einer differenzierteren Debatte über die Grenzbearbeitung formuliert.

6.1 Über (Un-)Möglichkeiten der (sozial-)pädagogischen Thematisierung von Grenzen

Die Debatte über Grenzen und Grenzsetzung im (sozial-)pädagogischen Fachdiskurs erregt die Gemüter. Sie ist dabei weniger im Sinne einer offenen Suchbewegung und mithin als fragend und tastend zu beschreiben, sondern lässt sich vielmehr als eine Abgrenzungsbewegung charakterisieren, die vor allem mit scharfen Positionierungen und der Vorstellung von klaren Seiten operiert. Dafür oder dagegen? Kuschelpädagog*in oder Reaktionär*in? Die Möglichkeiten für eine stärker differenzierte Debatte über Grenzen und Grenzsetzung scheinen aus verschiedenen Gründen, die hier nur angedeutet und nicht weiter diskutiert werden sollen, eingeschränkt zu sein (vgl. Huber & Kirchschlager 2019, S. 10 ff.). Zunächst wurden die hier angesprochenen Themen inklusive der Strafe in der Erziehungswissenschaft seit den 1970er Jahren weitgehend tabuisiert, d. h., dass der Tendenz nach ein wissenschaftliches Vakuum diese Themen betreffend zu konstatieren ist. In dieses Vakuum dringen dann von Zeit zu Zeit populärwissenschaftliche und kommerziell durchaus erfolgreiche Bücher ein, die eine Erziehungskatastrophe beklagen und deren Lösung in einem Mehr von Disziplin, Grenzen, Grenzsetzung, Autorität und unbedingtem Gehorsam ausmachen (z. B. Bueb 2006). Zudem irritiert die Debatte über eine Punitivierung der Sozialen Arbeit, also über eine gestiegene Strafbereitschaft auf Seiten der Professionellen, das traditionellerweise strafskeptische Selbstverständnis der Disziplin und Profession nachhaltig. Schließlich folgt jeder (sozial-)pädagogischen Debatte über Grenzen und Grenzsetzung der Schatten der alten, sogenannten Anstaltserziehung und den in ihr praktizierten, demütigenden, entwürdigenden und missachtenden Formen der Grenzsetzung und Strafe. Insgesamt also nicht gerade die besten Voraussetzungen für eine offene Debatte. Noch erschwerend kommt hinzu, und dieser Punkt soll nun näher betrachtet werden, dass Grenzen und Grenzsetzung auf eine spezifische Art und Weise in der gegenwärtigen Debatte charakterisiert werden.

Wenn man nun versuchen möchte nachzuvollziehen, wie dies geschieht, lohnt sich m. E. ein Blick auf zwei Quellen, anhand derer sich beispielhaft ein weit verbreitetes Verständnis von Grenzen und Grenzsetzung verdeutlichen lässt. Beide Quellen, die hier nur skizzenhaft wiedergegeben werden, haben in argumentativer Hinsicht eine sehr ähnliche Stoßrichtung und gewähren in der Zusammenschau einen Blick auf gängige, i. d. R. aber implizit bleibende Argumentationsfiguren.

Für Behnisch (2006) stellt die Debatte über Grenzen und Grenzsetzung in der Erziehung ein erzieherisches »Verzweiflungs-Denken« (ebd., S. 250) dar. »Grenzen sind in der Regel nicht Gegenstand von Verhandlungen, sondern bilden klare Demarkationslinien, die zumeist nur, wenn überhaupt, kriegerisch und okkupierend zu verändern sind« (ebd.). Die Rede von Grenzen und Grenzsetzung in der Erziehung unterstelle u. a. eine grundsätzlich problematische Bildsamkeit des Kindes bzw. Jugendlichen, schreibe eine klare Rollenverteilung zwischen aktivem und passivem Part fest und sei ein verzweifelter Versuch, die zunehmenden gesellschaftlichen Pluralisierungsprozesse und die mit ihnen einhergehende, steigende Unsicherheit zumindest semantisch zu bewältigen (vgl. ebd., S. 249 ff.).

Bittner (2016) erkennt in der sozialpädagogischen Rede über Grenzen und Grenzsetzung ein nicht weniger verzweifeltes Erziehungsdenken, das vor allem eine »Verbots- und Schuldmoral« (ebd., S. 31) transportiere. Die aktuelle Debatte bediene sich einer räumlich-territorialen und auch quasi-juristischen Metaphorik.

> »Die Grenzen werden wie territoriale als genau (z. B. durch Grenzzäune, Schlagbäume, Grenzsteine etc.) markierte vorgestellt [...]. Dieses Modell suggeriert Klarheit der Markierungen und rechtliche Verbindlichkeiten der daraus resultierenden Verpflichtungen« (ebd., S. 19).

Diese Skizze, die der Tiefe und Breite der Argumentation der Autoren natürlich nicht gerecht wird, soll für unsere Zwecke genügen. Deutlich wird, dass beide mit einer spezifischen Art des Grenzbegriffs operieren. Sie unterlegen ihren Ausführungen die Vorstellung einer *absoluten* Grenze, mit der ihrer Ansicht nach in aktuellen Debatten über Erziehung gearbeitet werde. Pädagogische Grenzen werden mithin als unverrückbare, absolute und in jedem Fall verbindliche Trennungslinien entworfen und erzieherische Grenzsetzung als ein verzweifelter Akt des Anrührens von Beton beschrieben, wobei die Grenzziehenden über klare und sakrosante Vorstellungen über ein Diesseits und ein Jenseits der Grenze verfügen. Die jugendlichen Grenzverletzer*innen werden in diesem Sinne dann zu passiven, moralisch schuldhaften Objekten im Prozess der Grenzsetzung degradiert. Ausgehend von einem solchen, absoluten Grenzbegriff, der die zentrale Grundlage im gegenwärtigen Fachdiskurs bildet, erscheint eine (sozial-)pädagogische Auseinandersetzung mit Grenzen und Grenzsetzung natürlich geradezu unsinnig und illegitim, da eine Pädagogik der absoluten Grenze eines eben nicht ist: Pädagogik. Auch wäre es nicht treffend von Erziehung zu sprechen, vielmehr ginge es um Dressur.

Entscheidend erscheint mir nun die Frage zu sein, ob sozialpädagogische Grenzsetzungen in einer plausiblen und angemessenen Art und Weise ausgehend von einem absoluten Grenzbegriff beschrieben werden können. Für das Feld der Heimerziehung muss dazu festgehalten werden, dass es nach wie vor Einrichtungen gibt, die sich der Tendenz nach am Modell der absoluten Grenze orientieren. Dies sind Institutionen, in denen die pädagogisch motivierte Orientierung am Einzelfall hinter die bürokratisch orientierte Verabsolutierung von Regelsystemen und demütigende und gewaltförmige Strafen zurücktritt (vgl. Kessl, Lorenz & Wittfeld 2018), in denen Jugendliche zu Verwaltungsobjekten werden und Grenzen unverhandelbar bleiben (vgl. Clark & Schwerthelm 2017) und in denen Sozialpädagog*innen in der Rolle von »Verhaltensdompteuren« (Schallberger 2011, S. 260) agieren. Darüber hinaus gibt es technokratische Tendenzen in der Heimerziehung, die insgesamt eine Orientierung an und Durchsetzung von absoluten Verhaltensstandards und unreflektierter Anpassung begünstigen (vgl. Schaffner & Läber 2017; Crain 2012). Solche Tendenzen und Entwicklungen werden gegenwärtig kritisch diskutiert, es fehlt allerdings an breit aufgestellten, systematischen und auch vergleichend angelegten Forschungsbemühungen.

Es gibt sie also, Einrichtungen der Heimerziehung, die, zumindest der deutlichen Tendenz nach, eine (Anti-)Pädagogik der absoluten Grenze betreiben. Eingedenk der technokratischen Tendenzen und Entwicklungen der Heimerziehung erscheint es plausibel davon auszugehen, dass es sich bei solchen Einrichtungen nicht unbedingt um besonders rare Einzelfälle handelt. Es ist allerdings ebenfalls plausibel anzunehmen, dass die Mehrheit der Einrichtungen der Heimerziehung ihren pädagogischen Fluchtpunkt hinsichtlich Grenzen und Grenzsetzung nicht in der Orientierung an absoluten Grenzen sucht oder findet. D. h. auch, dass die Mehrheit sozialpädagogischer Prozesse der Grenzsetzung nicht adäquat und angemessen beschrieben werden, wenn man, wie dies gegenwärtig im Fachdiskurs der Fall ist, den absoluten Grenzbegriff für *jede* Thematisierung von Grenzen und Grenzsetzung voraussetzt und verabsolutiert.

Für die Mehrheit der Einrichtungen scheint es vielmehr angemessen zu sein, von einem *relationalen* Grenzbegriff auszugehen, wie er etwa in dem sozialpädagogischen Konzept der Grenzbearbeitung (vgl. Kessl & Maurer 2010) angelegt ist. Denn trotz aller Skepsis gegenüber Prozessen der Grenzsetzung, die das Konzept charakterisiert, werden zwei Aspekte doch besonders deutlich. Zum einen sind (sozial-)pädagogische Grenzen keine unüberwindbaren und unverrückbaren Gebilde mit einem quasi-natürlichen und absoluten Geltungsanspruch. Grenzen sind vielmehr bearbeitbar, prinzipiell beweglich und Gegenstand von Verhandlungsprozessen. Zum anderen, und dies deutet sich bereits im letztgenannten Punkt an, findet Grenzbearbeitung nicht als Leistung eines aktiven Subjekts (Sozialpädagog*innen) an einem passiven Objekt (Kinder und Jugendliche) statt. Beide Seiten werden als Grenzbearbeiter*innen konzipiert, die sich in einer aktiven, wechselseitig aufeinander bezogenen Auseinandersetzung um Grenzen befinden. Die Bearbeitung von Grenzen, die Versuche der Grenzsetzung, der Infragestellung von Grenzen, des Unterlaufens von Grenzen, der (De-)Legitimierung von Grenzen etc. umfassen kann, wird so als ein dynamischer Prozess im Gegensatz zu einem statischen Geschehen denk- und verhandelbar.

Die Logik der absoluten Grenze setzt sich dennoch immer wieder durch und fort, auch bei der Charakterisierung von Einrichtungen für Heimerziehung selbst. Das ist, wenn man so will, folgerichtig und wenig überraschend. Dennoch ist auch das einigermaßen problematisch, da mit Hilfe der Logik einer absoluten Grenze idealtypische, i. d. R. binär kodierte, unterkomplexe Vorstellungen von Heimerziehung produziert und dann als Idealtypen verabsolutiert werden. Im Ergebnis werden so Vorstellungen und Bilder evoziert, die letztlich eine schnelle, klare und eindeutige Unterscheidbarkeit zwischen ›guter‹ und ›schlechter‹ Heimerziehung unterstellen. Um dies zu verdeutlichen wird wiederum auf eine Quelle zurückgegriffen, mit der sich das für die aktuelle Debatte typische, eben skizzierte Problem anschaulich und exemplarisch auf den Punkt bringen lässt.

Rätz (2016b, S. 112 ff.) unterscheidet zwischen normativ-verregelten und demokratisch-partizipativen Einrichtungen der Heimerziehung. Während sich normativ-verregelte Institutionen durch eine starre Grenzsetzung, ein unveränderbares Regelwerk und insgesamt autonomiefeindliche Rahmenbedingungen auszeichneten, seien demokratisch-partizipative Institutionen gekennzeichnet durch eine große Flexibilität hinsichtlich des Umgangs mit Störungen der Ordnung und vielseitige Gestaltungs- und Beteiligungsmöglichkeiten, also durch insgesamt autonomiefreundliche Rahmenbedingungen. Mit dieser Unterscheidung erfolgt zeitgleich eine Unterscheidung in schlechte, nämlich normativ-verregelte, und gute, also demokratisch-partizipative, Heimerziehung. Die Grundlage dafür ist ein absoluter Grenzbegriff. »Grenzen definieren ein Ende. [...] Sie machen deutlich, dass keine Ideen für eine gemeinsame Gestaltung mehr vorhanden sind. Statt Grenzen gilt es Handlungsräume aufzuzeigen« (Rätz 2016a, S. 53). Grenzen und Grenzsetzung werden hier als absolut gedacht und verweisen auf das Ende von Lern- und Entwicklungsmöglichkeiten einerseits und der pädagogischen Vernunft andererseits. Dies kann, wie weiter oben bereits deutlich geworden ist, durchaus zutreffend sein. Führt man aber einen für große Teile der Heimerziehung nicht unplausiblen, relationalen Begriff der Grenze im Sinne der sozialpädagogischen Grenzbearbeitung ins Feld, kann man Grenzen nicht mehr notwendig als ein Ende und eine pädagogische Bankrotterklärung fassen. Es wäre dann vielmehr zu fragen, ob und wie Grenzen systematisch und vermittelt über Grenzbearbeitung, also über Dialog, Aushandlung, Konflikt, Streit etc. auf gemeinsame, neue und andere Handlungsräume verweisen (können). Eine klare Trennung im Sinne eines Entweder-Oder zwischen Grenzen auf der einen und Handlungsräumen auf der anderen Seite wäre nicht mehr möglich, da sich Grenzen und Handlungsräume nicht mehr als unversöhnliche Alternativen gegenüberstehen. Auch die von Rätz implizit unterstellte, vermeintlich klare und eindeutige Unterscheidbarkeit der Qualität von Heimerziehung ließe sich auf der

Grundlage eines relationalen Grenzbegriffs so nicht aufrechterhalten. Und auch in empirischer Hinsicht gibt es Hinweise darauf, dass es Einrichtungen, die man den verregelt-normativen Institutionen zurechnen würde, durchaus gelingen kann, einen aus Sicht der Jugendlichen und der Fachkräfte lohnenden, temporären Lebensraum zu schaffen (vgl. z. B. Böhle & Schrödter 2015). Ebenso finden sich, wenig überraschend, empirische Befunde zu Einrichtungen die man als demokratisch-partizipativ beschreiben könnte, in denen das professionelle Handeln willkürliche Züge, eine ganze Reihe von Verkürzungen und einiges Potenzial zur Weiterentwicklung aufweist (vgl. Bauer, Ahmed & Heyer 2010, S. 575).

Ein absoluter Grenzbegriff kann in vielen Fällen ein adäquater Ausgangspunkt für die Beschreibung von Praxen der Grenzbearbeitung in der Heimerziehung sein. In diesen Fällen geht Grenzbearbeitung in einseitiger, verobjektivierender und unreflektierter Grenzsetzung auf, womit die Grenzbearbeitung ihren Charakter als dialogisches, professionelles (sozial-)pädagogisches Handeln verliert. Problematisch erscheint nun allerdings, dass der absolute Grenzbegriff im Mittelpunkt nahezu *jeder* (sozial-)pädagogischen Debatte über Grenzen und Grenzsetzung steht, obwohl davon auszugehen ist, dass für eine Mehrheit der Einrichtungen der Heimerziehung ein relationaler Grenzbegriff und eine dialogische Praxis der Grenzbearbeitung ein angemessenerer Ausgangspunkt für Beschreibungen und Analysen ist. Mit der Zentralstellung des absoluten Grenzbegriffs können Grenzen gar nicht mehr als legitimes pädagogisches Thema erkannt werden, alle mit Grenzen korrespondierenden Praxen können nur noch kritische Ablehnung und Ächtung erfahren. In der Folge leiden die einschlägigen Debatten mehrheitlich unter thematischen Engführungen, schematischen Verkürzungen und Simplifizierungen der Realitäten und Ambivalenzen der Bearbeitung von Grenzen in der Heimerziehung. Die Lautstärke dieser Debatten ist oft sehr hoch, es wird, mal überzeugend, mal weniger nachvollziehbar, viel »grobes Geschütz« (Bittner 2010, S. 23) aufgefahren. Auf eine eigentümliche Art und Weise verweist diese hohe Lautstärke aber auf ein Schweigen hinsichtlich der je spezifischen, strukturell, institutionell, konzeptionell und interpersonal gerahmten Bedingungsgefüge der Grenzbearbeitung und der mit ihnen verbundenen Fragen, Nöte, Ambivalenzen sowie Orientierungs- und Deutungsmuster in Einrichtungen der Kinder- und Jugendhilfe. Diese komplexen Bedingungsgefüge gilt es differenzierter zu erfassen, um die eigentümliche Situation des lauten Schweigens zu überwinden.

6.2 Sozialpädagogische Grenzbearbeitung: Offenheit und Struktur in ein Verhältnis setzen

Heimerziehung hat die Aufgabe, Kindern und Jugendlichen einen lohnenden Lebensort zur Verfügung zu stellen. Zu diesem Zweck inszeniert sie stellvertretende Lebensräume (vgl. Wigger 2007, S. 109), in denen das Leben von den Kindern und Jugendlichen als lebenswert erfahren werden kann. Dafür muss es den Fachkräften gelingen, die Kinder und Jugendlichen dafür zu gewinnen, sich (wieder) auf Erziehung einzulassen. Sozialpädagogisches Handeln in stationären Einrichtungen der Jugendhilfe ist in diesem Sinne auf die Erschließung von Neuanfängen bzw. auf die Schaffung von »Situationen des korrektiven Neuanfangs der Erziehung« (Sünkel 1994, S. 99) fokussiert. Die Heimeinweisung selbst stellt i. d. R. einen (biografischen) Bruch dar und markiert einen institutionell vermittelten Neuanfang. Ein solches, institutionell verkürztes Verständnis von Neuanfang würde aber zu kurz greifen. »Institutionell präformierte, geschlossen korrektive Anfänge ergeben sich von allein, die Offenheit eines Anfangs sozialer Bildung [...] muss allererst aufmerksam hergestellt werden« (Hörster & Müller 2017, S. 625). Für die Realisierung korrektiver Neuanfänge der Erziehung muss folglich eine Antwort gefunden werden auf die Frage, wie es gelingen kann, dass sich Kinder und Jugendliche, die sich häufig in einem »Modus der Differenz« (Winkler 2011, S. 48) befinden, also in einer Situation des partiellen Kontrollverlusts hinsichtlich der eigenen Person und Situation, auf Erziehung und eine neue und andere Lern- und Bildungsbewegung einlassen. Die Suche nach der entsprechenden Antwort auf diese Frage haben die Institutionen und Mitarbeiter*innen gemeinsam mit jeder und jedem Jugendlichen je spezifisch und begründet anzustellen, grundsätzlich aber lassen sich zwei Eckpfeiler dieser Suchbewegung identifizieren. Gemeint ist die Balance zwischen Offenheit und Struktur.

Heimerziehung stellt einen »anderen Ort« (Winkler 1999a, S. 309) zur Verfügung, der auf die Auflösung des Modus der Differenz abzielt, indem er Distanz zur häufig belastenden Lebenssituation zu schaffen und neue und andere Lern- und Entwicklungsprozesse zu ermöglichen sucht. Heimerziehung als anderer Ort inszeniert sich dafür als offenes Experimentierfeld. Der neue, andere Ort gibt den Jugendlichen Raum – Raum dafür, sich den Ort zu eigen zu machen, ihn mitzugestalten, Abstand und Orientierung zu finden und zu improvisieren. Er »legt eine Bühne fest, auf der die Akteure Platz für Rollen und vor allem für Improvisationen finden, vor allem jedoch die Neuerfindung einer Figur erproben und ausgestalten können« (Winkler 2011, S. 45). Dies ist ein sehr anspruchsvoller und voraussetzungsvoller Prozess für alle Beteiligten, der eine große Offenheit bzw. Variationsfähigkeit im gegenseitigen Miteinander voraussetzt. Es braucht die wechselseitige und institutionell abgesicherte Bereitschaft und Möglichkeit zum Experiment, zur Spontanität und zur Suche nach Verständigung. Damit verbinden sich Forderungen nach einer ausgeprägten pädagogischen Kompromissgesinnung, pädagogischem Optimismus und Konfliktbereitschaft. Denn das experimentelle Ausprobieren und Improvisieren verweist auf eine offene Suchbewegung, die kaum reibungs- und konfliktfrei verlaufen kann. Vor- und Rückschritte müssen möglich sein und ertragen, Verhalten und Person müssen voneinander getrennt werden können. Der andere Ort muss also auch unter schwierigen Bedingungen fehlerfreundlich bleiben und Geborgenheit und Halt bieten (vgl. Winkler 1999, S. 321 f.), d. h. vor allem auch, dass die Mitarbeiter*innen den Jugendlichen andere, neue und bessere Beziehungserfahrungen ermöglichen (vgl. Ahmed & Bauer 2012, S. 109) und ihnen dabei ein vielleicht »verschüttetes, aber im Wesentliches ungebrochenes und unzerstörtes

›Subjektsein«« (Sünkel 1994, S. 106) unterstellen müssen. Des Weiteren heißt das, dass die Jugendlichen nicht auf ihr als problematisch wahrgenommenes Verhalten reduziert werden können. Die Fachkräfte müssen »den Jugendlichen auch in seinem schwer oder nicht einfühlbaren Verhalten als jemand wahrnehmen und anerkennen, der denkt, fühlt, Ziele und Absichten hat« (Crain 2012, S. 260). Erst unter dieser Voraussetzung können Jugendliche Konflikte und sozialpädagogische Interventionen als Ausdruck eines aufrichtigen Interesses an ihnen als Person und ihrer Bildungsbewegung wahrnehmen. Einrichtungen der stationären Jugendhilfe haben mithin eine Art offene Bewältigungskultur (vgl. Böhnisch & Schröer 2015, S. 126 ff.) vorzuhalten, ein Milieu also, dass zunächst wenig spezifische, oft konfliktreiche Suchbewegungen zulässt und die (problematischen) Artikulationsformen des Modus der Differenz als Ausdruck eines Subjektseins und häufig auch innerer Hilflosigkeit und Bedürftigkeit begreift.

Neben dieser Offenheit benötigt der andere Ort eine Struktur, die Halt, Orientierungspunkte und einen stützenden Rahmen für den oben beschriebenen Suchprozess gewährleistet. Ist dieser Rahmen pädagogisch zu stark vorstrukturiert, fehlen Räume zum Experiment und Ausprobieren, für Fehler und Rückschritte. Er bietet dann eine Bühne, auf der nur vorab bekannte und festgelegte Rollen und Stücke inszeniert werden können und auf der Abweichungen vom Skript nur als lästige Störungen des abzuarbeitenden pädagogischen Drehbuchs wahrgenommen werden, die es abzustellen gilt. Ein solcher Ort verfügt nicht über eine offene, sondern über eine regressive Bewältigungskultur. Wenn es so weit geht, dass der Rahmen als unverhandelbar präsentiert wird und die durch ihn konstituierte Ordnung, z. B. durch reine Anpassungsforderungen, das Subjektsein der Jugendlichen zum Verschwinden und Schweigen bringt, greift der weiter oben diskutierte, absolute Grenzbegriff. Ein (sozial-)pädagogisch verantwortbarer Rahmen hingegen zeichnet sich dadurch aus, dass er grundsätzlich irritierbar bleibt, d. h. zum Gegenstand von Verhandlungen werden kann. Der Rahmen steht dabei für eine Ordnung bzw. eine Gruppe von (z. T. unbewussten) Regeln, die Auskunft darüber geben, welche Verhaltensweisen und welche Vorstellungen in der aktuellen Situation angemessen sind (vgl. Körner & Ludwig-Körner 1997, S. 77 ff.). Dabei ist der Rahmen nicht statisch, er wird interaktiv fortlaufend (re-)produziert und bestimmt gleichzeitig, wie das Handeln in einer Situation verstanden werden kann und soll. Die Jugendlichen und die Fachkräfte sind in ihren Beziehungen auf einen gemeinsamen Rahmen angewiesen.

> »Je weniger die sozialpädagogische Situation als eine Standardsituation festgelegt ist, desto dringlicher wird die Frage nach dem Rahmen, desto wichtiger ist es zu klären, was die beiden voneinander zu erwarten haben, welchen Regeln des Handelns sie folgen wollen, und nach welchen Regeln sie ihre gegenseitigen Beiträge verstehen sollen« (ebd., S. 78).

Auch wenn der Rahmen, der auch die je spezifischen Aufgaben und Erwartungen der jeweiligen sozialpädagogischen Institution widerspiegelt, als »Schema« (ebd., S. 80), und damit als durchaus verbindlicher Bezugspunkt für das gemeinsame Handeln existiert, bleibt er doch angreifbar. Diese Angreifbarkeit und mithin Gestaltbarkeit sind, dies sollte oben deutlich geworden sein, konstitutiv für (sozial-)pädagogische Situationen. Ebenso konstitutiv ist allerdings die Aufgabe der Fachkräfte, den Rahmen zu wahren.

> »Jede Erziehung zielt darauf, den Zögling mit den Merkmalen des sozialen Rahmens zu konfrontieren: Wer nicht lernt, den sozialen Rahmen von Situationen zu erkennen und wer diesen Rahmen nicht als gültige Hintergrundannahme berücksichtigt, gerät unvermeidlich in schwere soziale Konflikte« (ebd., S. 145).

Der Rahmen muss also auch eine Ordnung verteidigen können (vgl. Müller & Schwabe 2009, S. 56 ff.), eine Ordnung, die erst die Bedingungen für die Möglichkeit von Lern- und Entwicklungsprozessen, für die Arbeit am Modus der Differenz schafft. Der Rahmen sichert die Prozesse der subjektiven Veränderung ab, stellt sicher, dass man sich gegenseitig auch unter widrigen Bedingungen aushält (vgl. Schwabe & Thimm 2018, S. 303 f.), strukturiert und stabilisiert die Offenheit, indem er Halt und Orientierung bietet.

Heimerziehung hat für korrektive Neuanfänge der Erziehung folglich eine *strukturierte Offenheit* (vgl. Müller & Schwabe 2009, S. 31 f.) sicherzustellen, muss also das Verhältnis von offener und flexibler Suchbewegung auf der einen und einem stabilen, aber dennoch erschütterbaren Rahmen auf der anderen Seite ausbalancieren. Dieser ›Balanceakt‹ lässt sich als Grenzbearbeitung fassen. Grenzbearbeitung meint den Versuch, eine je spezifische Balance zwischen der Öffnung und Überwindung von äußeren und inneren Grenzen der Entwicklung, und Grenzsetzung als der »Vermittlung von gegebenen Ordnungslogiken und damit verbundenen Verhaltensregulierungen« (Kessl 2016, S. 37) zu suchen und zu finden. Einrichtungen der Heimerziehung gehen diese Aufgabe sehr unterschiedlich an, manche betonen den Pol der Offenheit stärker, andere den Pol der Struktur. Daraus lässt sich aber nicht *per se* eine Aussage über die Qualität der Arbeit dieser Einrichtungen ableiten. Es gibt Jugendliche, »die für einen begrenzten Zeitraum eines offensiven Machtgefälles und starker Außenstrukturierung bedürfen, um sich zunächst auf Anpassung und irgendwann später vielleicht auch auf Entwicklung einlassen können« (Schwabe, Stallmann & Vust 2013, S. 29). Und genauso gibt es »gute ›offene Settings‹, denen es gelingt ›riskant agierende‹ junge Menschen anzusprechen und nach und nach an sich zu binden, so dass nach einiger Zeit Entwicklung stattfinden kann« (ebd., S. 28 f.). Die Eröffnung von korrektiven Neuanfängen der Erziehung *kann* also in wenig strukturierten Settings gelingen, *kann* aber auch temporäre und partielle Schließungsprozesse, eine stärkere Strukturierung also, voraussetzen, *muss* es aber natürlich nicht (vgl. Huber & Schmid 2018, S. 53 ff.).

6.3 Herausforderungen der Grenzbearbeitung in der Heimerziehung

Im Folgenden soll nun der Versuch unternommen werden, zumindest einige für den Prozess des Ausbalancierens von Offenheit und Struktur relevante Herausforderungen exemplarisch näher zu betrachten, um einen differenzierteren Blick auf die Grenzbearbeitung und ihre Bedingungen, Voraussetzungen, Probleme und Ambivalenzen in Einrichtungen der Heimerziehung zu erlangen.

6.3.1 Sozialpädagogisches Verstehen

Grenzen werden zunächst einmal symbolisch, i. d. R. sprachlich vermittelt gezogen. Die Adressat*innen der Heimerziehung werden also auf eine spezifische Art und Weise von den Fachkräften charakterisiert. Dafür bedienen sie sich bestimmter Kategorien, sprechen also bspw. davon, dass es besonders ›hilflose‹, ›förderungsbedürftige‹, ›schwierige‹, ›orientierungslose‹, ›unerziehbare‹ oder ›dissoziale‹ Jugendliche sind. Dabei geraten die Jugendlichen nicht als konkrete Personen mit Zielen, Ressourcen, Ängsten etc. in den Blick, der Fokus wird vielmehr verengt auf diejenigen (problematische) Anteile einer Person, die sie als Fall markieren (vgl. Thieme 2013, S. 198). Das Ausmaß der Defizitorientierung bei der Kategorisierung kann dabei stark variieren, die Kategorisierung selbst hilft aber stets dabei, eine Grenze zu ziehen, indem sie »das Normale und das Abweichende, das Anerkennungsfähige und das Nicht-Anerkennungsfähige« (Heite, Pomey & Spellenberg 2013, S. 247) sichtbar macht und voneinander trennt. Entsprechende Kategorisierungen markieren dann einen sozialpädagogischen Interventionsanlass und die eigene Zuständigkeit für die als notwendig erachtete Intervention. Dies geschieht häufig durch eine Parallelisierung von Hilfebedarf und den institutionell vorgehaltenen Unterstützungsressourcen (vgl. Messmer & Hitzler 2007, S. 65 ff.; Huber & Kichschlager 2019, S. 75). Über die Kategorisierung wird ein*e Jugendliche*r also als sozialpädagogischer Fall für eine spezifische Institution markiert. Zudem wird ein Passungsverhältnis hergestellt zwischen den Problemen, die ein*e Jugendliche*r hat und/oder macht, und den Möglichkeiten zur Hilfe und Unterstützung, über die die entsprechende Institution verfügt. Die Institution mit ihrer »organisationskulturell bestimmten Weltsicht« (Bauer et al. 2010, S. 570), mit ihren tradierten Deutungs- und Orientierungsmustern, die Jugendlichen und ihre Probleme und Verhaltensweisen betreffend, bestimmt zu einem Gutteil, welche Zugänge zu den Jugendlichen gesucht werden und wie professionelles Handeln vor Ort organisiert wird.

> »Auch die Herstellung von pädagogischer Professionalität erfolgt demnach durch die Konstituierung eines organisationskulturellen Systems, das die Probleme und Auffälligkeiten in den alltäglichen Interaktionen der und mit den Jugendlichen zu deuten in der Lage ist« (ebd., S. 569).

So gibt es Heime, in denen der religiöse Glaube die Organisationskultur prägt. Die Adressat*innen werden dort als sittlich verwahrlost, gefährdet und rettungsbedürftig kategorisiert. Den Weg zur Rettung bietet der Glaube, zu dem die Jugendlichen geführt werden sollen. ›Sozialpädagogisches‹ Handeln wird, vermittelt vor allem über das gemeinsame Studium der Bibel, als Hinführung zu Gott und zum Glauben konzipiert, und der Rettungsgedanke strukturiert den Umgang mit und den Zugang zu den Jugendlichen weitgehend vor (vgl. Schallberger 2011, S. 248 ff.).

Die jeweilige Organisationskultur eröffnet und beschränkt also gleichermaßen Möglichkeiten des gemeinsamen Umgangs und professionellen Handelns, determiniert diese, abgesehen von Einrichtungen mit absoluter Grenzsetzung, aber nicht. Was im Gruppenalltag wann, weshalb und wie zum Problem (gemacht) wird, muss anschlussfähig sein an die je spezifischen organisationskulturellen Deutungs- und Orientierungsmuster, ist aber vor allem auch abhängig von (konkurrierenden) Problemwahrnehmungen der jeweiligen Fachkräfte. Die Gültigkeit dieser Problemwahrnehmungen, ihr Sinn und Unsinn, kann z. B. in Teamsitzungen mit den Kolleg*innen und im Alltag mit den Jugendlichen ausgehandelt werden (vgl. Bauer et al. 2010, S. 573). Der gemeinsame Alltag mit den Jugendlichen und den Kolleg*innen muss also fortlaufend vermittelt werden mit organisationskulturell begründeten Erwartungen, Deutungs- und Handlungsangeboten, Erklärungsmustern etc. Diese Vermittlungsaufgabe verweist auf die Notwendigkeit eines systematischen und fundierten Fallverstehens auf hermeneutischer und psychoanalytisch-pädagogischer Grundlage (vgl. Huber & Schmid 2018, S. 49 ff.). Wenn dieses ausbleibt, besteht die Gefahr, dass die Jugendlichen gar nicht umfassend, also als Personen mit einer Geschichte und eigenen Deutungs- und Orientierungsmustern, sondern nur als kategorisierte Typen in den pädagogischen Blick geraten. Als Träger von defizitären Eigenschaften, die es im Rahmen tradierter, organisationskulturell bestimmter Routinen jenseits individueller Bedarfe und Bedürfnisse zu verändern gilt. Dies geschieht in Institutionen, für deren Beschreibung ein absoluter Grenzbegriff angemessen erscheint. Das Fallverstehen, als die wesentliche Voraussetzung für die Bewältigung der o. g. Vermittlungsaufgabe, hat aber nicht nur in diesen Institutionen eine prekäre Rolle inne. Schallberger (2011) zeigt in seiner Studie auf, dass in kaum einer der untersuchten Einrichtungen ein systematisches und fundiertes Fallverstehen stattfindet. Niemeyer (2015, S. 78) konstatiert, dass viele Fachkräfte das Fallverstehen aus ihrem professionellen Selbstverständnis ausgliedern und an Dritte (Psychologie, Psychiatrie etc.) delegieren möchten. Schrapper (2015, S. 70) erkennt die Ursache für die Randständigkeit des Fallverstehens vor allem in mangelnden zeitlichen Ressourcen, wobei ausreichende zeitliche Ressourcen natürlich noch kein systematisches Fallverstehen garantieren (vgl. Huber & Kirchschlager 2019, S. 119). Auch Schwabe und Thimm (vgl. 2018, S. 300 ff.) sprechen in ihrer Studie von einem insgesamt unterentwickelten Fallverstehen in Einrichtungen der Heimerziehung und machen dafür u. a. ebenfalls mangelnde Zeit, darüber hinaus aber auch das Fehlen von hermeneutischen Kompetenzen verantwortlich. Dies ist angesichts der Marginalisierung von hermeneutisch-erziehungswissenschaftlichen Traditionslinien im Studium der Sozialen Arbeit (vgl. Grasshoff 2016, S. 272 ff.) wenig überraschend.

Grenzbearbeitung zielt auf die Schaffung einer je spezifischen Balance zwischen Offenheit und Struktur und damit auf die Eröffnung von Möglichkeiten für korrektive Neuanfänge der Erziehung. Dafür gilt es, das organisationskulturell geprägte Verstehen mit einem lebensweltlich und hermeneutisch orientierten Verstehen der Jugendlichen zu vermitteln, also beide Zugänge in ein Spannungsverhältnis zu setzen. Erst wenn dies gelingt, wenn die »Selbst- und Weltdeutungsmuster« (Uhlendorff 2012, S. 710) der Jugendlichen und die institutionell präformierte Weltsicht in ein Resonanzverhältnis gesetzt werden, können Neuanfänge initiiert werden. Erst dann kann die eindimensionale Perspektive auf das (problematische) Verhalten der Jugendlichen geweitet werden. Es geht dabei um die Entwicklung einer lebendigen, nicht schematischen Vorstellung darüber, »was in Alltagssituationen in den beobachteten Personen vor sich geht und welche Gefühle, Impulse und Fantasien damit korrespondieren könnten« (Pav 2016, S. 75). Das (problematische) Verhalten der Jugendlichen wird dann als Bewältigungsverhalten erkannt, dem es um die Aufrechterhaltung von Handlungsfähigkeit (um jeden Preis) geht (vgl. Böhnisch 2010, S. 72), und in dem sich häufig ein »schwer aushaltbares Unbehagen« (Doll 2016, S. 206) artikuliert. Darüber hinaus wird dann deutlich, dass das (problematische) Verhalten selbst »nicht den Kern des Problems dar[stellt], das wäre eine gravierende Fehleinschätzung. Es ist vielmehr eine Folgeerscheinung desselben« (Ahrbeck 2010, S. 141). Vor diesem Hintergrund wird der Modus der Differenz in seiner je spezifischen Komplexität erst sichtbar und pädagogisch verhandelbar.

Durch das weitgehende Fehlen eines hermeneutisch fundierten Fallverstehens steht die sozialpädagogische Grenzbearbeitung nun aber, und dies nicht nur in Einrichtungen der absoluten Grenzsetzung, vor einem strukturellen Problem, da häufig keine ausreichende Resonanzbeziehung im o. g. Sinne hergestellt wird. Neuanfänge werden so eher verstellt als ermöglicht, da das Subjekt nicht in seiner je spezifischen Subjektivität aufgesucht und anerkannt wird (vgl. Colla 2014, S. 169).

6.3.2 Normalitätsbalancen

Sozialpädagogische Grenzbearbeitung und insbesondere Grenzsetzung hat mit Normalitätsentwürfen zu tun. Heimerziehung verfolgt einen Normalisierungsauftrag und kann den Kindern und Jugendlichen dabei helfen, weniger ›anders‹ zu sein (vgl. Kessl & Plösser 2010, S. 8). Normalisierung meint in diesem Zusammenhang die Durchsetzung von Standards und Maßstäben und die Verdrängung von alten Standards und Maßstäben, die zumindest partielle Verdrängung einer alten Normalität also (vgl. Wenning 2001, S. 282 f.). Die neu zu entwickelnde Normalität spiegelt dabei aber keineswegs nur gesellschaftliche Normen wider, die Sozialpädagogik und die Einrichtungen haben auch je eigene normative Interessen. Heimerziehung steht mithin vor der Aufgabe, gesellschaftliche Normalitätserwartungen mit einrichtungsspezifischen Normalitätsentwürfen und den Normalitätsvorstellungen der Jugendlichen zu vermitteln. Mollenhauer (1996, S. 878) fasst diese Aufgabe als Problem der »Normalitätsbalancen«. Die dahinterstehende Frage lautet: Wie kann die Sozialpädagogik in einer sich rasant verändernden Gesellschaft mit unterschiedlichen und konkurrierenden Normalitätserwartungen umgehen? Wie kann es gelingen, unterschiedliche Normalitätsvorstellungen miteinander auszubalancieren und ausgewählte Normalitätsentwürfe nicht als absolute Grenzen der Normalität zu verabsolutieren?

Normalität ist ein pädagogischer Regulierungsbegriff und bis zu einem gewissen Grad angewiesen auf technische Verfahren, die es erlauben, Zonen der (A-)Normalität festzulegen (vgl. Zirfas 2014, S. 676). Solche Verfahren, wie z. B. Stufenpläne, Verstärkerprogramme, Punkteprogramme etc., können als Hilfsmittel eingesetzt werden, können Erziehung aber freilich nicht ersetzen, da Erziehung keine technisch zu lösende Aufgabe darstellt. Die o. g. Hilfsmittel können jedoch dabei unterstützen, einen (gemeinsamen) Rahmen zu strukturieren und auf diesem Wege eine Ordnung zu etablieren, die institutionell verbindliche Normalitätsentwürfe repräsentiert, die aber auch die gemeinsame Arbeit an Normalitätsbalancen zulässt. Die beschriebenen Hilfsmittel erfreuen sich in der gegenwärtigen Heimerziehung großer Beliebtheit und werden wie selbstverständlich eingesetzt. Problematisch ist nun, dass sie häufig theorielos, schlecht und naiv verwendet werden (vgl. Schwabe & Thimm 2018, S. 359). Schlecht eingesetzt werden die Hilfsmittel dann, wenn sie zu *dem* zentralen Bezugspunkt für die Normalisierungsbemühungen werden, wenn Erziehung auf die Verabsolutierung der jeweiligen institutionellen Ordnung verkürzt wird, mithin verengt wird auf ein instrumentell-technisches Tun, das die diffuse und prekäre Offenheit des erzieherischen Geschehens in der Spätmoderne aufzulösen sucht durch die Herstellung vermeintlich klarer und transparenter Eindeutigkeiten. Erziehung sieht sich heute konfrontiert mit einer »irreduzible[n] Vielfalt menschlicher Selbst- und Weltverhältnisse« (Heite 2010, S. 189), distinkte Ordnungen werden brüchig, die gesellschaftliche Umwelt fällt als fördernde Umwelt weitgehend aus (vgl. Böhnisch 2010, S. 196) und biografische Muster werden geschwächt und individualisieren und pluralisieren sich (vgl. Koerrenz & Winkler 2013, S. 151 ff.). Die Tatsache, dass es keine übersichtlichen Ordnungen mehr gibt, an denen sich Kinder und Jugendliche abarbeiten können (vgl. Bittner 2014, S. 323), verkompliziert Erziehung, führt, nicht nur in der öffentlichen Erziehung, zu Unsicherheiten und einer Suche nach Orientierung. Unter diesen Umständen mag es Institutionen die einen öffentlichen Normalisierungsauftrag verfolgen, verführerisch erscheinen, dort Eindeutigkeiten herzustellen, wo es keine Eindeutigkeiten mehr gibt, dort Normalität zu behaupten, wo Normalitäten zunächst erfunden, ausgehandelt und ausbalanciert werden müssten. Werden Stufenpläne und andere technische Hilfsmittel zu stark in den Mittelpunkt des professionellen Handelns gerückt und sind diese fachlich unterkomplex ausgestaltet, besteht die Gefahr, spezifische Normalitätsgrenzen zu Lasten der Arbeit an Normalitätsbalancen überzubetonen, bzw. dem Problem der Normalitätsbalancen ganz aus dem Weg zu gehen. Stufenpläne strukturieren die Freiheits- und Bewegungsspielräume der Jugendlichen und auch der Fachkräfte oft so stark vor, dass der Stufenplan den Zugang zur Individualität und zu situativen Bedürfnissen der Jugendlichen verstellen kann (vgl. Kessl 2015, S. 11). Mit dem verstärkten, häufig problematischen und fragwürdigen Einsatz von Stufenplänen und anderen technischen Hilfsmitteln werfen Einrichtungen der Heimerziehung damit eine durchaus virulente Frage auf: Was heißt und wie gelingt Normalisierung in einer pluralisierten, individualisierten, entsolidarisierten und häufig rücksichtslos erscheinenden Gesellschaft?

Sozialpädagogische Grenzbearbeitung in der Heimerziehung ist angesichts der beschriebenen Herausforderungen darauf angewiesen, unterschiedliche, widersprüchliche und konkurrierende Normalitätsentwürfe und -zumutungen miteinander zu vermitteln. Dafür braucht es eine gemeinsame Arbeit an Normalitätsbalancen im Modus der (häufig konfliktreichen) Aushandlung. Bleibt diese aus, werden, häufig vermittelt über technische Hilfsmittel, partikulare und in ihrer Eindeutigkeit fragwürdige Normalitätsentwürfe zum Dreh- und Angelpunkt der Arbeit der Fachkräfte. Diejenigen Normalitätsentwürfe, die die Jugendlichen präsentieren, interessieren dann nur noch als abzustellende Fehler und nicht als legitime, häufig konfliktreiche und problematische, darin aber pädagogisch anschlussfähige Versuche, eine eigene Normalität zu entwerfen. Durch die steigende Beliebtheit von technischen, oft behavioristisch begründeten Hilfsmitteln in der Heimerziehung ist diese Gefahr durchaus manifest, nicht nur in Einrichtungen absoluter Grenzsetzung. Das häufig mangelhafte oder gänzlich fehlende hermeneutische Fallverstehen droht diese Entwicklung noch zu unterstützen. In dieser Situation kommt allerdings keineswegs notwendig eine repressive Grundhaltung gegenüber den Kindern und Jugendlichen zum Ausdruck, vielmehr spiegelt sich in ihr häufig ein professionelles, aber auch gesamtgesellschaftliches Unvermögen, (pädagogische) Antworten zu finden auf das Problem der Normalitätsbalancen unter radikalisierten Bedingungen.

6.3.3 Pädagogische Praxis und (Schein-)Anpassung

Sozialpädagogische Grenzbearbeitung eröffnet Möglichkeiten für korrektive Neuanfänge der Erziehung und mithin Möglichkeiten für eine gemeinsame pädagogische Praxis. Diese gemeinsame Praxis setzt die Möglichkeit und Bereitschaft zur kontinuierlichen Arbeit an Normalitätsbalancen voraus. Zum einen heißt das, wie gesehen, das spezifische Normalitätsentwürfe nicht verabsolutiert werden dürfen. Zum anderen heißt das aber auch, dass die Fachkräfte den Normalitäts- und Lebensentwürfen der Adressat*innen nicht mit einer Haltung der »(Schein-)Neutralität« (Schrödter 2017, S. 351) beggnen können. Denn Erziehung ist ein normatives Unterfangen und kann nicht auf moralische Werte und die Unterscheidung zwischen wertvollen und weniger wertvollen Optionen verzichten (vgl. Müller 1992, S. 62; Schrödter 2017, S. 350). Würde man die Autonomie selbstbestimmter Lebens- und Normalitätsentwürfe aus pädagogischer Sicht vollständig und unbedingt bejahen, hieße das in einigen Fällen, die Jugendlichen »zur Realität des Berufsverbrechers [...] erziehen« (Müller 1992, S. 61) zu müssen. Auch ein Verständnis von Erziehung als Optionenmaximierung geht fehl, weil mit dem Ideal der Optionenmaximierung eine gegenüber dem sozialen Ort (vgl. ebd.) der Jugendlichen blinde Vorstellung transportiert wird, dass Lebensformen völlig frei und autonom erfunden und gewählt werden könnten (vgl. Schrödter 2017, S. 351). Erziehung ist in diesem Sinne stets angewiesen auf »explizierte, reflektierte und kritisierte Vorstellungen des Guten und des Richtigen« (Reichenbach 2010, S. 86) und auf Erzieher*innen, die diese Vorstellungen im gemeinsamen Lebensvollzug mit den Jugendlichen präsentieren und zur Disposition stellen. Dies meint eben nicht Indoktrination, sondern den Versuch, die Jugendlichen im Rahmen einer gemeinsamen Praxis empfänglich zu machen für das, was aus Sicht der Erzieher*innen als wertvoll gilt (vgl. Schrödter 2017, S. 351). Natürlich bräuchte es eine große Anzahl von Einrichtungen, die je unterschiedliche Praxen beherbergen und damit der Unterschiedlichkeit der Jugendlichen Rechnung tragen, nicht jede Praxis ist für jeden Jugendlichen geeignet. *Jede* (sozial-)pädagogische Praxis steht zwar vor den o. g. Problemen und Chancen einer irreduziblen Vielfalt menschlicher Welt- und Selbstverhältnisse (vgl. Heite 2010), aber *keine* pädagogische Praxis kann eine solche irreduzible Vielfalt inszenieren, präsentieren oder beherbergen. Problematisch ist nun, dass die Mehrzahl der stationären Einrichtungen der Kinder- und Jugendhilfe am Paradigma der »Betreuung und Verwahrung« (Schrödter 2017, S. 359) orientiert sind und nicht am Modell einer gemeinsamen, ethischen Praxis.

> »Pädagogen mögen zwar individuell je für sich den Kindern und Jugendlichen eine Vorstellung des guten Lebens mit auf den Weg geben wollen, die ihnen selbst am Herzen liegt, aber die Einrichtung als Ganze ist nicht explizit hingeordnet auf einen Alltag, einen Praxisvollzug, der eine konkrete Vorstellung des guten Lebens repräsentiert und zu verwirklichen sucht« (ebd., S. 352).

Gerade Einrichtungen, die letztlich am Motiv der Verwahrung orientiert sind, in denen das sozialpädagogische Fallverstehen zu kurz kommt und das Problem der Normalitätsbalancen nicht oder einseitig adressiert wird, laufen Gefahr, dass in ihnen, vermittelt über vielfältige technische Hilfsmittel, Vorstellungen vom guten Leben auf ein kontinuierliches, angepasstes, aufrichtiges und authentisches Wohlverhalten reduziert werden. Damit wird den Jugendlichen häufig »die Erkenntnis vorenthalten, dass das ›Gut-Sein‹ das zeitweilige Schlechtsein einschließt« (Bittner 2010, S. 36).

Mit dieser Engführung werden dann Befürchtungen virulent, dass das gezeigte Wohlverhalten nicht ›echt‹ sein könnte, dass Anpassungen und Entwicklungsschritte nur dem Anschein nachvollzogen werden und keinen ›authentischen‹ Charakter haben. Dies wird mehrheitlich anhand des Begriffs der Scheinanpassung thematisiert, die als eine Art »»schauspielerische Inszenierung«« (Witte 2011, S. 179) verstanden und deren Überwindung als »pädagogische Schlüsselfrage« (Wolf 2000, S. 201) konzipiert wird. Die für die Scheinanpassung genannten Gründe umfassen die Angst vor Sanktionen, die strategisch motivierte Hoffnung auf Vorteile und die fehlende Bereitschaft, sich auf einen Entwicklungsprozess einzulassen (vgl. Witte 2011, S. 179; Wolf 2000, S. 201).

Scheinanpassung als eine strategisch-täuschende Inszenierung kann ein pädagogisches Problem sein, dennoch lohnt sich ein genauerer Blick auf das Phänomen, um vorschnelle Etikettierungen zu vermeiden. Aus psychotherapeutischer Perspektive machen Borchard und Gnoth (2016) darauf aufmerksam, dass Entwicklungsschritte und damit korrespondierende (neue) Verhaltensweisen oftmals ›unecht‹ wirken, da sie zunächst geübt werden müssen. Die verfolgten und häufig zunächst ja nur extern vorgegebenen Ziele umfassen kognitive, emotionale und verhaltensbezogene Komponenten, die sich erst mit der Zeit ausbilden und komplettiert werden können (vgl. ebd., S. 129). Zudem müssen die mit Veränderungsprozessen verbundenen Spannungen keineswegs von außen beobachtbar sein, d. h., sie können sich der Wahrnehmung durch Dritte entziehen und innerpsychisch verhandelt werden (vgl. ebd., S. 128). Ein weiterer entscheidender Punkt ist der, dass Täuschung ein wesentlicher Bestandteil des Alltags, auch des pädagogischen Alltags ist. Ein So-Tun-Als-Ob stellt vielleicht eine moralisch prekäre Angelegenheit dar, doch wäre »die moralisierende Empfehlung, wonach konsequentes Nicht-Täuschen immer geboten sei, fundamentalistisch und nicht verallgemeinerbar« (Reichenbach & Maxwell 2007, S. 20). Überdies würde eine solche Empfehlung verkennen, dass, vermittelt über das Täuschungen implizierende Rollenspiel, ›echte‹ Veränderungs- und Entwicklungsprozesse angestoßen werden können.

> »Denn dadurch, dass Menschen diese Rollen spielen, werden zuletzt die Tugenden, deren Schein sie eine geraume Zeit hindurch nur gekünstelt haben, nach und nach wohl wirklich erweckt, und gehen in die Gesinnung über« (Kant 1798/1977, zit. n. Reichenbach & Maxwell 2007, S. 20).

Das, was gemeinhin als Scheinanpassung diskutiert wird, kann also besser sein als ihr Ruf. In einer von uns durchgeführten Studie erkennen das viele der Befragten durchaus an, letztlich herrscht aber ein großes Misstrauen gegenüber Anpassungsleistungen vor (vgl. Huber & Kirchschlager 2019, S. 100 ff.), woraus für die Jugendlichen eine schwierige, paradoxe und widersprüchliche Situation erwachsen kann: Wer gewünschte Anpassungs- und Entwicklungsleistungen erbringt, macht sich verdächtig.

6.4 Ausblick

Die erziehungswissenschaftliche Debatte hat es sich weitgehend abgewöhnt, systematisch über ›Schmuddelthemen‹ wie Grenzen, Disziplin, Autorität etc. nachzudenken (vgl. Reichenbach 2011, S. 115). Wenn Grenzen in der Debatte thematisiert werden, dann häufig im Modus der scharfen Kritik, Ablehnung und Ächtung. In vielen Fällen ist dies auch gerechtfertigt und notwendig. In anderen Fällen verbirgt sich hinter den Debatten eher ein lautes Schweigen, das *sämtliche* Formen (und Akteure) der Grenzbearbeitung mit Hilfe eines *absoluten* Grenzbegriffs einem *generellen* Repressionsverdacht aussetzt. Der (sozial-)pädagogischen Debatte ist vor diesem Hintergrund zu wünschen, dass sie sich, neben aller berechtigten Kritik, stärker als eine offene Suchbewegung organisiert, die den je konkreten Bedingungsgefügen und Herausforderungen der Bearbeitung von

Grenzen systematisch und vergleichend nachspürt und so die Möglichkeit für einen offenen und kritischen Dialog und Austausch über Möglichkeiten, Gefahren, Blindstellen etc. der Bearbeitung von Grenzen mit (sozial-)pädagogischen Einrichtungen eröffnet.

Literatur

Ahmed, S. & Bauer, P. (2012). Zwischen Organisation und Profession. Fallkonstitution in Einrichtungen der Erziehungshilfe. In W. Thole, A. Retkowski & B. Schäuble (Hrsg.), Sorgende Arrangements (S. 107–120). Wiesbaden: VS.
Ahrbeck, B. (2010). Innenwelt: Störung der Person und ihrer Beziehungen. In B. Ahrbeck & M. Willmann (Hrsg.), Pädagogik bei Verhaltensstörungen. Ein Handbuch (S. 138–147). Stuttgart: Kohlhammer.
Bauer, P., Ahmed, S. & Heyer, B. (2010). Was ist der Fall? Fallkonstitutionsprozesse in Jugendhilfeeinrichtungen. Neue Praxis, 6, S. 566–580.
Behnisch, M. (2006). »Kinder brauchen Grenzen«. Sieben Einwände gegen eine öffentliche Erziehungs-Metapher. Pädagogische Rundschau, 3, S. 249–254.
Bittner, G. (2010). Der Weg ins Leben – eine Polarreise »mit Karten von den oberitalienischen Seen« (S. Freud)? In M. Dörr & B. Herz (Hrsg.), »Unkulturen« in Bildung und Erziehung (S. 19–38). Wiesbaden: VS.
Bittner, G. (2014). Subjektbildung, Devianz und die »antisoziale Tendenz«. Zeitschrift für Sozialpädagogik, 3, S. 315–330.
Bittner, G. (2016). Drama um ein Kaugummi. Über äußere, verinnerlichte und wirklich innere Grenzen. In B. Ahrbeck et al. (Hrsg.), Innere und äußere Grenzen. Psychische Strukturbildung als pädagogische Aufgabe (S. 14–34). Gießen: Psychosozial Verlag.
Böhle, A. & Schrödter, M. (2015). Fight Fire with Fire? In B. Dollinger, A. Groenemeyer & D. Rzepka (Hrsg.), Devianz als Risiko: neue Perspektiven des Umgangs mit abweichendem Verhalten, Delinquenz und sozialer Auffälligkeit (S. 287–303). Weinheim, Basel: Juventa.
Böhnisch, L. (2010). Abweichendes Verhalten. Eine pädagogisch-soziologische Einführung. Weinheim, München: Juventa.
Böhnisch, L. & Schröer, W. (2015): Devianz als Bewältigungsverhalten. In B. Dollinger & N. Oelkers (Hrsg.), Sozialpädagogische Perspektiven auf Devianz (S. 120–135). Weinheim, Basel: Juventa.
Borchard, B. & Gnoth, A. (2016). Anpassungsleistungen und Täuschung in der forensischen Therapie. Forensische Psychiatrie, Psychologie, Kriminologie, 2, S. 127–135.
Bueb, B. (2006). Lob der Disziplin. Eine Streitschrift. Berlin: List.
Clark, Z. & Schwerthelm, M. (2017). Manualisiertes Strafen oder demokratisches Verzeihen? Sozial Extra, 5, S. 15–18.
Colla, H. (2014). Überlegungen zur personalen Dimension bei der Erziehung am anderen Ort – das Ortshandeln. Zeitschrift für Sozialpädagogik, 2, S. 165–190.
Crain, F. (2012). »Ich geh ins Heim und komme als Einstein wieder heraus«: Zur Wirksamkeit der Heimerziehung. Wiesbaden: VS.
Doll, A. (2016). Verhaltenstherapeutische Elemente in den stationären HzE? Forum Erziehungshilfen, 4, S. 204–208.
Grasshoff, G. (2016). Rekonstruktive Sozialpädagogik!? Sozialpädagogisches Fallverstehen im Spannungsfeld von Theorie und Praxis. In M. Hummerich et al. (Hrsg.), Was ist der Fall? (S. 271–289). Wiesbaden: VS.
Heite, C. (2010). Anerkennung von Differenz in der Sozialen Arbeit. Zur professionellen Konstruktion des Anderen. In F. Kessl & M. Plößer (Hrsg.), Differenzierung, Normalisierung, Andersheit. Soziale Arbeit als Arbeit mit den Anderen (187–200). Wiesbaden: VS.
Heite, C., Pomey, M. & Spellenberg, Ch. (2013). Ein- und Ausschließungspraktiken als Konstituierung von Grenzen. Soziale Passagen, 5, S. 245–257.

Hörster, R. & Müller, B. (2017). Zur Struktur sozialpädagogischer Kompetenz. In A. Combe, W. Helsper (Hrsg.), Pädagogische Professionalität. Untersuchungen zum Typus pädagogischen Handelns (S. 614–648). Frankfurt a. M.: Suhrkamp.

Huber, S. & Schmid, P. A. (2018). Herausforderndes Verhalten Jugendlicher in institutionellen Kontexten der Jugendhilfe. In E. Büschi & S. Calabrese (Hrsg.), Herausfordernde Verhaltensweisen in der Sozialen Arbeit (S. 44–63). Stuttgart: Kohlhammer.

Huber, S. & Kirchschlager, S. (2019). Grenzen und Strafe in der Heimerziehung. Eine sozialpädagogische Studie. Opladen, Berlin, Toronto: Budrich.

Kessl, F. & Plößer, M. (2010). Differenzierung, Normalisierung, Andersheit. Soziale Arbeit als Arbeit mit den Anderen – eine Einleitung. In F. Kessl & M. Plößer (Hrsg.), Differenzierung, Normalisierung, Andersheit. Soziale Arbeit als Arbeit mit den Anderen (S. 7–16). Wiesbaden: VS.

Kessl, F. & Maurer, S. (2010). Praktiken der Differenzierung als Praktiken der Grenzbearbeitung. In F. Kessl & M. Plößer (Hrsg.), Differenzierung, Normalisierung, Andersheit. Soziale Arbeit als Arbeit mit den Anderen (S. 154–169). Wiesbaden: VS.

Kessl, F. (2015). Stufenpläne in der »geschlossenen Unterbringung«. EREV-Themenheft, 12, S. 8–15.

Kessl, F. (2016). »Vermittlung trotz(t) Zwang?«. Einige Einsichten aus der empirischen Analyse geschlossener Unterbringung für eine Perspektive der Grenzbearbeitung. In M. Zipperle & P. Bauer (Hrsg.), Vermitteln: Eine Aufgabe von Theorie und Praxis Sozialer Arbeit (S. 27–39). Wiesbaden: VS.

Kessl, F., Lorenz, F. & Wittfeld, M. (2018). Machtmissbrauch und Gewalt in den stationären Hilfen. Strukturmerkmale gegenwärtiger Gewaltkonstellationen. Unsere Jugend, 1, S. 21–28.

Körner, J. & Ludwig-Körner, Ch. (1997). Psychoanalytische Sozialpädagogik. Eine Einführung in vier Fallgeschichten. Freiburg: Lambertus.

Koerrenz, R. & Winkler, M. (2013). Pädagogik. Eine Einführung in Stichworten. Schöningh: UTB.

Messmer, H. & Hitzler, S. (2007). Die soziale Produktion von Klienten. In W. Ludwig-Mayerhofer, O. Behrend & A. Sondermann (Hrsg.), Fallverstehen und Deutungsmacht. Akteure der Sozialverwaltung und ihre Klienten (S. 41–73). Opladen, Berlin, Toronto: Budrich.

Mollenhauer, K. (1996). Kinder- und Jugendhilfe. Theorie der Sozialpädagogik – ein thematisch-kritischer Grundriss. Zeitschrift für Pädagogik, 6, S. 869–886.

Müller, B. (1992). Sisyphos und Tantalus – Bernfelds Konzept des »Sozialen Ortes« und seine Bedeutung für die Sozialpädagogik. In R. Hörster & B. Müller (Hrsg.), Jugend, Erziehung und Psychoanalyse (S. 59–74). Neuwied: Luchterhand.

Müller, B. & Schwabe, M. (2009). Pädagogik mit schwierigen Jugendlichen. Weinheim, München: Juventa.

Niemeyer, Ch. (2015). Sozialpädagogisches Verstehen verstehen. Eine Einführung in ein Schlüsselproblem Sozialer Arbeit. Weinheim, Basel: Juventa.

Pav, U. (2016). »… und wenn der Faden reißt, will ich nur noch zuschlagen!« Pädagogischer Umgang mit Gewalt in der stationären psychotherapeutischen Behandlung Jugendlicher. Gießen: Psychosozial Verlag

Rätz, R. (2016a). Was tun, wenn Kinder und Erziehungshilfe aneinander scheitern? In Deutsches Institut für Urbanistik (Hrsg.), Systemsprenger verhindern. Wie werden die Schwierigen zu den Schwierigsten? (S. 41–60). Berlin: Eigendruck.

Rätz, R. (2016b). Zur Autonomie der Unmündigen. Betrachtungen zum Umgang mit schwierigen Kindern und Jugendlichen. In H. Kleve et al. (Hrsg.), Autonomie und Mündigkeit in der Sozialen Arbeit (S. 106–119). Weinheim, Basel: Juventa.

Reichenbach, R. & Maxwell, B. (2007). Moralerziehung als Erziehung der Gefühle. Vierteljahresschrift für wissenschaftliche Pädagogik, 1, S. 11–25.

Reichenbach, R. (2011). Pädagogische Autorität. Macht und Vertrauen in der Erziehung. Stuttgart: Kohlhammer.

Schaffner, D. & Läber, M. (2017). Es muss mehr sein als Erziehung zur Anpassung. Zeitschrift für Sozialpädagogik, 4, S. 415–433.

Schallberger, P. (2011). Organisationale Selbstverständnisse und Diagnosepraxis in der Heimerziehung. Eine empirische Bestandsaufnahme. Sozialer Sinn, 12, 247–278.

Schrapper, Ch. (2015). Durchblicken und verstehen, was der Fall ist? In E. Bolay, A. Iser & M. Weinhardt (Hrsg.), Methodisches Handeln. Beiträge zu Maja Heiners Impulsen zur Professionalisierung der Sozialen Arbeit (S. 61–75). Wiesbaden: VS.

Schrödter, M. (2017). Das Ideal der Heimerziehung. Plädoyer für eine sozialpädagogische Neuorientierung. Zeitschrift für Sozialpädagogik, 4, S. 343–375.

Sünkel, W. (1994). Im Blick auf Erziehung. Reden und Aufsätze. Bad Heilbrunn: Klinkhardt.

Schwabe, M., Stallmann, M. & Vust, D. (2013). Freiraum mit Risiko. Niedrigschwellige Erziehungshilfen für sogenannte Systemsprenger/innen. Ibbenbühren: Münstermann.

Schwabe, M. & Thimm, K. (2018). Alltag und Fachlichkeit in stationären Erziehungshilfen. Erkenntnisse aus dem Modellprojekt »Qualitätsagentur Heimerziehung«. Weinheim, Basel: Juventa.

Thieme, N. (2013). »Wir beschäftigen uns eigentlich nur mit nicht-idealen Adressaten …«: Eine sozialwissenschaftlich-hermeneutische Perspektive auf Konstruktionen von Kindern als Adressat/-innen der Kinder- und Jugendhilfe. Diskurs Kindheits- und Jugendforschung, 2, S. 191–204.

Uhlendorff, U. (2012). Sozialpädagogisch-hermeneutische Diagnosen in der Jugendhilfe. In W. Thole (Hrsg.), Grundriss Soziale Arbeit (S. 707–718). Wiesbaden: VS.

Wenning, N. (2001). Differenz durch Normalisierung. In H. Lutz & N. Wenning (Hrsg.), Unterschiedlich verschieden (S. 275–295). Wiesbaden: VS.

Wigger, A. (2007). Was tun Sozialpädagoginnen und was glauben sie, was sie tun? Professionalisierung im Heimalltag. Opladen, Berlin, Toronto: Budrich.

Winkler, M. (1999). »Ortshandeln« – die Pädagogik der Heimerziehung. In H. Colla et al. (Hrsg.), Handbuch Heimerziehung und Pflegekinderwesen in Europa (S. 307–323). München: Luchterhand.

Winkler, M. (2011). Der pädagogische Ort. In N. Meder et al. (Hrsg.), Handbuch der Erziehungswissenschaft 6 (S. 30–68). Paderborn: Ferdinand Schöningh.

Witte, M. (2011). Grenzüberschreitende Erziehungshilfe – Die pädagogische Nutzung des Auslands in der Arbeit mit »schwierigen« Jugendlichen. In Arbeitskreis Jugendhilfe im Wandel (Hrsg.), Jugendhilfeforschung. Kontroversen, Transformationen, Adressierungen (S. 175–186). Wiesbaden: VS.

Wolf, K. (2000). Macht, Pädagogik und ethische Legitimation. Evangelische Jugend, 4, S. 197–206.

Zirfas, J. (2014). Norm und Normalität. In C. Wulf & J. Zirfas (Hrsg.), Handbuch Pädagogische Anthropologie (S. 675–685). Wiesbaden: VS.

Konkretisierung

7 Keine Erziehung ohne Strafe? Disziplinierung und Kontrolle in der Heimerziehung

Zoë Clark & Ulrich Steckmann

Das Strafen in Erziehungskontexten ist traditionell eine hoch umstrittene Thematik. Auf der einen Seite steht ein im Common Sense ohnehin tief eingewurzeltes und gesellschaftlich vermitteltes Strafbedürfnis in der Erziehung, das sich noch einmal verschärft, wenn es um den Umgang mit Kindern oder Jugendlichen in der Heimerziehung geht, denen man den Status von Normabweichler*innen zuschreibt. Auf der anderen Seite wird gerade von einigen Vertreter*innen der Sozialen Arbeit die Legitimität des Strafens mehr oder weniger grundsätzlich in Frage gestellt. In dieser kritischen Perspektive werden illegitime Disziplinierung und Kontrolle identifiziert, die auf eine Einschränkung der Freiheitsbedürfnisse der betroffenen Kinder und Jugendlichen abzielt und eine Zurichtung junger Menschen beinhaltet, die Gehorsamkeit und Wohlverhalten als zentrale Voraussetzung betrachtet, um Selbstständigkeit zu erzeugen bzw. zu ›trainieren‹.

Die folgenden Überlegungen sind zweigeteilt. Der erste Teil widmet sich in tentativer Form der normativen Frage nach der Rechtfertigung von Strafe im Allgemeinen und im sozialpädagogischen Kontext der Heimerziehung im Besonderen. Vor diesem normativen Hintergrund sollen anschließend in einem zweiten Schritt empirische Befunde zum Strafen in der Heimerziehung präsentiert und evaluiert werden.

7.1 Diskurse der Strafrechtfertigung

In den Diskursen einer sich als kritisch begreifenden Sozialen Arbeit wird das Strafen im Rahmen eines besonderen Erziehungskontexts, nämlich der Heimerziehung, häufig unter den Stichworten ›Disziplinierung und Kontrolle‹ abgehandelt und damit unter der Hand in einen spezifischen Rechtfertigungszusammenhang gerückt. Das Strafen wird, so ist nahegelegt, von den Strafenden selbst bzw. von denjenigen, die ihnen ihr Strafmandat erteilen, mit Blick auf die Disziplinierung und die Kontrolle wenigstens der Bestraften selbst gerechtfertigt. I. d. R. wird aber auch die Wirkung der Strafe auf alle anderen von den entsprechenden Normen Betroffenen, also die übrigen Heimbewohner*innen, in die Rechtfertigung miteinbezogen. Wenn die Legitimität des Strafens mit dem Verweis auf die wünschenswerte Wirkung bzw. die wünschenswerten oder nützlichen Folgen des Strafens begründet wird, haben wir es mit einer konsequenzialistischen Sichtweise zu tun. Konsequenzialistische Ansätze stellen in Strafrecht und Kriminalpolitik bekanntlich einen Hauptstrang der neuzeitlichen Straftheorien dar.[1] Klassische Ausformulierungen finden sich bereits in Cesare Beccarias kriminalpolitischem Manifest »Von den Verbrechen und den Strafen« von 1764 und in den wenig später erschienenen Schriften des utilitaristischen Moral- und Rechtsphilosophen Jeremy Bentham.[2]

Die positiven Wirkungen des Strafens werden in der Normabweichungsprävention gesehen. Die präventive Wirkung betrifft zum einen den*die Normabweichler*in selbst. Sie hat eine negative Seite – die Abschreckung, weitere entsprechende Normabweichungen zu begehen – und eine positive Seite – den*die Normabweichler*in zu bessern und zu resozialisieren. Zum anderen richtet sich der Präventionsgedanke auch auf die Allgemeinheit bzw. auf all diejenigen, die von dem jeweiligen Normsystem betroffen sind. Auch hier besteht die negative Wirkung in der Abschreckung, während die positive Seite in der Stärkung des Normvertrauens gesehen wird.

Der Präventionsgedanke ist ein fester Bestandteil gegenwärtiger Straftheorien. Worin die aufklärerischen Potenziale konsequenzialistischer Ansätze bestehen, liegt auf der Hand: Zum einen wird ein Rechtfertigungsrahmen zur Verfügung gestellt, der Bestrafungswillkür verhindern soll, und zum anderen argumentiert der*die Konsequenzialist*in zukunftsorientiert. Das Ziel des Strafens besteht darin, das menschliche Handeln in einer Weise zu beeinflussen, so dass für das Zusammenleben der Menschen zukünftig möglichst wenig Schaden entsteht.

Betrachtet man den konsequenzialistischen Zugang in dieser grob skizzierten Form, so scheinen konsequenzialistische Begründungsfiguren zunächst einmal durchaus tauglich zu sein, auch das Strafen im Kontext pädagogischer bzw. sozialpädagogischer Institutionen zu rechtfertigen. Insbesondere die zukunftsorientierte Ausrichtung des Konsequenzialismus scheint pädagogischen Intentionen entgegenzukommen.[3] Doch der Konsequenzialismus sieht sich auch mehr oder weniger grundsätzlichen Herausforderungen ausgesetzt.

1. Eine erste Gruppe von Einwänden bezweifelt die Wirksamkeit des Strafens. Die Einwände stützen sich auf empirische Erkenntnisse, die zeigen, dass be-

---

1 Selbstverständlich sind die für die speziellen Kontexte von Strafrecht und Kriminalpolitik entwickelten Straftheorien nicht umstandslos auf (sozial-)pädagogische Belange zu übertragen. Auf der Ebene der grundlegenden Rechtfertigungsfiguren kann eine solche Übertragung allerdings als unproblematisch gelten.
2 Einschlägig sind in erster Linie Benthams *Principles of Morals and Legislation* von 1781 (Bentham 1988a). Für einen Überblick zu Benthams Straftheorie vgl. Draper 2002.
3 Darin unterscheidet sich der Konsequenzialismus vom zweiten Hauptstrang der Straftheorien, den Vergeltungstheorien bzw. dem Retributivismus. Retributivistische Straftheorien zielen auf einen Ausgleich der begangenen Tat, dem*der Täter*in wird dementsprechend eine Strafe zugemessen, ›die er*sie verdient‹. Der Retributivismus wird in den folgenden Überlegungen nicht weiter berücksichtigt, da seine Rechtfertigungsfähigkeit vielfach in Zweifel gezogen wird. Anzumerken ist dazu, dass retributivistische Strafrechtfertigungen im Strafrecht der Bundesrepublik Deutschland seit den 1960er Jahren zurückgedrängt wurden. Retributivistische Elemente sind allerdings im Rahmen der in den Rechtswissenschaften sogenannten Vereinigungstheorie erhalten geblieben.

stimmte Strafpraktiken entweder keine abschreckende Wirkung entfalten oder die Motivationsstruktur des Normabweichlers oder der Normabweichlerin nicht in die gewünschte Richtung verändern oder das allgemeine Normvertrauen nicht stärken. Und mehr noch: Unter Umständen könnte sich das Strafen sogar als kontraproduktiv erweisen, indem es devianzverstärkend wirkt. Eine entsprechende Kritik wird z. B. im Bereich der Kriminalpolitik immer wieder gegen freiheitsentziehende Strafen geltend gemacht (vgl. Günther 2004). Im Prinzip kann eine solche empirisch informierte Wirksamkeitskritik aber natürlich auch gegen jegliche Arten des Strafens im Kontext von Erziehung vorgebracht werden. Der*die Konsequenzialist*in wird allerdings durch solche Einwände nicht grundsätzlich beunruhigt sein. Im Gegenteil: Er*sie wird geradezu dankbar sein für eine solche Kritik, wenn er*sie es mit seinem*ihrem konsequenzialistischen Ansatz ernst meint. Denn der Nachweis von Wirksamkeitsdefiziten wird für ihn*ihr ein Anlass für Reformbemühungen sein, die ein effektiveres Strafen zum Ziel haben. In größere Schwierigkeiten würde der*die Konsequenzialist*in erst dann geraten, wenn die Kritik auf die Behauptung hinausliefe, dass das Strafen in jedem nur denkbaren Fall nicht die erwünschten Wirkungen erzielen würde. Doch einen solchen Nachweis zu führen, wäre selbstverständlich ein überaus anspruchsvolles Unterfangen.

2. Eine zweite Gruppe von kritischen Einwänden sind für Vertreter*innen einer konsequenzialistischen Rechtfertigung des Strafens schwerer zu kontern. Es handelt sich um Einwände, die dem*der Konsequenzialist*in vorwerfen, er*sie lasse eine Instrumentalisierung Einzelner zu. Am deutlichsten würde der Instrumentalisierungsvorwurf dort zutreffen, wo Vertreter*innen des konsequenzialistischen Strafrechtfertigungsansatzes sich eines utilitaristischen Gesamtnutzenkalküls bedienen. Für die frühen Verfechter*innen einer konsequenzialistischen Strafbegründung – das gilt für Jeremy Bentham als eigentlichem Begründer des ethischen Utilitarismus ohnehin, aber auch vor ihm schon für Beccaria – stellte das ›größtmögliche Glück der größtmöglichen Zahl‹ das maßgebliche Kriterium für das moralisch Richtige dar (vgl. Bentham 1988b).[4]

Die ethische Bewertung der Bestrafung des*der Einzelnen richtet sich in diesem Verständnis allein nach dem Nutzen, den diese Bestrafung für die Gesamtheit aller Betroffenen hat. Zwar zählt der*die zu Bestrafende selbst auch zu den Betroffenen, doch ist sein*ihr Wohlergehen in der Gesamtrechnung nur eine zu berücksichtigende Einzelgröße unter vielen. Mindestens in seiner utilitaristischen Variante droht das Wohlergehen des*der Einzelnen, d. h. des zu bestrafenden Individuums, dem Nutzen der Gemeinschaft, d. h. der generalpräventiven Wirkung, aufgeopfert zu werden.[5] Aber auch konsequenzialistische Ansätze, die

---

4 »[I]t is the greatest happiness of the greatest number that is the measure of right and wrong« (Bentham 1988b, S. 3).
5 Bisweilen wird der utilitaristischen Straftheorie bzw. der Präventionstheorie sogar vorgehalten, sie lasse die Bestrafung von Unschuldigen zu, sofern dabei nur der Nutzen für die Gemeinschaft hoch genug zu veranschlagen sei; siehe etwa Smilansky 1990, kritisch dazu Rosen 1997 und Mohr 2009.

ohne das Gesamtnutzenkalkül auskommen, laufen immer dann Gefahr, eine Instrumentalisierung des*der zu Bestrafenden zuzulassen, wenn sie ohne weitere Qualifikationen auf Abwägungen zwischen Spezial- und Generalprävention zurückgreifen. Doch auch individualpräventive Zielsetzungen können mit Instrumentalisierungen einhergehen, wenn nämlich etwa ein normkonformes Verhalten mit Mitteln erzeugt wird, die die personale Integrität antasten.

Das Unbehagen an der angesprochenen ›Disziplinierung und Kontrolle‹ dürfte also zu einem guten Teil dadurch zu erklären sein, dass entsprechende Praktiken als Verstöße gegen das Instrumentalisierungsverbot aufgefasst werden. Die Rede von ›Disziplinierung und Kontrolle‹ dürfte im Übrigen auf Michel Foucaults Untersuchung *Überwachen und Strafen* anspielen, wo Jeremy Benthams Entwürfe für panoptisch konstruierte Gefängnisbauten als Sinnbild für das verwendet werden, was Foucault als ›Disziplinargesellschaft‹ bezeichnet (vgl. Foucault 1977).[6]

Instrumentalisierungen zu vermeiden heißt, die Würde der zu strafenden Person zu achten und diese – wie es in der kantischen Tradition heißt – als ›Zweck an sich selbst‹ zu behandeln.[7] Entwürdigende Strafpraktiken verbieten sich demzufolge in dieser ethischen Perspektive. Dazu zählt selbstverständlich alles, was die körperliche und psychische Integrität der Person beschädigen könnte. Darüber hinaus ist aber auch die Selbstbestimmung der Person zu achten. Diese Forderung nach Achtung der individuellen Selbstbestimmung scheint auf den ersten Blick eine unüberwindliche Hürde für die Rechtfertigung von Strafe zu errichten. Denn Strafen heißt, einem Individuum auch gegen dessen Willen ein Übel zuzufügen. Wo bleibt in diesem Fall die Achtung vor der Selbstbestimmung? Sie findet insofern Berücksichtigung, als das geltende Normsystem, gegen das der* die zu Bestrafende verstoßen hat und das gleichzeitig auch das Strafen regelt, prinzipiell zustimmungsfähig ist. Die Legitimität des Strafens ergibt sich in dieser Perspektive also daraus, dass jede Person, die von einem Normsystem betroffen ist, dieses grundsätzlich bejahen kann. Die betreffenden Normen – und damit auch die zugehörigen Strafnormen – müssen so verfasst sein, dass sie die Würde jeder betroffenen Person schützen, denn anderenfalls hätten die Personen keinen Grund, diese Normen zu bejahen.

Als Zwischenresultat lässt sich festhalten, dass konsequenzialistische Straftheorien aufgrund ihrer zukunftsorientierten Ausrichtung Anschlussmöglichkeiten für pädagogische Intentionen eröffnen. Gleichzeitig ist aber die Gefahr hervorzuheben, dass konsequenzialistische Ansätze keinen hinreichenden Schutz vor Instrumentalisierungen bieten. Aus diesem Grund bedürfen die konsequenzialistischen Ansätze einer Begrenzung durch Ansätze, die die Würde der Person in den Mittelpunkt rücken.

---

6 An die Untersuchung Foucaults schließen bekanntlich bis heute zahlreiche kritische Betrachtungen (sozial-)pädagogischer Praktiken und Institutionen an (vgl. Stehr 2007).

7 Siehe dazu die viel zitierte ›Selbstzweck-Formel‹ des kategorischen Imperativs, der zufolge stets so zu handeln sei, dass »die Menschheit« (= Humanität) jeder Person »jederzeit zugleich als Zweck« geachtet und »niemals bloß als Mittel [ge]brauch[t]« (Kant 1999, S. 54 [AA IV 429]) wird. Dass Kant selbst eine retributivistische Straftheorie vertreten hat, die nur unzureichend mit seiner übrigen praktischen Philosophie in Einklang zu bringen ist, wird auch von kantianischer Seite zugestanden (vgl. Mohr 2009).

7.2 Heimerziehung als Anwendungsfeld normativer Straftheorien

Heimerziehung spielt sich in pädagogischen bzw. sozialpädagogischen Institutionen ab, in denen spezifische Normen gelten, die die Beziehungen der Kinder und Jugendlichen untereinander sowie die Beziehungen zum Fachpersonal regeln. Das Strafen in solchen institutionellen Kontexten unterliegt besonderen Schwierigkeiten. Ein zentrales Problem stellt sicherlich das hierarchische Gefälle zwischen den Fachkräften einerseits und den Kindern und Jugendlichen andererseits dar. Die institutionellen Normen, deren Adressat*innen die Kinder und Jugendlichen sind, werden von diesen oftmals als oktroyiert erfahren – das gleiche gilt für Strafen, mit denen Fachkräfte auf Normverstöße reagieren. Werden Strafen dann noch unterschiedlich gehandhabt, kann der Eindruck völliger Willkür entstehen, der man hilflos ausgeliefert ist. Nicht weniger willkürlich ist jedoch ein standardisiertes Strafsystem, das auf nicht zustimmungsfähigen und/oder demokratisch vereinbarten Norm- und Regelsystemen basiert. Die Irrationalität von Regeln nicht wirkungsvoll kritisieren zu können, sondern im Gegenteil bei Nichteinhaltung (Kollektiv-)Strafen zu erfahren, ist in jedem Fall ein Ausdruck von Herrschaftsförmigkeit und erzeugt Ohnmachtserfahrungen. Die Losung ›Gleiches für Gleiches‹ scheint den Fachkräften oftmals verführerisch und findet in der Praxis breite Anwendung, schützt aber nicht vor der Entwürdigung junger Menschen.[8]

Eine durch Strafandrohungen oder Strafen erzwungene bloß äußerliche Normkonformität wäre ein verfehltes Erziehungsziel.[9] Überdies lässt sich in Frage stellen, ob dieses Vorgehen überhaupt als Erziehung zu klassifizieren ist (vgl. Schroedter 2019). In jedem Fall sind in diesem Sinne verstandene ›Disziplinierung und Kontrolle‹ verfehlte (sozialpädagogische) Praktiken. Verfehlt sind sie deshalb, weil sie schlimmstenfalls dazu führen, verkümmerte Formen personalen Lebens hervorzubringen. Wer Normen stets nur als willkürliche Beschränkungen des eigenen Wollens erfährt und begreift, und sich ihnen gegenüber deshalb ausschließlich strategisch verhält, entbehrt wesentlicher Teile individueller Selbstbestimmung. Denn Selbstbestimmung heißt auch, sich gemeinsam mit anderen als

---

8 Die genannte Losung entstammt überdies dem Kontext retributivistischen Denkens. Die Verführungskraft der Idee, man könne und müsse Gleiches mit Gleichem vergelten, beruht auf tief eingewurzelten Intuitionen und Emotionen, deren Ursprünge womöglich in der biologischen Evolution der Gattung zu suchen sind (vgl. Mackie 1982). Martha Nussbaum klassifiziert das Vergeltungsdenken daher auch als »eine Art magisches Denken« (Nussbaum 2017, S. 42), das trotz seiner großen Beharrungskraft einer rationalen Prüfung nicht standhalten könne.

9 Hier zeigt sich ein Punkt, in dem sich pädagogisches Strafen und juristisches Strafen unterscheiden: Während die juristische und rechtsphilosophische Straftheorie – mindestens in ihren liberalen Ausprägungen – lediglich auf äußere Normkonformität abzielt, weil Eingriffe in die individuellen Wertüberzeugungssysteme als obsolet angesehen werden, geht es bei pädagogischen Interventionen, die Kinder und Jugendliche betreffen, in je unterschiedlichem Maße auch darum, mit zur Ausbildung solcher Wertüberzeugungssysteme beizutragen.

Urheber*in von Regeln begreifen zu können, die für alle Beteiligten gleichermaßen Geltung haben.

Ein selbstbestimmtes Leben zu führen heißt nicht zuletzt, sich als Teil einer Anerkennungsgemeinschaft verstehen zu können, deren Mitglieder wechselseitig normative Erwartungen und evaluative Stellungnahmen aneinander richten, diese im Zweifelsfall auf ihre Berechtigung hin prüfen und sie ggf. akzeptieren. Dieses Wechselspiel normativer Erwartungen und evaluativer Haltungen bildet in seinen basalen Formen eine unauffällige Schicht von alltäglichen emotionsbasierten Reaktionsweisen – in einem wirkmächtigen Beitrag hat Peter F. Strawson sie einst ›reaktive Haltungen‹ genannt (vgl. Strawson 1978; Talbot 2019) –, zu denen bspw. Groll, Dankbarkeit, Übelnehmen oder Vergebung zählen. Wesen, denen wir mit derartigen Erwartungen und Einstellungen begegnen, erkennen wir als Personen an. An diese Wechselspiele schließen die expliziten und komplexeren Formen des Aushandelns von Geltungsansprüchen an.

Wer sich durch die normativen Ansprüche, die andere an ihn*sie richten, und durch die evaluativen Haltungen, mit denen ihm*ihr andere begegnen, stets nur bedrängt und eingeengt fühlt und deren mögliche Berechtigung gar nicht erst erwägt, der*die hat Schwierigkeiten, sich als Teil einer Anerkennungsgemeinschaft zu begreifen und ist damit eines Teils seiner Selbstbestimmungsfähigkeiten beraubt. Ihm*ihr wird es dann auch schwerfallen, sich als mögliche*r Urheber*in von Normen zu begreifen, und folglich auch Strafen, die ihm*ihr auferlegt werden, als bloß willkürlichen Zwang auffassen. Sich in zukünftigen Fällen gemäß der betreffenden Norm zu verhalten, ist für ihn*sie eine Sache des klug kalkulierten Eigeninteresses, nicht der Einsicht in die Akzeptabilität der Norm.

Sollen Strafen im Kontext der Heimerziehung rechtfertigungsfähig sein, so ist also zunächst ganz allgemein dafür zu sorgen, dass die betroffenen Kinder und Jugendlichen die Fähigkeiten erwerben und stabilisieren, sich als Teil einer Anerkennungsgemeinschaft zu begreifen und als Urheber*innen von Normen zu erfahren. Ansatzpunkte wären hier sowohl die Ausgestaltung der Interaktionen zwischen Fachkräften und Heimbewohner*innen als auch die Selbstorganisation der Kinder und Jugendlichen.

Trotz der Tatsache, dass Care-Beziehungen durch Asymmetrien gekennzeichnet sind, die situativ paternalistisches Vorgehen von Pädagog*innen rechtfertigen mögen, zeigen empirische Beispiele seit Korczak (1929) und Bernfeld (1921), dass es möglich ist, betreffende Institutionen auf der Basis von demokratischen Selbst- und Mitbestimmungsprinzipien zu organisieren, so dass sich die Adressat*innen der Heimerziehung auch als Urheber*innen der geltenden Normen begreifen können. Ein entscheidendes Moment scheint dabei zu sein, dass auch Normgeltungsbereiche geschaffen werden, in denen Heimbewohner*innen und Fachkräfte gleichgestellt und gleichermaßen stimmberechtigt sind. Die Erfahrung, dass auch sozialpädagogische Fachkräfte normativen Verpflichtungen unterliegen, die vonseiten einer*s Heimbewohner*in geltend gemacht werden können, kann für die Entwicklung der praktischen Identität dieser Person einen wichtigen Beitrag liefern.

Zusammenfassend lässt sich erstens behaupten, dass das Strafen im Kontext der öffentlichen Erziehung nur eingeschränkt rechtfertigungsfähig ist. Vor allem scheint es notwendig, an erster Stelle auf anerkennungstheoretische Ansätze Bezug zu nehmen. Denn diese erklären erst, wie sich jene Fähigkeiten herausbilden, die notwendig sind, um überhaupt die Normen anzuerkennen, deren Verletzung eine Bestrafung oder einen Konflikt nach sich zieht. Die Heimerziehung sollte sich erstens ganz allgemein dem Ziel widmen, der*dem Einzelnen die Auffassung zu vermitteln, Teil einer Anerkennungsgemeinschaft zu sein. Und zweitens geht es darum, die spezifischen Normen, die den Heimalltag leiten, so zu gestalten, dass sich die Heimbewohner*innen in einem möglichst großen Umfang sowohl als Urheber*innen als auch als Adressat*innen der Norm begreifen. In derart demokratisierten, auf anerkennende Care-Beziehungen ausgerichteten pädagogischen Kontexten wird es dann jedoch vor allem um konsensorientierte Konfliktlösungen zwischen Gleichwertigen anstatt um das Strafen von Zöglingen gehen.

7.3   Strafen in der Praxis der Heimerziehung

Vor dem Hintergrund der vorangegangenen normativen Erwägungen werden im Folgenden vorfindliche Praktiken der Heimerziehung exemplarisch in den Blick genommen. Betrachtet und analysiert werden dabei Straflogiken und Legitimationsweisen, die sich in der Praxis der Heimerziehung empirisch gezeigt haben. Ausgehend von den oben skizzierten ethischen Rechtfertigungsmustern und deren jeweiligen Zweckbestimmungen des Strafens soll diese pädagogische Praxis inhaltsanalytisch auf Entsprechungen hin geprüft werden. Ausgangspunkt dieser Analyse ist ein Sample von 15 Interviews mit Jugendlichen zwischen 10 und 21 Jahren und Fachkräften in fünf verschiedenen Einrichtungen sowie fünf Mitarbeiter*innen eines Jugendamtes. Im Folgenden wird vor allem auf die Interviews der Mitarbeiter*innen des Jugendamtes Bezug genommen, die explizit zu Strafpraktiken einer Einrichtung, die sie belegen, befragt worden sind.

In den Einrichtungen finden sich verschiedene Strafpraktiken, die sich aus den Interviews mit den Fachkräften und den Jugendlichen herausdestillieren lassen. Es kommt ein standardisierter Strafkatalog zum Einsatz, mit dessen Hilfe die Fachkräfte für spezifische Regelbrüche eine vorab definierte Anzahl an Arbeitsstunden verhängen. Es gibt ein Phasenmodell, das den Entzug von elektronischen Geräten vorsieht, die man sich dann über unterschiedliche Stufen hinweg mittels Regelkonformität zurückerarbeiten kann. Es gibt Kollektivstrafen in Form von Geldentzug, ein Abmahnungssystem, das bei der dritten Abmahnung den Verlust des Heimplatzes vorsieht, oder auch verschiedenste Formen von Hausarrest, die in der Freiheitsbeschränkung je nach Schwere des Regelbruchs variieren, so dass die jungen Menschen entweder auf dem Gelände bleiben müssen oder im eigenen Zimmer ggf. zusätzlich den Strom abgestellt bekommen. Darüber hinaus gibt es disziplinierende Interventionen, die dazu dienen, Fehlverhalten vorzubeugen, und präventiv, also ohne einen vorangegangenen Regelbruch, standardmäßig eingesetzt werden. Darunter fällt bspw. der Entzug von Smartphones ab dem Nachmittag oder ein nur eingeschränkter bis gar kein Zugang zu WLAN, so dass das Internet nicht im Bereich der privaten Räume, sondern ausschließlich in kontrollierbarer Form in Gemeinschaftsräumen, genutzt werden kann.

In jeder Einrichtung sind die von den Jugendlichen i. d. R. als ›Maßnahmen‹ beschriebenen Strafpraktiken anders ausgestaltet, dennoch lassen sich zentrale Gemeinsamkeiten erkennen: Es handelt sich immer um Einschränkungen von Freiheiten junger Menschen, die – direkt oder indirekt – Einschränkungen oder einen Entzug von sozialen Kontakten bedeuten. Wer damit beschäftigt ist, Mülltonnen im Garten auszuwaschen, kann nicht gleichzeitig mit Freund*innen Zeit verbringen, der Entzug von Geräten schränkt die Kommunikation und zudem den Zugang zu Informationen ein, und freiheitsentziehende Maßnahmen wie Zimmerarrest wirken ohnehin sehr direkt auf die Möglichkeiten des Zusammenseins ein. Insgesamt zielen die Strafen also direkt oder indirekt auf soziale Exklusion, auf den Entzug des Sozialen (vgl. Clark & Schwerthelm 2017).

Eine weitere Gemeinsamkeit ist die Standardisierung des Strafens. Es gibt festgelegte Reaktionsmuster bzw. Strafmuster, die den Fachkräften vorgeben, was im Falle eines Regelbruches zu geschehen hat. Diese Standardisierung führt einerseits zu der Beschränkung von professionellen Urteilsspielräumen, im schlimmsten Fall zu einer Deprofessionalisierung und andererseits zu einer Entpersonalisierung pädagogischer Prozesse und Beziehungen. Mit der an der Vermeidung von Benachteiligung orientierten Losung des Gleichen für Gleiches geht einher, das Strafen ausschließlich an der Tat selbst orientiert sind und damit die Motive und Begründungen des Handelns, die Gesamtsituation, außer Acht gelassen werden. Junge Menschen können innerhalb eines standardisierten Strafsettings nur eingeschränkt in Verhandlung über ihre Tat oder gar über die Norm selbst treten. Insgesamt handelt es sich also um eine Machtverschiebung zugunsten der Organisation und zuungunsten der Akteur*innen innerhalb der Organisation. Die Frage ist nun, welchen Sinn die Fachkräfte diesem Handeln zuschreiben und wie die Legitimation dieser Strafpraktiken in pädagogischen Settings aus der oben skizzierten ethischen und anerkennungstheoretischen Perspektive zu beurteilen ist.

7.4 Empirische Legitimationen und Begründungsweisen des Strafens im Heimerziehungskontext

In den Aussagen der Fachkräfte finden sich zum einen konsequenzialistische und genauer: individualpräventive Rechtfertigungsmuster für Strafhandlungen. Zum anderen argumentieren sie für eine klare Struktur mit klaren Grenzen, die über Sanktionen erzeugt werden, um eine Komplexitätsreduktion für die jungen Menschen herzustellen.

7.4.1 Individualprävention als Zweck des Strafens

Im Gegensatz zum juristischen Strafen, das neben dem Ziel der individuellen Normkonformität die gesamtgesellschaftliche Ordnung über das Drohpotential der Strafe zu bewahren versucht, finden sich in den Interviews primär individualpräventive Begründungs- und Argumentationsmuster bezüglich des Zwecks von Strafen. Im Fokus steht die bessernde, normanpassende Wirkung auf die jungen Menschen und die damit verbundene präventive Funktion, einer Tat bzw. Tatwiederholung vorzubeugen:

> »Ja, also es ist immer so die Frage, wie man es nennt. Ist es Konsequenz oder ist es Strafe, ne? Das nimmt sich in der Regel nicht so viel. Den Jugendlichen ist ja bekannt, welche Regeln es in den Gruppen gibt und woran sie sich zu halten haben und sie wissen auch von Anfang an, welche Konsequenz es zur Folge hat, wenn sie sich eben nicht dran halten. Von daher, ähm, viele brauchen einfach diese Reaktion auch, wenn nämlich keine Reaktion kommt, dann denken die naja, ich darf das zwar nicht, aber es passiert ja nichts, ich mache es einfach weiter, so. Und von daher ist das schon gut, wenn die klaren Strukturen und Grenzen auch vorgegeben haben.« (Jugendamtsmitarbeiterin 3)

In diesem Zitat wird zunächst deutlich, dass das Strafen einem standardisierten Reaktions-Automatismus folgt. Die Strafe wird als Konsequenz umgedeutet. Genau genommen handelt es sich bei dem Strafakt damit gar nicht mehr um eine pädagogische Handlung – und schon gar nicht um einem pädagogischen Akt, der in einer Co-Produktion entstanden wäre –, sondern um einen organisationsbedingten Mechanismus, der weder für die Fachkräfte Handlungsmacht, Urteilsspielräume und Entscheidungsgewalt vorsieht, noch für die Jugendlichen eine Gestaltungsmacht mit sich bringen würde. Die Konsequenz lässt sich logisch aus der Tat der Jugendlichen ableiten.

Sowohl die Legitimation des Strafens als auch die Begründung – also die Zuweisung eines Zwecks – entspricht einer konsequenzialistischen Urteilsgrundlage. Legitimiert wird das Strafen zunächst über Transparenz. Die Jugendlichen wissen von Anfang an, welche Regeln es gibt und welche Folgen es hat, wenn sie sich nicht an diese Regeln halten. Die Tatsache, dass ihnen die Regeln zugänglich, also transparent, gemacht werden, legitimiert dann das Strafhandeln, indem implizit eine Schuldfeststellung vorgenommen wird. Die jungen Menschen haben wider besseren Wissens gehandelt und damit die Strafe willentlich in Kauf genommen. Mit dieser Feststellung von Schuld bzw. Schuldfähigkeit – die über das Herstellen von Transparenz gewährleistet wird – ist die wesentliche Voraussetzung für konsequenzialistisches, an Individualprävention ausgerichtetem Strafen geschaffen. Jeremy Bentham identifiziert das Unwissen über die Umstände, unbeabsichtigtes Handeln sowie Zustände, unter denen Menschen grundsätzlich nicht schuldfähig sind, als Ausschlusskriterium legitimierbaren Strafens, da in diesen Fällen der Zweck der Individualprävention verfehlt würde. Das Potential von Strafe, moralische Besserung zu erzeugen, setzt falsche Absichten voraus, die in Folge des Erfahrens von Strafe von dem*der Täter*in revidiert werden sollen. In einem Zustand von Unkenntnis, Wahnsinn oder im Falle eines Versehens erfüllt die allgegenwärtige Aussicht auf eine klar definierte Strafe die Funktion, Fehlverhalten vorzubeugen oder mindestens vor Wiederholung abzuschrecken, nicht. Kann die Tat von den Betroffenen nicht als Normabweichung eingeordnet werden oder besteht keine Kenntnis über die Strafe, wird sie ihrer ›Potenz‹ entledigt, wie Bentham es formuliert: »It is evident, that in these cases, if the thunders of the law prove impotent, the whispers of simple morality can have but little influence« (Bentham 1988a, S. 315).

Die Legitimationsgrundlage, dass es sich um besserungsfähige, aber eben auch besserungsbedürftige Personen handelt, wird in dieser Argumentationslogik hergestellt. Der Zweck des Strafens entspricht also den individualpräventiven Urteilsmaßstäben des Konsequenzialismus. Strafe fungiert als allgegenwärtiges Damoklesschwert, das daran erinnert nicht »so weiter zu machen«.

Dass die Regeln »von Anfang an« bestehen, bringt das o. g. Problem des Konsequenzialismus zum Ausdruck, gegen das ein anerkennungstheoretisch begründeter Einwand formuliert wurde. Sichtbar wird in dieser Argumentation, dass jungen Menschen insofern kein selbstbestimmtes Leben als Teil einer Anerkennungsgemeinschaft zuerkannt wird, als dass die normativen Erwartungen einseitig gerichtet sind, sie bestehen »von Anfang an«. Die jungen Menschen haben die Erwartungen zu erfüllen, mit denen sie konfrontiert werden, haben aber mit Blick auf die Regeln, die ihr Leben maßgeblich bestimmen, selbst nicht die Möglichkeit, wirkungsvoll Erwartungen zu formulieren. Sie haben nicht die Handlungsmacht evaluativ einwirken zu können auf das normative Gebilde der bestehenden Regeln. Dieses Vorgehen entspricht folglich nicht dem demokratischen Grundprinzip des Urheber*innen-Adressat*innenprinzips, das eine zentrale Voraussetzung für ein selbstbestimmtes und damit würdevolles Leben darstellt.

7.4.2 Schuld-, aber nicht handlungsfähig: Die Adressierung junger Menschen als zurichtungsbedürftige Subjekte

Die Verkümmerung des personalen Lebens dieser jungen Menschen wird von den Fachkräften aber nicht als Gefahr, sondern als Voraussetzung identifiziert, die dieses Vorgehen rechtfertigt. Ein Aspekt, der sich in der Argumentation des o. g. Zitates andeutet, dass den jungen Menschen zwar die Fähigkeit zugesprochen wird regelkonformes von regelwidrigem Verhalten zu unterscheiden, sie aber darüber hinaus »Reaktionen brauchen«, setzt sich in der Skizzierung des Adressat*innenbildes einer weiteren Fachkraft fort:

> »Also wenn er [der Jugendhilfeadressat] so mit Freiheiten noch schlecht umgehen kann oder mit Partizipation an sich, dann ist es vielleicht auch mal notwendig, klarere Vorgaben zu machen, strikte Regeln und Strukturen da einzuführen, einfach um da auch Sicherheit zu geben, wenn man da anders noch nicht mit umgehen kann. Um auch einfach, ja, die Hilfe an sich besser gestalten zu können. Also ich denke, Partizipation gerät da vielleicht dann auch

mal an Grenzen, wenn man damit nicht mit umgehen kann.« (Mitarbeiterin 2)

Hier wird ein Argument für die Legitimierbarkeit von standardisierten Strafroutinen ins Feld geführt, das auch nach konsequenzialistischen Maßstäben zumindest keine offensichtliche Gültigkeit beanspruchen kann. Es handle sich bei ›diesen‹ Jugendlichen um Menschen, die mit Freiheit mindestens noch nicht umgehen können, man könnte sagen, um verkümmerte Personen. Diese scheinbare Unfähigkeit, Freiheiten zu bewältigen, verlangt dann nach paternalistisch begründeter Komplexitätsreduktion; nach Klarheit, die hilft, die Sicherheit und Orientierung erzeugt und deshalb in eindeutig interpretierbaren Strukturen implementiert wird. Die Jugendlichen sind dieser Argumentation zu Folge keine ›Fälle‹, die im benthamschen Sinne von Strafhandlungen auszuschließen wären, etwa, weil sie wahnhaft wären oder ihre Unkenntnis sie entlasten könnte. Offensichtlich lässt sich daraus aber nicht schließen, dass sie Teil einer Anerkennungsgemeinschaft sind, deren Regeln des Zusammenseins aus Übereinkünften resultieren würde. Sie werden als Menschen adressiert, die nicht freiheitsfähig und damit als gleichberechtigte anerkennungsfähig wären, jedoch zurichtungsfähig sind.

Auf den zweiten Blick wird in dieser Argumentation der Fachkraft möglicherweise doch noch ein Grundsatzproblem der konsequenzialistischen Straftheorie sichtbar: Es geht um das Einflüstern ›simpler Moral‹, nicht um die Herstellung von komplexer Autonomiefähigkeit. An genau diesem Punkt unterscheidet sich dann das pädagogische von dem justiziellen Strafen und Handeln. Die Gleichförmigkeit des justiziellen Strafens hat keine paternalistischen Motive, es geht nicht um die Reduktion der Komplexität zum Wohle von vermeintlich verkümmerten Persönlichkeiten und den Sicherheitsbedürfnissen, die Fachkräfte ihnen zuschreiben. Es geht um ein möglichst unparteiliches Instrument, das das Verhalten von Menschen reguliert, im besten Falle Straftaten vorbeugt und ohne Rachemotive zu einem ›gerechten‹ Urteil kommt, das eine individuelle sowie generalisierte Verhaltensveränderung erwarten lässt. Das in diesem Fall ein paternalistisches Motiv zum Einsatz kommt, das strafendes Handeln als normalisierende Hilfestellung begründet, kennzeichnet pädagogisches Strafen und die Grenzen der Strafrechtsphilosophie, um über die Legitimierbarkeit des Strafens in pädagogischen Institutionen zu urteilen. Diese Grenzen der Strafrechtsphilosophie lassen sich vor allem an den Folgen des Strafens in pädagogischen Settings zeigen. Die standardisierten Strafroutinen haben dramatische Folgen für pädagogische Beziehungen, die für das Strafen vor Gericht explizit keine Rolle spielen dürfen. Die Tatsache, dass das Strafen im Rahmen von pädagogischen Beziehungen stattfindet – und seien sie noch so standardisiert und entkoppelt von dem Urteil der einzelnen Fachkräfte –, bringt Verwundbarkeiten und Potentiale für Entwürdigung mit sich, die vor Gericht in dieser Form nicht zum Tragen kommen.

7.5 Über die Konsequenzen des konsequenzialistischen Strafens in pädagogischen Settings

In den Interviews der Jugendlichen wird deutlich, dass das konsequenzialistische, an Individualprävention ausgerichtete Strafen mit Blick auf die intendierte Wirkung in den von uns erfassten Fällen tatsächlich Früchte trägt. Die Jugendlichen beschreiben, wie sie resignieren, sich beugen und unterwerfen oder sich schlicht an Restriktionen gewöhnen, man könnte sagen, sich von einem Selbstverhältnis, in dem sie sich als Subjekte mit Rechten begreifen, entfremden. Präferenzen des Aufbegehrens und der Artikulation von Evaluationen des bestehenden Normsystems werden durchaus erfolgreich eingedämmt.[10]

Die Kollateralschäden, die dies für pädagogische Beziehungen nach sich zieht, sind erheblich und mit Blick auf die Folgen für die jungen Menschen tragisch. Ein*e Richter*in darf mit guten Gründen keine persönliche Beziehung zu seinen ›Fällen‹ haben, das würde Parteilichkeit und folglich Befangenheit auslösen. Diese von Befangenheit befreite Unparteilichkeit wird durchaus auch in standardisierten Strafroutinen, wie sie in den erfassten Einrichtungen der Heimerziehung praktiziert werden, angestrebt. Diese Form der Verobjektivierung steht jedoch im Widerspruch zu möglichst symmetrischen, auf wechselseitiger Anerkennung und Vertrauen basierenden, pädagogischen Beziehungen. Das organisationskonforme, unparteiliche Handeln führt in der Praxis zu Beziehungsbarrieren, -abbrüchen oder aber zu emotionaler Erpressbarkeit. Im Rahmen bestehender Care-Beziehungen zwischen den Mitarbeitenden und den zu Betreuenden kann das Wechselspiel von allgegenwärtigen Strafroutinen (z. B. Phasenmodelle, Tokensysteme oder Arbeitsstrafkonten) und pädagogischen Beziehungen dazu führen, dass Jugendliche nur deshalb keine Regelverstöße begehen, um diese Beziehungen als Quelle von Anerkennungserfahrungen nicht zu gefährden. Es besteht die Angst nicht mehr gemocht zu werden. Diese widersprüchlichen Beziehungen, in denen die Mitarbeitenden von einigen der befragten Adressat*innen gleichzeitig als »Freunde« beschrieben werden und als Richter*innen fungieren, erzeugt eine fundamentale, emotionale Verwundbarkeit der jungen Menschen.

Eine weitere Gefahr von restriktiv festgelegten Regelwerken und drohenden Strafkulissen ist ein Beziehungsabbruch, der von den Fachkräften und/oder den Jugendlichen ausgeht. Die Interaktionen werden auf organisatorische und schulische Belange beschränkt. Die Jugendlichen in sehr restriktiven Einrichtungen sehen für sich aber keine Ansprechpartner*innen in emotionalen Belangen, weil das Vertrauensverhältnis nachhaltig durch Stigmatisierungs- und Ohnmachtserfahrungen geprägt ist. Stigmatisierung löst vor allem die präventive Logik aus, die mit strikter Reglementierung des Alltags einhergeht, die Ohnmachtserfah-

---

10 Während die Richter sich ihre Fälle nicht ohne weiteres aussuchen können, sondert die Heimerziehung die nicht »zurichtungsfähigen« Kinder und Jugendlichen aus, indem sie als ›Systemsprenger‹ gelabelt und an Spezialeinrichtungen verwiesen werden, die eine weitere Eskalationsstufe der Disziplinierung für sie parat halten.

rung resultiert aus der Unüberwindbarkeit undemokratisch fixierter Regeln in diesen Einrichtungen.

> »Ja ich mein, wir sind ja keine (–) Asozialen oder so. Aber die Regeln sind so (–), weiß ich nicht (–) sind so (–) festnagelnd, also ich fühl mich von den Regeln so'n bisschen bedrängt.
> Ja, dass mal (.) auch mal über die Regeln diskutieren kann [wünscht sich der Befragte, von der Einrichtung]. Weil, wenn ich mein, wenn es nicht gut läuft, dann kann man halt auch Regeln halt (.) stärker bewerten, aber wenn's doch gut läuft, und dann kann man ja 'nen bisschen locker lassen (.) und wenn's dann immer noch gut läuft, dann kann man ja über Regeln diskutieren.« (Jugendlicher 1)

Die Reglementierung wird als irrationales, generalisiertes Misstrauen erlebt, das potenzielles Fehlverhalten anlasslos kontrollierend unterbindet. Diese präventive Kontrollpraktik lässt keine Einwände zu, da sie ihre Gültigkeit auf der Basis der Zuschreibung von restringierten personalen Fähigkeiten und der Notwendigkeit von Komplexitätsreduktion und Zurichtung beansprucht. Einwände durch die Betroffenen zuzulassen würde diese Organisationslogik in Selbstwidersprüche zwingen, die nach einer grundsätzlichen Revision dieser Praktiken verlangen würde. Diese Form der kontrollierenden und disziplinierenden Praktiken fragt nicht nach dem Sinn, den die Regeln für die Betroffenen ergeben, oder nach dem besseren Argument, sie verlangt ausschließlich nach Konsistenz von Regeln und konsistenten Konsequenzen von Regelbrüchen, was in einen fundamentalen Widerspruch zu anerkennenden Care-Beziehungen und der Selbstbestimmung junger Menschen steht.

7.6 Fazit

Das Strafen ist im pädagogischen Alltag vieler Einrichtungen der Heimerziehung allgegenwärtig. Genau diese Allgegenwärtigkeit des Strafens wird als Damoklesschwert systematisch eingesetzt, um eine engmaschige Reglementierung durchzusetzen und disziplinierend auf junge Menschen einzuwirken. Trotz dieser Allgegenwärtigkeit des Strafens mangelt es an einer ethisch fundierten Auseinandersetzung darüber, welche Strafrationalitäten diesen Praktiken inhärent sind und welche Kriterien der Legitimierungsfähigkeit hier Anwendung finden können. In den Interviews mit den Fachkräften der Heimerziehung bzw. des Jugendamts zeigt sich, dass gängige Strafpraktiken in einer Form konsequenzialistisch ausgerichtet sind, dass sie die Würde der jungen Menschen angreift. Die Adressat*innen werden einem undemokratisch erzeugten Normsystem unterworfen, das nicht von der potenziellen Zustimmungsfähigkeit der Beteiligten abhängt; das Strafen dient der Individualprävention von Normverstößen. Dies wiederum wird in stigmatisierender Form über mangelnde personale Voraussetzungen der Adressat*innen begründet: Es bedürfe, so heißt es, für diese Personengruppe einer Komplexitätsreduktion. Das konsequenzialistische Strafen schmiegt sich dabei eng an technokratische, standardisierte Praktiken an, die genau diese Komplexitätsreduktion hervorbringen sollen, aber auf Grund ihrer Objektivierung von Menschen nicht mit Erziehung und erst recht nicht mit Bildung kompatibel sind. Ob es nun einen pädagogischen Kontext vollständig ohne Strafen geben kann, bleibt empirisch zu prüfen – zumindest gibt es einzelne Einrichtungen, die dies für sich in Anspruch nehmen, ob sie es tatsächlich einlösen können, ist eine andere Frage. Die hier beschriebene Strafpraxis, in der sich Paternalismus mit Stigmatisierung und Konsequenzialismus mit Technokratie paart, hält jedenfalls grundlegenden ethischen Forderungen nach menschlicher Würde und demokratischen Prinzipien nicht stand.

Literatur

Bentham, J. (1988a). The Principles of Morals and Legislation (ungekürzte Neuaufl.). Amherst: Prometheus Books.

Bentham, J. (1988b). A Fragment on Government, J. H. Burns & L. A. Hart (Hrsg.). Cambridge: Cambridge University Press.

Bernfeld, S. (1921). Kinderheim Baumgarten: Bericht über einen ernsthaften Versuch mit neuer Erziehung. Berlin: Jüdischer Verlag.

Clark, Z. & Schwerthelm, M. (2017). Manualisiertes Strafen oder demokratisches Verzeihen? Von den Möglichkeiten und Bedingungen des Verzeihens in der stationären Heimerziehung. Sozial Extra, Schwerpunktheft: Helfen und Strafen?, 51 (4), S. 15–18.

Draper, A. J. (2002). An Introduction to Jeremy Bentham's Theory of Punishment. Journal of Bentham Studies, 5 (1), S. 1–17.

Foucault, M. (1977). Überwachen und Strafen. Die Geburt des Gefängnisses. Frankfurt a. M.: Suhrkamp.

Günther, K. (2004). Kritik der Strafe I. WestEnd – Neue Zeitschrift für Sozialforschung, 1 (1), S. 117–131.

Kant, I. (1999): Grundlegung zur Metaphysik der Sitten, B. Kraft & D. Schönecker (Hrsg.). Hamburg: Meiner.

Korczak, J., Heimpel, E., Roos, H., Newerly, I. & Dross, A. T. (1967/1929). Wie man ein Kind lieben soll. Göttingen: Vandenhoeck & Ruprecht.

Mackie, J. L. (1982). Morality and the Retributive Emotions. Criminal Justice Ethics, 1 (1), S. 3–10.

Mohr, G. (2009). »nur weil er verbrochen hat« – Menschenwürde und Vergeltung in Kants Strafrechtsphilosophie. In H. F Klemme (Hrsg.), Kant und die Zukunft der europäischen Aufklärung (S. 469–499). Berlin, New York: de Gruyter.

Nussbaum, M. C. (2017). Zorn und Vergebung. Plädoyer für eine Kultur der Gelassenheit. Darmstadt: Wissenschaftliche Buchgesellschaft.

Rosen, F. (1997). Utilitarianism and the Punishment of the Innocent: The Origins of a False Doctrine. Utilitas, 9 (1), S. 23–37.

Schroedter, Mark (2019). Sind Strafen legitimierbar? Das Beispiel der Strafliegestütze. Vierteljahrsschrift für wissenschaftliche Pädagogik, 94 (2), S. 313–330.

Smilansky, S. (1990). Utilitarianism and the »Punishment« of the Innocent: The General Problem. Analysis, 50 (4), S. 256–261.

Stehr, J. (2007). Normierungs- und Normalisierungsschübe – Zur Aktualität des Foucaultschen Disziplinbegriffs. In R. Anhorn, B. Frank & J. Stehr (Hrsg.), Foucaults Machtanalytik und Soziale Arbeit (S. 29–40). Wiesbaden: VS.

Strawson, P. F. (1978). Freiheit und Übelnehmen. In U. Pothast (Hrsg.), Seminar: Freies Handeln und Determinismus (S. 201–233). Frankfurt a. M.: Suhrkamp.
Talbert, M. (2019). Moral Responsibility. In E. N. Zalta (Hrsg.), The Stanford Encyclopedia of Philosophy (Winter 2019 Edition) (https://plato.stanford.edu/archives/win2019/entries/moral-responsibility/), Zugriff am 03.01.2020.

8 Zum strafenden Charakter von Freiheitseinschränkenden Maßnahmen – Sichtweisen von Kindern und Jugendlichen mit sogenannter geistiger Behinderung

Mia Weithardt, Julia Heusner, Rita Bretschneider & Saskia Schuppener

8.1 Einleitung

In diesem Beitrag soll die subjektive Sicht von Kindern und Jugendlichen auf Freiheitseinschränkende Maßnahmen (FeM) im Mittelpunkt stehen sowie der Frage nachgegangen werden, inwiefern diese den Einsatz von Strafen und FeM miteinander in Zusammenhang bringen. Die Betrachtung des Forschungsstandes zeigt, dass eine wissenschaftliche Auseinandersetzung mit dem Thema FeM im Kontext von sogenannter geistiger Behinderung bisher kaum stattfand. Das Projekt FeM_SiKuM (Umgang mit herausforderndem Verhalten im Kontext stationärer Einrichtungen der Behindertenhilfe – Freiheitsbeschränkende und freiheitsentziehende Maßnahmen aus Sicht von Kindern & Jugendlichen, Eltern/Erziehungsberechtigten und Mitarbeiter*innen) reagiert auf diese (Forschungs-)Lücke. Im Zeitraum von April bis Mitte September 2019 wurden leitfadengestützte Interviews mit insgesamt zehn Eltern, zehn Mitarbeiter*innen und thematische Begegnungen[1] mit 15 Kindern und Jugendlichen mit sogenannter geistiger Behinderung[2] geführt. Drei erste ausgewählte Intervieweinblicke möchten wir nutzen, um einen möglichen strafenden Charakter von FeM entlang der Wahrnehmung der Kinder und Jugendlichen zu beleuchten.

8.2 Freiheitsentziehende Maßnahmen und (pädagogische) Strafen – definitorische Annäherungen und Einblicke in den Forschungsstand

Im Kontext pädagogischer Einrichtungen für Kinder und Jugendliche kommen vielfach Maßnahmen zum Einsatz, die die Autonomie und Freiheit der Bewoh-

---

1 Dabei handelt es sich um individuell gestaltete Gespräche und Begegnungen, die mittels verschiedener Methoden unterstützt werden (z. B. Leichte Sprache, Einsatz von Bildmaterial, dokumentierte Spaziergänge).
2 Meist lassen sich hier zudem psychiatrische Zusatzdiagnosen finden.

ner*innen einschränken können (vgl. Zinsmeister 2015, S. 3). Bisherige nationale und internationale Auseinandersetzungen verweisen darauf, dass sich im Rahmen eines Begriffsverständnisses von FeM vielfach auf die jeweils vorherrschende Legaldefinition bezogen wird (vgl. Heusner, Bretschneider & Schuppener 2019, S. 176).[3] Nach § 1631a & b des Bürgerlichen Gesetzbuchs (BGB) gelten die geschlossene Unterbringung (GU) sowie der Einsatz von mechanischen Vorrichtungen (z. B. Time-Out Raum, Fixierung), Sedierung durch Medikamente oder Maßnahmen, die »auf andere Weise über einen längeren Zeitraum oder regelmäßig in nicht altersgerechter Weise« (§ 1631b, Abs. 2 BGB) (z. B. Pflegeoverall) eingesetzt werden, als Freiheitsentzug.

Als Begründung für die Anwendung von FeM werden im BGB primär personenbezogene Gründe wie der Schutz vor Selbst- und Fremdgefährdung und die Sicherung des Kindeswohls genannt (vgl. Köpke et al. 2015, S. 58; § 1631b Abs. 1 BGB; Zinsmeister 2015, S. 7). Diesbezüglich ist auf die Problematik der unreflektierten Anwendung eines eher engen und für den juristischen Gebrauch vorgesehenen Begriffsverständnisses auf die Praxis zu verweisen. Um die Anwendung von FeM in der Praxis umfassend betrachten zu können, erscheint es unumgänglich die Beziehung der jeweiligen Interaktionspartner*innen (Betreuer*innen und Kinder und Jugendliche) und die jeweils vorliegenden strukturellen und gesellschaftlichen Bedingungen mitzudenken. Denn gerade diese Kontextfaktoren (wie z. B. das Konzept der jeweiligen Einrichtung, Personalmangel, die räumliche Gestaltung der Wohneinrichtung sowie die Einstellungen und Haltungen der Betreuenden und der Gesellschaft) bedingen den Einsatz von FeM wesentlich mit (vgl. Heusner et al. 2019, S. 176 f.).

Hinzu kommt, dass die rechtliche Definition von FeM primär Bewegungs- und Fortbewegungsfreiheit in den Blick nimmt (vgl. Zinsmeister 2015, S. 2). Der pädagogische Alltag in Einrichtungen der Eingliederungshilfe ist jedoch meist auch durch Einschränkungen der Entscheidungs-, Meinungs- und Handlungsfreiheit sowie der Privatsphäre geprägt (vgl. Zinsmeister 2015, S. 2; Heusner et al. 2019, S. 176). In Folge der begrifflichen Verengung auf die Legaldefinition können diese »Eingriff[e] in die alltäglichen Handlungs- und Autonomiespielräume« (Clark 2018, S. 63) häufig nicht in ihrer freiheitseinschränkenden Wirkung wahrgenommen und benannt werden. Genau diese im weiten Sinne als freiheitseinschränkend zu bezeichnenden Maßnahmen bilden jedoch den Hintergrund, vor dem es dann auch zu den sehr einschneidenden FeM im Sinne der juristischen Definition kommt, und sollten somit in eine differenzierte Betrachtung von FeM miteinbezogen werden (vgl. Heusner et al. 2019, S. 177).

Im deutschsprachigen Raum bestehen kaum empirische Studien zur konkreten Auseinandersetzung mit FeM in der Eingliederungshilfe. In einigen Studien, die ihren Fokus auf Themen wie den Umgang mit herausfordernden Verhaltensweisen (z. B. Büschi & Calabrese 2017), Gewalt- und Konflikterfahrungen (z. B.

---

3 In Deutschland wird bspw. im Erwachsenenbereich zwischen den Begriffen freiheitseinschränkend, entziehend und -beschränkend im Kontext unterschiedlicher Rechtsbereiche differenziert, die wiederum zwischen Intensität und Dauer der erfolgten Maßnahmen unterscheiden (vgl. Köpke et al. 2015, S. 54).

Kremsner 2017; Michalek 2000) sowie die Wohnsituation von Menschen mit sogenannter geistiger Behinderung (z. B. Reichstein & Schädler 2016) richten, wird der Umgang mit FeM lediglich am Rande mit angeschnitten. Insbesondere im Kinder- und Jugendbereich der Eingliederungshilfe sind Forschungsergebnisse zum Themenfeld FeM kaum vorhanden. Vor allem die Perspektive der von FeM betroffenen Menschen mit einer sogenannten geistigen Behinderung ist für den deutschsprachigen Raum bisher vakant. Erste Orientierungen kann jedoch ein Blick auf Studien bzw. Projekte im Bereich der institutionalisierten Altenhilfe, der Jugendhilfe sowie im Bereich psychiatrischer Versorgungskontexte ermöglichen, die sich u. a. explizit mit den Erfahrungen, dem Erleben und den Sichtweisen von Menschen, die von der Anwendung von FeM direkt betroffen sind bzw. waren, beschäftigen (z. B. Köpke et al. 2015; Permien 2010; Projektgruppe Redufix 2009; Stadler 2009; Schwabe et al. 2008; Wolffersdorff-Ehlert et al. 1996). Im internationalen Raum kann auf einige Studien, die u. a. die Sicht von erwachsenen Menschen mit sogenannter geistiger Behinderung erhoben haben, verwiesen werden (z. B. Mérineau-Côté & Morin 2014; Jones & Kroese 2006; Fish & Culshaw 2005).

Bevor auf ausgewählte Studienergebnisse aus dem Bereich der Kinder- und Jugendhilfe mit Bezug auf den Zusammenhang von FeM und Strafen eingegangen wird, erfolgt eine kurze definitorische Annäherung an das Phänomen Strafen.

Laut dem Digitalen Wörterbuch der deutschen Sprache (DWDS) ist eine Strafe eine

»Erziehungsmaßnahme, Zwangsmaßnahme, meist in Form eines Eingriffs in die persönliche Bewegungsfreiheit und Entscheidungsfreiheit, in den persönlichen Besitz, die der, der dazu befugt ist, demjenigen gegenüber anwendet oder demjenigen androht, der gegen ein Gesetz, eine bindende Vorschrift, eine Verhaltensnorm verstößt, verstoßen hat«.

Für eine Begriffsbestimmung zu Strafen in der Pädagogik seien für diesen Beitrag Ergänzungen aus Huber & Kirschlager (2019) sowie Clark (2018) herangezogen.[4] Pädagogische Strafen werden hier zusammenfassend als Phänomen beschrieben, das »ein von Erwachsenen auferlegtes, nicht willkürliches Übel« (Huber & Kirschlager 2019, S. 26) darstellt, das das Ziel einer Verhaltensänderung verfolgt (vgl. Huber & Kirschlager 2019, S. 24 f.; Clark 2018, S. 61). Dabei seien Strafen von gewaltvollen, grausamen Handlungen zu unterscheiden, die Kindern und Jugendlichen psychischen oder physischen Schaden zufügen (vgl. Huber & Kirschlager 2019, S. 26, 216). Strafen werden oft in Verbindung mit Regelverletzungen gebracht (vgl. u. a. Huber & Kirschlager 2019, S. 38–48; Clark 2018, S. 60 f.). Hierbei finden sich sowohl Argumente für eine möglichst gemeinsame, flexible Aufstellung und Umsetzung von Regeln, die stets als diskutabel und veränderbar gelten, bis hin zu Argumenten, wonach in bestimmten Situationen bzw. bei bestimmtem Verhalten klare Grenzsetzungen unumgänglich sind (vgl. Huber & Kirschlager 2019, S. 23, 38–48).

---

4 Hier findet sich eine umfassende begriffliche Auseinandersetzung zu Grenzen und Strafen in der Pädagogik.

Der Einsatz von Strafen wird zudem oft im Zusammenhang mit einem Hilfecharakter versehen und zugleich als letzte Möglichkeit angesehen, um Kinder und Jugendliche bei der Entwicklung eines adäquaten Verhaltens zu unterstützen (vgl. ebd., S. 31). Demgegenüber stellt Clark die Annahme, dass Strafe nicht nur eine Ultima Ratio, sondern vielmehr als »eine verbreitete und als notwendig erachtete Praxis vieler Einrichtungen« (Clark 2018, S. 56) zu verstehen sei.

Wie oben bereits beschrieben, finden sich für den Bereich der Kinder- und Jugendhilfe Studien, die die Themenbereiche FeM und Strafen mit jeweils unterschiedlicher Gewichtung in den Fokus nehmen. Bei der Betrachtung dieser Studien fällt auf, dass die Behandlung des einen Themas immer auch Querverweise auf das andere Thema nach sich zieht. In Studien, die sich ursprünglich mit dem Thema Strafen befassen, wird ein strafender Charakter von FeM meist mitbenannt. Und andersherum wird in Studien zur Thematik FeM ebenso ein Bezug zum Thema Strafen deutlich.

So hat die Studie von Clark (2018) bspw. ihren Ausgangspunkt in der Befragung von Jugendlichen zu disziplinierenden und kontrollierenden Praktiken im Wohnheim. In den Interviews zeigt sich, dass »[j]unge [...] Menschen mittels Freiheitsentzug, Freiheitseinschränkungen, temporärer sozialer Isolation, Arbeitsstunden oder Entzug von Kommunikations- und Informationsmedien sanktioniert, diszipliniert und kontrolliert« (ebd., S. 56) werden.

In der Studie von Schwabe et al. (2008) steht die Auseinandersetzung mit FeM im Vordergrund. Hier wird der Begriff der Strafe in der theoretischen Auseinandersetzung genannt. Das Ineinanderwirken von FeM und Strafen mit Bezug zum Datenmaterial wird jedoch nicht eingehender analysiert. So thematisieren Schwabe et al. (2008) in ihrem Forschungsbericht »Zwang in der Heimerziehung? Chancen und Risiken« bspw. die mögliche strafende Wirkung der Nutzung von Time-Out-Räumen als Risiko der selbigen: »Die Verbringung in den Auszeitraum mit und ohne Begleitung stellt eine einschneidende Intervention dar, die schon an sich Bestrafungscharakter entwickeln kann und soll« (ebd., S. 138). Dies stehe meist im Kontrast zu der von den Mitarbeiter*innen intendierten Zielsetzung der Time-Out-Raum-Nutzung als Hilfestellung und Unterstützung für die Entwicklung des Kindes (vgl. ebd.). Aus diesem Grund müssten »alle Aktivitäten, die die Auszeitnutzung als Strafe erscheinen lassen oder diese mit weiteren Sanktionen kombinieren, sehr aufmerksam beobachtet werden«, insbesondere weil der Time-Out-Raum den Mitarbeiter*innen »ein potentes Machtmittel an die Hand« (ebd.) gebe und »mit der Nutzung auf Seiten der Mitarbeiter [sic!] häufig Gefühle von Ärger, Angst und Frustration verbunden« seien und somit »gegenüber dem randalierenden Kinde auch Bestrafungswünsche [...] und [...] damit Machtmissbrauch nahe« lägen (ebd., S. 139). Trotz dieses beschriebenen Risikos wurde der Zusammenhang von FeM und Strafen im empirischen Teil dieser Studie nicht weiterverfolgt. Im Kapitel über die Sichtweisen der für diese Studie interviewten Kinder und Jugendlichen auf den Time-Out-Raum findet die mögliche Wahrnehmung des Time-Out-Raum-Einsatzes als Strafe keine Berücksichtigung durch die Autor*innen. Die Kinder wurden scheinbar nicht explizit danach gefragt und die dennoch getätigten Aussagen nicht dahingehend untersucht (vgl. ebd., S. 157–164). So bleibt die strafende Wenn-dann-Logik, die hinter folgenden Aussagen zu erkennen ist, bspw. unthematisiert: »Also da haben sie vielleicht noch gesagt: ›Wenn du da jetzt nicht reingehst, dann –‹ Irgendwie darfste kein Fernsehen gucken oder so was.« (ebd., S. 162) oder »Manchmal sagen die [Erzieher vorher]: ›Hör auf, sonst kommst Du in den Time-Out!‹« (ebd., S. 163). Auch in der Veröffentlichung »Erziehung zur Freiheit durch Freiheitsentzug? Zentrale Ergebnisse der DJI-Studie ›Effekte freiheitsentziehender Maßnahmen in der Jugendhilfe‹« von Permien (2010) finden sich Hinweise darauf, dass FeM von Kindern und Jugendlichen als Strafe wahrgenommen werden (können). Permien (2010) resümiert bezüglich der (teil-)geschlossenen Unterbringung (GU) wie folgt:

> »Wie diese [...] Fallskizzen zeigen, reagierten die meisten der befragten Jugendlichen anfangs mit großem Widerstand auf die Einweisung: Sie konnten die Hilfe, die von Eltern und Jugendhilfe als ›letzte Chance‹ für sie gedacht war, anfangs meist nur als Strafe wahrnehmen und wehrten sich mit allen ihnen zur Verfügung stehenden Mitteln« (vgl. Permien 2006, zit. n. Permien 2010, S. 26).

Diese anfängliche Wahrnehmung der GU als Strafe

> »wurde für einige der Jugendlichen noch verstärkt durch die Negativzuschreibungen an ihre Person und ihr Verhalten, die sie in den Gerichtsbeschlüssen oder in den psychiatrischen Gutachten als Begründung für die Unterbringung fanden« (Permien 2010, S. 27).

Mit Wolffersdorff-Ehlert et al. (1996) kann noch die »(Ver)Regelung des Heimalltags« als Grund für den subjektiv empfundenen Strafcharakter der GU ergänzt werden (vgl. ebd., S. 134). Permien (2010) geht davon aus, dass die GU erst dann als »Chance« empfunden werden könne, wenn diese nicht mehr als Strafe wahrgenommen werde (vgl. ebd., S. 29). Abseits der GU würden vor allem »längere, also über ein bis zwei Stunden hinausgehende Isolierungen im Time-Out-Raum sowie längerer, sich manchmal über drei Tage hinziehender Zimmerarrest und längere Ausgangssperren« (ebd., S. 33) von vielen Jugendlichen abgelehnt. »Diese wurden von fast allen Jugendlichen vor allem als Strafe und zum Teil als Demütigung erlebt und nicht als sinnvolle Konsequenz« (ebd.). Wolffersdorff-Ehlert et al. (1996) problematisieren hinsichtlich solch zusätzlicher Isolationsmaßnahmen, dass diese nicht wie häufig proklamiert »nur zur Unterbrechung unmittelbar drohender Gewalteskalationen angewandt« würden, »sondern auch zur Verhinderung von – bzw. als Strafe für – Entweichungen«. In manchen Fällen fungierten sie

> »sogar als Teil eines ›therapeutischen‹ Verständnisses von Erziehung [...]: Indem der Jugendliche emotional und sozial in eine Art Vakuum gesetzt wird, ergibt sich gemäß dieser Vorstellung die Möglichkeit, schrittweise Beziehungen zu ihm aufzubauen – eine fachlich durchaus umstrittene Verfahrensweise, Isolation nicht nur zur Bewältigung von Extremsituationen, sondern zur Gestaltung pädagogischer Prozesse einzusetzen« (ebd., S. 319).

Häbel (2014) berichtet weiter, dass der Zusammenhang zwischen Time-Out und Strafe »allenfalls in verhaltenstherapeutisch begründeten Konzepten für Time-out bzw. für die Nutzung von Time-Out-Räumen« (S. 364) vorkommt.

> »Nach dieser Vorstellung ist Time-Out eine ›verhaltensmodifikatorische Prozedur, bei der das Kind einen ›Strafreiz‹ erleben und ihm dabei alle Zuwendung bzw. Aufmerk-

samkeit entzogen werden soll und es deswegen für kurze, vorher festgelegte Zeit isoliert wird [...]‹ (Evers, Schwabe & Vust 2007, S. 96)« (Häbel 2014, S. 364).

Diese herausgegriffenen Ergebnisse verdeutlichen, wie wichtig es ist, die Sichtweise der betroffenen Kinder und Jugendlichen auf den *subjektiv empfundenen Strafcharakter* von FeM hin zu analysieren und zu hinterfragen, welche weitreichende pädagogische Implikationen sich daraus ergeben können.

Im Zuge eines Zwischenfazits lässt sich zusammenfassen, dass der Diskurs um FeM und das Phänomen Strafen sowie damit zusammenhängende vorhandene Parallelitäten bisher nur sehr vereinzelt diskutiert werden. Es finden sich kaum Forschungsbemühungen, die den Zusammenhang dieser beiden Phänomene explizit in den Blick nehmen. Nach Häbel (2014) scheint der Bezug zwischen FeM und Strafe aktuell *tabuisiert* (vgl. Häbel 2014, S. 364) »und das Wissen über die Folgen dieser Allianz (vgl. Foucault 1992) verdrängt zu sein« (ebd.).

Vergleicht man die definitorischen Annäherungen an die Begriffe FeM und Strafe, wird deutlich, dass diese sich in einigen wesentlichen Punkten überschneiden, z. B. kann es bei beiden Phänomenen durch den *Einsatz von Zwang* zu Einschränkungen persönlicher Freiheiten kommen, die dabei *als Hilfe deklariert werden*. Als gemeinsames Begründungsmuster wird mit der Absicherung des Kindeswohls operiert (vgl. Graumann 2019, S. 175). Schwierig erscheint hierbei, dass der »Bezug auf das Kindeswohl als [...] pauschale [...] Legitim[ierung] der Mittel und Prozesse von Gefährdungsverhinderung« (Clark, Schwerthelm & Vesper 2018, S. 73) gesehen wird. Zudem kann in Frage gestellt werden, inwiefern sich die Ermöglichung von Wohlergehen durch Zwangsmaßnahmen überhaupt realisieren lässt. Die Anwendung besagter Maßnahmen passiert häufig in *paternalistischer Weise*: Diese sollen im vermeintlichen Sinne des Kindes resp. des Jugendlichen geschehen, gehen aber häufig mit der »Überwindung des Willens« (Rohrmann 2017, S. 1) einher.

Ein Unterscheidungskriterium zwischen FeM und Strafen liegt darin, dass FeM per Definition ausschließlich zur Verhinderung von Schaden in akuten Gefahrensituationen eingesetzt werden sollen, während Strafen darüber hinaus das Ziel der Verhaltensänderung verfolgen und sowohl präventiv als auch reaktiv eingesetzt werden.

Mit Bezug auf den beschriebenen Forschungsstand können FeM und Strafen in der Praxis jedoch nicht immer in gleicher Weise voneinander abgegrenzt werden. Inwiefern sich das auch in der Sichtweise von Kindern und Jugendlichen mit sogenannter geistiger Behinderung, die dauerhaft in Einrichtungen der Eingliederungshilfe leben, wiederfindet, ist noch herauszuarbeiten. Dabei ist davon auszugehen, dass sich die Sichtweisen von Kindern und Jugendlichen mit sogenannter geistiger Behinderung von denen von Kindern und Jugendlichen ohne Zuschreibung einer geistigen Behinderung vermutlich unterscheiden, da für beide Gruppen von einer deutlich anderen Zukunftsperspektive auszugehen ist. Während sich die FeM bei Kindern und Jugendlichen ohne Behinderungsetikett eher über eine bestimmte Lebensphase erstrecken, bleiben diese bei Kindern und Jugendlichen mit sogenannter geistiger Behinderung meist langzeitig oder sogar lebenslang erhalten.

8.3 Exemplarische Sicht auf FeM von drei institutionalisiert lebenden Kindern und Jugendlichen mit sogenannter geistiger Behinderung

Aus den leitfadengestützten qualitativen Interviews, die im Rahmen des Projekts FeM_SiKuM durchgeführt wurden, möchten wir nun Auszüge aus drei Interviews exemplarisch herausgreifen, bei denen das Thema Strafen eine Rolle spielt. Die drei ausgewählten Kinder und Jugendlichen sind zwischen 11 und 17 Jahre alt und wohnen alle in unterschiedlichen stationären Wohneinrichtungen für Kinder und Jugendliche mit sogenannter geistiger Behinderung in Bayern. Sie haben direkte und/oder indirekte Erfahrungen (im Sinne einer Mitbewohner*innen-/Beobachtungsperspektive) mit der Anwendung von FeM wie Zimmereinschluss, Time-Out-Raum oder dem Verschließen von Gruppentüren. Zudem sind häufig auch alltägliche (Autonomie-)Einschränkungen vorhanden, die im Zusammenhang mit den strukturellen Gegebenheiten der Unterbringung im Wohnheim zustande kommen.

Die Interviewdurchführung mit den Kindern und Jugendlichen gestaltete sich sehr unterschiedlich. Je nach Bedarf wurde die Anzahl und Art der Fragen angepasst, Bildmaterial und Antwortvorgaben zur Unterstützung genutzt. Dies war unser Versuch sehr unterschiedlichen Kindern und Jugendlichen das Antworten auf unsere Fragen zu ermöglichen bzw. zu erleichtern.

Der Interview-Leitfaden gliedert sich in drei thematische Fragen-Blöcke:

1. Das Leben im Wohnheim (z. B. Beziehung zu den Betreuer*innen und Mitbewohner*innen, Regeln und Strafen im Wohnheim),
2. das eigene Erleben von FeM und
3. mögliche Alternativen.

Nicht alle Themen kamen in jedem Interview zur Sprache.

Das Interviewmaterial wurde daraufhin untersucht, welche Rolle Strafe beim Erleben von FeM spielt. Bei der nun folgenden Darstellung der Sicht der Kinder und Jugendlichen in Bezug zur Fragestellung ist zu berücksichtigen, dass wir den Eindruck hatten, dass es dem Großteil der befragten Kinder und Jugendlichen schwer fiel, über herausfordernde Situationen zu sprechen sowie von eigenen Erfahrungen mit FeM und Strafen zu berichten[5]. Im Interviewverlauf kam es immer wieder vor, dass sie spontane Themenwechsel vornahmen, ihre Ant-

---

5 Aufgrund der Sensibilität der Thematik wurden intensive forschungsethische Reflexionen angestellt und konkrete Materialien und Vorgehensweisen für die Forschungspraxis entwickelt (z. B. Absicherung der freiwilligen Teilnahme der Kinder und Jugendlichen durch eine prozesshafte Gestaltung der informierten Einwilligung, Organisation psychologischer Nachbegleitungsmöglichkeit).

worten sehr kurzfassten oder durch körperliche Reaktionen zeigten, dass ein längeres Sprechen über diese Thematiken als belastend empfunden wird.

Diese beobachteten Reaktionen lassen vermuten, dass die Kinder und Jugendlichen um die soziale Unerwünschtheit entsprechender Verhaltensweisen und Situationen wissen sowie ein gutes Gefühl für die gesellschaftliche Tabuisierung der angesprochenen Themen haben. Teilweise entstand der Eindruck, dass das Sprechen über diese Themen für die Kinder und Jugendlichen mit einem Schamgefühl verbunden ist. Ebenso liegt die Vermutung nahe, dass sie bisher kaum Möglichkeiten hatten, die gemachten Erfahrungen zu verarbeiten und Distanz zu diesen zu gewinnen, die es ihnen ermöglichen könnte, freier darüber zu sprechen – zumal sie sich in einer Situation befinden, in der diese Erfahrungen immer wieder erneut gemacht und aktualisiert werden. Zudem kann auch das ungewohnte Interviewsetting zu verhaltenen Aussagen beigetragen haben. Im Sinne eines reflektierten und ethischen Forschungshandelns – z. B. um keine Re-Traumatisierung zu riskieren – wurden diese in den Interviewsituationen beobachteten Verhaltensäußerungen ernst genommen und die Kinder und Jugendlichen nicht dazu gedrängt, über entsprechende Erfahrungen zu berichten. Daraus resultierend bleiben einige Aussagen recht vage und im Bereich von Andeutungen. Oft bleibt ein relativ großer Interpretationsspielraum.

8.4 Rollenverhältnisse von Betreuer*innen und Kindern und Jugendlichen in Situationen des Strafens und des Freiheitsentzugs

In diesem Abschnitt soll der Frage nachgegangen werden, welche Rolle Betreuer*innen in der Sicht der Kinder und Jugendlichen bei der Anwendung von Strafen bzw. FeM einnehmen.

Den Betreuer*innen wird in den Interviews meist eine feste Rolle zugeschrieben: Sie sind diejenigen, die bestimmen, ob und wann eine Strafe bzw. FeM eingeleitet, durchgeführt und beendet wird (vgl. Interview Niklas, Interview Fabian[6]).

Damit einhergehend wird die Rolle der Kinder und Jugendlichen hinsichtlich der Durchführung von Strafen bzw. FeM als passiv beschrieben.

> »Dann bringen sie mich in den Auszeitraum und dann (2) wird noch mal geredet mit mir.«
> (Interview Niklas)

---

6 Die Namen der Kinder/Jugendlichen wurden anonymisiert.

Die Betreuer*innen sind die aktiv Handelnden, wohingegen die Kinder und Jugendlichen im Passiv verbleiben und keine Kontrolle in der Situation des Strafens bzw. Freiheitsentzugs innehaben. Auch in der Schilderung von Marius über den Einsatz von FeM bei einem Mitbewohner von ihm zeigt sich diese Rollenverteilung.

> »Dann stecken sie ihn nach drüben. Siehst du: Dort drüben. Da ist auch ein Raum und da tun die Betreuer einschließen und so.«
> (Interview Marius)

Niklas bezeichnet die Nutzung des Time-Out-Raums (Auszeit-Raums, kurz AZR) durch die Betreuer*innen auch ganz explizit als Strafe:

> B: Doch. (2) Es gibt verschiedene Strafen. (2) AZR zum Beispiel. Das ist auch eine Strafe. Wenn jemand nicht hört, dann muss er es lernen, irgendwann wieder zu hören. Das macht er mit der AZR-Strafe. [...] (2) Und das ist für denjenigen, für den Gestraften, nicht so lustig. (.) Aber für den Bestrafer ist es schon lustig. (2)
> [...]
> I: Und wer ist der Bestrafer?
> B: Manchmal die Betreuer, wenn ich nicht höre. (3) Und dann sagen sie: »In den Auszeitraum.«
> (Interview Niklas)

In diesem Zuge sind für ihn die Betreuer*innen die »Bestrafer«, wohingegen er sich selbst bzw. andere Kinder und Jugendliche als »Bestrafte« beschreibt. Die Rolle des »Bestrafers« wird im Zusammenhang mit der Nutzung des Time-Out-Raums zum kollektiven Charakteristikum aller Betreuer*innen.

Es ist jedoch anzumerken, dass die Nutzung des Time-Out-Raums nicht von allen Kindern und Jugendlichen in der gleichen Weise wahrgenommen wird. In einem Interview finden sich auch Schilderungen zur eigenaktiven und selbstgewählten Nutzung des Time-Out-Raums. Fabian erzählt, dass er den Time-Out-Raum teilweise nutzt, um sich zu beruhigen, und dieser für ihn als eine Art Rückzugsort fungiert (vgl. Interview Fabian). In diesem Fall erscheint der Time-Out-Raum dem Kind resp. Jugendlichen nicht als Strafe, sondern als eine Möglichkeit zur Regulation der eigenen Gefühle. Statt dem*der Betreuer*in wird das Kind resp. der Jugendliche selbst Akteur*in der (vermeintlichen) Deeskalation, erfährt ggf. Selbstermächtigung und -befähigung. Jedoch könnte und sollte (bei entsprechenden baulichen Bedingungen) auch ein anderer Raum diese Funktion übernehmen können.

8.5 Mögliche Begründungszusammenhänge für den Einsatz von FeM bzw. Strafen

Auf die Frage, wie es zum Einsatz von Strafen bzw. FeM kommt, nennen die Kinder und Jugendlichen wiederkehrend (eigene) Verhaltensweisen. Marius beschreibt bspw., dass auf das Hochwürgen von Essen die Strafe »Butterbrot« folgt (vgl. Interview Marius). Das unerwünschte Verhalten des Kindes resp. des Jugendlichen wird sanktioniert, indem die Betreuer*innen festsetzen, welche Nahrung das Kind resp. der Jugendliche daraufhin noch zu sich nehmen darf. Über die Ursachen dieses Verhaltens scheint nicht gesprochen zu werden.

Fabian beschreibt aggressives Verhalten wie »Ausrasten« als Ausgangspunkt für den Einsatz von FeM:

> »Ich raste auch manchmal aus dabei, und dann muss ich in den Time-Out eben gehen.«
> (Interview Fabian)

Auch Niklas nennt Formen negativen Verhaltens als Auslöser für den Einsatz von FeM. Er spricht vom »Bösen« als Wesensbeschreibung:

> B: Und dann ist das Böse losgegangen.
> I: Mhm (bejahend). Was heißt das, das Böse ist losgegangen?
> B: Ich erkläre es dir. (.) Dann bin ich böse geworden und dann bin ich reingesperrt worden in den Auszeitraum.
> (Interview Niklas)

Ähnliche Formulierungen finden sich auch im Interview mit Marius, als dieser über den Einsatz von FeM bei seinem Mitbewohner spricht:

> I: Und ins Zimmer eingeschlossen werden?
> B: Nein, eigentlich –
> I: Das gibt es auch nicht als Strafe?
> B: Naja, wenn der Anton (= Mitbewohner) schlimm wird, dann schon.
> (Interview Marius)

In diesen Auszügen wird deutlich, dass die Kinder und Jugendlichen hauptsächlich intrapersonale Faktoren wie eigene Verhaltensweisen und Wesensbeschreibungen für den Einsatz von Strafen und FeM verantwortlich machen. Weitere Rahmenbedingungen, die ggf. erst zu entsprechenden unerwünschten Verhaltensweisen führen, werden kaum benannt. Eine solche Betrachtungsweise legt das Wahrnehmen von FeM als Strafe nahe. Den Kindern und Jugendlichen wird tendenziell alleinige ›Schuld‹ für den Einsatz dieser Maßnahmen zugewiesen. Ein Verständnis von herausfordernden Verhaltensweisen als Mitteilungsversuch oder Überlebensstrategie wird in den Begründungsweisen zunächst nicht deutlich. Sowohl in Bezug auf den Einsatz von Strafen als auch auf die Nutzung des Time-Out-Raums beschreiben die Kinder und Jugendlichen, dass abhängig von der Art des Verhaltens bestimmte Maßnahmen relativ schematisch ergriffen werden. Im ersten Beispiel führt das unerwünschte Verhalten des Hochwürgens von Essen zu einer klar festgelegten Strafe (»Butterbrot«). Bei Verhaltensweisen wie »ausrasten, böse oder schlimm werden« folgt als festgelegte Maßnahme der Time-Out. Die Nutzung des Time-Out-Raums scheint somit bei bestimmten Verhaltensweisen die schematisch festgelegte Reaktionsweise zu sein. Dadurch wird der Rückgriff auf den Time-Out-Raum scheinbar alternativlos gegenüber anderen möglichen Reaktionsweisen.

Diese vermeintliche Alternativlosigkeit des Einsatzes von FeM tritt im Interview mit Niklas noch verstärkt zu Tage. Er sieht eine Begründung für die Nutzung des Time-Out-Raums in dessen bloßem Vorhandensein. Daraus entstehe die Notwendigkeit, diesen auch zu nutzen:

> I: Was glaubst du denn, warum die Betreuer dich manchmal einschließen im Time-Out-Raum? (.) Hast du da Ideen? Warum die das machen?
> B: Ja. Weil sie jemanden brauchen, der rein geht.
> I: Warum brauchen die jemanden, der rein geht?
> B: Weil sie nicht selber rein gehen können manchmal.
> (Interview Niklas)

Der Time-Out-Raum muss genutzt werden und in Referenz auf die Rollenfestlegung sind die Kinder und Jugendlichen diejenigen, die als Nutzer*innen in Frage kommen. Damit verweist Niklas auf ein ernstzunehmendes Problem der Praxis: Ist der Einsatz von FeM als ›Lösungsansatz‹ für den Umgang mit herausfordernden Situationen erst einmal richterlich genehmigt, im Team anerkannt und erprobt, verstegt sich dieser oft zunehmend als eine Art ›Standard-Lösung‹. Nach Alternativen wird dann häufig kaum noch ernsthaft gesucht, da es ja bereits eine ›funktionierende‹ Handlungsweise gibt. *Die Möglichkeit des Einsatzes einer FeM bedingt also gleichzeitig auch das Zurückgreifen auf diese.* In diesem Zusammenhang erscheinen die Systemzwänge häufig größer, die fachlichen Möglichkeiten hingegen beschränkter.

Teilweise werden noch weitere Faktoren für das Zustandekommen von Strafe und FeM genannt. Marius beschreibt bezüglich der Ursachen von herausfordernden Verhaltensweisen, dass der betreffende Mitbewohner eigentlich nichts dafür kann, sondern das Wütend-Werden eine Reaktion auf die wiederholten Enttäuschungen durch seine Familie darstellt (vgl. Interview Marius).

> B: War, also nicht war, dann war der eher traurig, wütend zugleich, weil die Mama kam nicht.
> I: Weil, wenn er Heimweh hat?
> B: Ja, nicht Heimweh, aber dann – kann nichts dafür, wenn sie nicht anruft. [I: Ah.] Und wegen Bescheid sagen, wenn der nach Hause fährt.
> (Interview Marius)

Auf die Frage nach dem Warum des Einsatzes von FeM finden sich folgende Begründungsmuster: Beruhigung, Schutz und die Verhaltensänderung. So beschreibt Marius, dass sein Mitbewohner eingeschlossen wird, wenn er Dinge zerstören oder andere verletzen könnte.

> »Dann haut der wahrscheinlich die Gegend oder die Jungen, die anderen Leute. [...] Oder schubsen kann er auch ganz gut. [...] Der zerstört sogar Sachen!«
> (Interview Marius)

Dies passiert mit dem Zweck der Beruhigung. Wobei der gewünschte Effekt erst nach einiger Zeit einzutreten scheint:

> B: Ja, wenn er da abschlossen ist, wird er da ruhiger.
> I: Und weißt du dann, wie das dann weiter geht, wenn die ihn in den Raum da drüben gebracht haben?
> B: Ja, dann regt der sich so auf! Scheiben klopfen. Einmal hab ich noch mitgekriegt, dass der eine Milchpackung (schnalzt) rüber geschmissen hat.
> (Interview Marius)

Das Motiv der Beruhigung findet sich auch in den Aussagen von Fabian wieder:

> »[...] und dann (schließen?) sie die Tür zu und wenn ich mich ein bisschen beruhigt hab, sagen sie: ›Jetzt bleibst du noch ein bisschen drin, aber ich lass die Tür offen.‹«
> (Interview Fabian)

Paradoxerweise beschreiben die Kinder und Jugendlichen in Bezug auf das Erleben solcher Situationen jedoch überwiegend negative Emotionen wie Trauer und Wut. Erst nach einer längeren Phase der Wut und des Ausagierens tritt eine Art Erschöpfung ein:

> B: (4) (traurig und leise) Ab und zu geweint, hab ein bisschen geweint [schiebt traurigen Smiley auf das Bild] und [...] [schiebt Fragezeichen auf das Bild] dann hab ich nicht mehr weiter gewusst und dann war ich (atmet ein) (2) und dann auf einmal war ich ein bisschen wütend [schiebt Wut-Smiley auf Bild], ein kleines bisschen wütend und dann und danach hatte ich noch ein bisschen ein kleines – ne, das nicht – hatte ich habe ich war ich das dann. [schiebt Müde-Smiley auf das Bild] (+)
> I: Warst du müde?
> B: Mhm (bejahend). Ja, weil wenn man sich ja aufregt darüber (3).
> (Interview Fabian)

Eine mögliche Erklärung könnte darin liegen, dass die Kinder und Jugendlichen sich im Sinne der sozialen Erwünschtheit in ihren Antworten an von Betreuer*innen im Wohnheimalltag geäußerten Begründungen orientieren, diese internalisiert haben und reproduzieren.

Niklas betont vor allem den Zweck der Verhaltensänderung. Zur Illustration soll noch einmal das schon oben angeführte Zitat wiedergegeben werden:

> B: Doch. (2) Es gibt verschiedene Strafen. (2) AZR zum Beispiel. Das ist auch eine Strafe. Wenn jemand nicht hört, dann muss er es lernen irgendwann wieder zu hören. Das macht er mit der AZR-Strafe.
> (Interview Niklas)

Analog dazu beschreibt Niklas, dass es in der Nachbesprechung einer Einschlusssituation meist darum geht, wie er sein Verhalten verbessern kann, damit es nicht noch einmal zu solch einer Situation kommt:

> I: Was wird dann geredet?
> B: Über verschiedene Sachen. (I: Aha.) (4) Wie mer (bayrisch) es nächstes Mal besser machen können, sagen die Betreuer immer. (3) Wie mer dumme Sachen nächstes Mal besser machen können.
> (Interview Niklas)

In diesen Aussagen wird insbesondere deutlich, dass der Einsatz von FeM offiziell eine Hilfe darstellen soll, inoffiziell jedoch oft eine Ambivalenz zwischen Hilfs- und Strafabsicht besteht. Insbesondere die Begründungen der Verhaltensänderung und des Schutzes können auch in Zusammenhang mit der Legitimation von Strafen in Verbindung gebracht werden, zielen doch auch diese auf die Erziehung zum Besseren und den Schutz von anderen Personen.

Im Interview mit Niklas finden sich weitere Stellen, die noch auf ein anderes Begründungsmuster für den Einsatz von FeM schließen lassen. Er beschreibt, dass Betreuer*innen eigenen Nutzen (Spaß) aus dem Bestrafen von Kindern und Jugendlichen ziehen können:

> B: Der Bestrafer findet das lustig, weil er Spaß daran hat. (I: Aha.) (2) Weißt du, warum er Spaß hat?
> I: Mhm (verneinend). Aber ich würde es gerne wissen?
> B: Weil der Bestrafer seinen Spaß braucht. Jemanden zum Bestrafen.
> (Interview Niklas)

Der »Bestrafer« scheint diesen »Spaß« und damit auch jemanden, der bestraft werden kann, zu »brauchen«. In diesem Fall begründet sich die Nutzung des Time-Out-Raums für Niklas in einem Bedürfnis der Betreuer*innen, das dadurch erfüllt wird. Diese Beschreibungen rufen Assoziationen zur *schwarzen Pädagogik* hervor und verweisen auf einen *möglichen Machtmissbrauch*.

8.6 Fazit: FeM als Strafe?

Die Grenze zwischen FeM und Strafen erscheint oft fließend. In den vorangegangenen Kapiteln konnten einige Parallelen bezüglich der Rollenzuschreibungen und Begründungszusammenhänge in den Schilderungen der Kinder und Jugendlichen aufgezeigt werden. Es bleiben jedoch auch einige Unklarheiten und offene Fragen. Zu erwähnen ist diesbezüglich, dass das Thema Strafen in den von uns geführten Interviews nicht im Vordergrund stand und die Analyse, inwieweit FeM und Strafe von den Kindern und Jugendlichen als zusammenhängend wahrgenommen werden, nicht das ursprüngliche zentrale Erkenntnisinteresse darstellte. Eine gezielte Auseinandersetzung mit den Themenkomplexen Strafen und FeM müsste daher erst noch in zukünftigen Forschungsvorhaben forciert werden. In unseren Ausführungen haben wir versucht diesbezüglich erste Erkenntnisse zu gewinnen, die abschließend zusammengeführt werden.

Anhand der drei (ausschnitthaft) dargestellten Sichtweisen wird deutlich, dass sich in den Aussagen der Kinder und Jugendlichen bezüglich des strafenden Charakters von FeM eine große Bandbreite wiederfindet. Es finden sich Hinweise darauf, dass FeM *sanktionierende Wirkungen* entfalten können, ebenso wie darauf, dass *Strafen freiheitseinschränkend* wirken können. Andere Aussagen hingegen legen nahe, dass *FeM nicht zwangsläufig als Strafen zu identifizieren sind.*

Niklas sieht den Time-Out-Raum als Strafe an und nutzt in diesem Zusammenhang hochfrequent die Begriffe Strafe, Bestrafer und Bestrafter (vgl. Interview Niklas). In seinen Äußerungen wird zudem ein Hauptcharakteristikum von Strafen – das Ziel ein vom Kind gezeigtes, unerwünschtes Verhalten zu ändern – deutlich. Einschluss-Situationen gehen für Niklas zudem mit festen Rollenverteilungen einher. In seinen Schilderungen bestimmen die erwachsenen Betreuer*innen grundsätzlich über die Anwendung strafender und freiheitseinschränkender Maßnahmen.

Ob Marius das Einschließen in den Time-Out-Raum als Strafe wahrnimmt, ist seinen Aussagen nicht explizit zu entnehmen. Aber auch in seinen Aussagen lassen sich deckungsgleiche Rollenzuschreibungen und Begründungsmuster in Bezug auf die beiden Themenfelder finden. Dennoch nennt er als Beispiel für eine Strafe in seiner Wohngruppe nur die Strafe »Butterbrot«. Diese wird nach Marius schematisch eingesetzt. Es ist fraglich, ob diese Art der Konfliktlösung den gewünschten Effekt einer Verhaltensänderung erzielen kann. Vielmehr kann diese sanktionierende Reaktion auf ungewolltes Verhalten in ein breites Spektrum der FeM, die mit strukturellen Gegebenheiten des Lebens im Wohnheim eng verwoben sind, eingeordnet werden.

Fabian benennt das Einschließen im Time-Out Raum ebenfalls nicht explizit als Strafe:

> I: Und gibt es bei euch auch Strafen?
> [Fabian wechselt die Sitzposition, ein Arm auf dem Tisch, einer unter dem Tisch, spricht nach unten]

> B: Ja. Eigentlich gibt es gar keine Strafen und so. Wir machen etwa das, was die Mitarbeiter sagen, muss ich rein gehen, raste ich aus und dann passiert das eben.
> (Interview Fabian)

Aufgrund der Formulierung »eigentlich ... und so« lässt sich jedoch vermuten, dass diese Antwort durch die Neigung sozial erwünschte Antworten zu geben, gefärbt sein könnte. Mit Hilfe dieser Formulierung sowie der Nicht-Benennung der FeM (»dann passiert das eben«) wird die Schilderung des erlebten Einschlusses relativiert. Dies könnte auch die Funktion haben, den Gewaltcharakter der Situation herunterzuspielen und zu verschleiern. Dadurch erkennt Fabian die Autorität seiner Betreuer*innen an und verhält sich diesen gegenüber loyal, indem er ihre Bewertungen und Sprechweisen übernimmt. Ihm ist womöglich bewusst, dass als Reaktion auf nicht betreuer*innenkonforme Aussagen mit interner Sanktionierung zu rechnen ist (vgl. Michalek 2000, S. 85). Die Wirkmächtigkeit der Betreuer*innen zeigt sich demnach nicht nur im Vollzug der FeM, sondern auch in der Definitionsfestlegung. Damit prägen sie, ob und wie über FeM gesprochen oder nicht gesprochen wird.

Die Wichtigkeit einer offenen Auseinandersetzung mit Strafen und FeM ist für die Reduktion derselben zentral. Dabei sollte von einseitigen Schuldzuweisungen und euphemistischen Wendungen abgesehen werden. Die Perspektive der Kinder/Jugendlichen ist ernst zu nehmen und wertzuschätzen, um so einen Umgang mit »herausfordernden Situationen« (Calabrese 2017, S. 102) im Sinne der gemeinsamen Grenzbearbeitung zu ermöglichen.

> »Im Grunde geht es darum, den gesellschaftlichen sowie den individuellen Bedeutungsgehalt praktizierter Grenzen im Erziehungsalltag auszuloten. Denn für wen zu welchem Zeitpunkt welche Grenzsetzung konstruktiv oder destruktiv ist, wann Grenzen sinnvolle Schutzfunktionen übernehmen oder existenzielle Behinderungen darstellen, kann nur in der tätigen Auseinandersetzung ausgelotet werden. Grenzen dürfen daher weder naturalistisch noch statisch verstanden werden, da sie letztlich in vielschichtigen Praktiken und Diskursen gesellschaftlich hergestellt und reproduziert werden« (Wigger 2014, S. 153).

Die Anwendung von FeM stellt somit einen Grenz-Bereich der Pädagogik dar. Das Grenz-Erleben lässt sich in Bezug auf Erziehungspraktiken sowie auch auf der Beziehungsebene konstatieren (vgl. IGfH 2013, S. 42).

Allein die Tatsache, dass ein Kind resp. Jugendlicher FeM explizit als Strafe bezeichnet und beschreibt, dass Betreuer*innen seiner Wahrnehmung nach dabei Spaß haben, ist höchst problematisch und veränderungswürdig.

Dass die Kinder und Jugendlichen FeM als mehrheitlich negativ beschreiben und mit jeder FeM einhergehend Freiheits- und Persönlichkeitsrechte massiv eingeschränkt werden, verdeutlicht, dass FeM grundsätzlich zu vermeidende Maßnahmen sind. In pädagogischen Kontexten ist es in diesem Zusammenhang unabdingbar, die eigenen Auffassungen und Handlungsweisen zu reflektieren und geeignete Alternativen für FeM zu suchen. Dabei sollten grundsätzliche Dilemmata, die »ausgrenzende […] Erziehungsmethoden« (Prengel 2019, S. 36) bergen, mitgedacht werden. Sie versprechen i. d. R. nur temporäre Verbesserung der Situation, markieren Kinder und Jugendliche häufig als alleinige Auslöser*innen der Störungen und verlieren die Mitverantwortung Erwachsener aus dem Blick (vgl. ebd.; Wigger 2014, S. 155). Am Beispiel der GU verweist die Internationale Gesellschaft für Erzieherische Hilfen (IGfH) darauf, dass »das Einsperren [...] die Hilflosigkeit im Umgang mit jungen Menschen« (IGfH 2013, S. 36) primär aufzeigt und gleichzeitig auf eine sehr erwachsenenfokussierte Handlungspraxis mit herausfordernden Situationen verweist. »Sie nützt einzig einer naiven Politik, die darauf hofft, mit Härte soziale Probleme technisch zu lösen« (ebd.).

> Anstelle des puren »Grenzen setzen« – und im Fall von FeM »Grenzen-Anwendens« – ist »*die gemeinsame Arbeit an Grenzen*« (Wigger 2014, S. 153; Herv. nicht i. O.) bedeutsam, um einem kausalen Erleben als Strafe entgegen zu wirken.

Literatur

Büschi, E. & Calabrese, S. (2017). Die Bedeutung der institutionellen Grundhaltung für den Umgang mit herausfordernden Verhaltensweisen. In Vierteljahreszeitschrift für Heilpädagogik und ihre Nachbargebiete (VHN), 86 (2), S. 145–154.

Calabrese, S. (2017). Vom Verstehen von »herausfordernden Verhaltensweisen« zum Verständnis für »herausfordernde Situationen«: Die Gestaltung von Arbeitssituationen von Menschen mit schweren Beeinträchtigungen. Zusammenfassende Erkenntnisse einer qualitativ-videobasierten Studie. In Grunick, G. & Maier-Michalitsch, N. (Hrsg.), Leben pur – Herausforderndes Verhalten bei Menschen mit Komplexer Behinderung (S. 101–110). Düsseldorf: selbstbestimmtes leben (Leben pur).

Clark, Z. (2018). No Excuses – Über das Verhältnis von Strafen und verzeihenden Care-Beziehungen in der Heimerziehung. In Diskurs Kindheits- und Jugendforschung, 13 (1), S. 55–68.

Clark, Z., Schwerthelm, M. & Vesper, L.-A. (2018). Eine Abwehr von Kindeswohlgefährdung ist noch keine Herstellung des guten Lebens. In Widersprüche. 38 (3), S. 73–86.

DWDS – Digitales Wörterbuch der deutschen Sprache. Das Wortauskunftssystem zur deutschen Sprache in Geschichte und Gegenwart, hrsg. v. d. Berlin-Brandenburgischen Akademie der Wissenschaften, <https://www.dwds.de/>, abgerufen am 14.10.2019.

Fish, R. & Culshaw, E. (2005). The Last Resort? Staff and Client Perspectives on Physical Intervention. In Journal of Intellectual Disabilities, 9 (2), S. 93–107.

Graumann, S. (2019). Pro: Hilfe durch Zwang? Professionelle Sorgebeziehungen im Spannungsfeld von Wohl und Selbstbestimmung. Eine Verteidigung der Stellungnahme des Deutschen Ethikrats. In Ethik Med., 31, S. 175–179.

Häbel, H. (2014). Time-out. In Düring, D., Krause, H.-U., Peters, F., Rätz, R. & Rosenbauer, N. (Hrsg.), Kritisches Glossar – Hilfe zur Erziehung. Internationale Gesellschaft für erzieherische Hilfen (IGfH) (S. 361–367). Regensburg: Walhalla.

Heusner, J., Bretschneider, R. & Schuppener, S. (2019). »Es passiert viel und niemand bekommt es mit ...« – Zur Exklusion in Institutionen der sogenannten Behindertenhilfe: Autonomieverlust und Freiheitsentzug. In von Stechow, E., Hackstein, P., Müller, Kirsten, Esefeld, M. & Klocke, B. (Hrsg.), Inklusion im Spannungsfeld von Normalität und Diversität. Band I: Grundfragen der Bildung und Erziehung (S. 175–183). Bad Heilbrunn: Klinkhardt.

Huber, S. & Kirschlager, S. (2019). Grenzen und Strafe in der Heimerziehung. Eine sozialpädagogische Studie. Opladen; Berlin; Toronto: Budrich.

IGfH – Internationale Gesellschaft für Erzieherische Hilfen (2013). Argumente gegen geschlossene Unterbringung und Zwang in den Hilfen zur Erziehung: für eine Erziehung in Freiheit. Regensburg: Walhalla.

Jones, P. & Kroese, B. S. (2007). Service Users' Views of Physical Restraint Procedures in Secure Settings for People with Learning Disabilities. In Br J Learning Disab, 35 (1), S. 50–54.

Köpke, S., Möhler, R., Abraham, J., Henkel, A., Kupfer R. & Meyer, G. (2015). Leitlinie FEM – Evidenzbasierte Praxisleitlinie. Vermeidung von freiheitseinschränkenden Maßnahmen in der beruflichen Altenpflege. 1. Aktualisierung 2015 (2. Aufl.). Universität zu Lübeck & Martin-Luther-Universität Halle-Wittenberg (http://www.leitlinie-fem.de/download/LL_FEM_2015_Auflage-2.pdf), Zugriff am 14.08.2018.

Kremsner, G. (2017). Vom Einschluss der Ausgeschlossenen zum Ausschluss der Eingeschlossenen. Biographische Erfahrungen von so genannten Menschen mit Lernschwierigkeiten. Dissertation. Bad Heilbrunn: Klinkhardt.

Mérineau-Côté, J. & Morin, D. (2014). Restraint and Seclusion: The Perspective of Service Users and Staff Members. In Journal of Applied Research in Intellectual Disabilities: JARID, 27 (5), S. 447–457.

Michalek, S. (2000). Gewalt und Konflikterfahrungen von Menschen mit geistiger Behinderung im Lebenskontext Heim. Soziale Realität aus Sicht der Betroffenen und ihrer Bezugspersonen. Universität Dortmund, Dortmund: Fachbereich Sondererziehung und Rehabilitation.

Permien, H. (2010). Erziehung zur Freiheit durch Freiheitsentzug? Zentrale Ergebnisse der DJI- Studie »Effekte freiheitsentziehender Maßnahmen in der Jugendhilfe«. München: Deutsches Jugendinstitut, Eigendruck.

Projektgruppe Redufix. (2009). ReduFix: Alternativen zu Fixierungsmaßnahmen oder: Mit Recht fixiert? Hannover: Vincentz.

Prengel, A. (2019). Die Reckahner Reflexion zur Ethik pädagogischer Beziehungen – Ein Beitrag zu einem stufenübergreifenden Berufsethos. In Fasching, H. (Hrsg.), Beziehungen in pädagogischen Arbeitsfeldern und ihren Transitionen über die Lebensalter (S. 30–42). Bad Heilbrunn: Klinkhardt.

Reichstein, M. F. & Schädler, J. (2016). Zur Lebens- und Betreuungssituation von Menschen mit kognitiver Beeinträchtigung und herausforderndem Verhalten in Nordrhein-Westfalen. Ergebnisse einer Onlinebefragung in Einrichtungen und Dienste für Menschen mit Behinderungen. Siegen: Universitätsverlag Siegen.

Rohrmann, E. (2017). Anhörung »Wohltätiger Zwang« in der Pflege und Behindertenhilfe vom 19. Mai 2017 (https://www.ethikrat.org/fileadmin/PDF-Dateien/Veranstaltungen/anhoerung-19-05-2017-fragenkatalog-rohrmann.pdf), Zugriff am 01.08.2017.

Schwabe, M., Ernst, R., Evers, T., Höflich, P. & Vust, D. (2008). Zwang in der Heimerziehung? Chancen und Risiken. München, Basel: Reinhardt.

Stadler, B. (2009). Therapie unter Zwang – ein Widerspruch? Intensivtherapie für dissoziale Jugendliche im geschlossenen Mädchenheim Gauting. Marburg: Tectum-Verlag.

Wigger, A. (2014). Grenzen. In Düring, D., Krause, H.-U., Peters, F., Rätz, R., Rosenbauer, N. & Vollhase, M. (Hrsg.), Kritisches Glossar – Hilfen zur Erziehung (S. 150–155). Regensburg: Walhalla Digital.

Wolffersdorff-Ehlert, C. v., Sprau-Kuhlen, V., Kersten, J. & Kuhlen, V. S. (1996). Geschlossene Unterbringung in Heimen. Kapitulation der Jugendhilfe? (2., aktualisierte & erw. Aufl.). München: DJI Verl. Dt. Jugenddienst.

Zinsmeister, J. (2015). (Wann) Ist Zwang in der Pädagogik erforderlich und gerechtfertigt? Plädoyer für einen menschenrechtsbasierten Ansatz in der Arbeit mit Kindern und Jugendlichen. In EthikJournal, 3 (2), S. 1–16.

9 Intra-institutionelle Grenzziehung am Beispiel der Intensivbetreuung in der Behindertenhilfe
Ausgewählte Ergebnisse eines Forschungsprojekts

Stefania Calabrese & Pia Georgi-Tscherry

9.1 Einleitung

Menschen mit kognitiven Beeinträchtigungen und herausfordernden Verhaltensweisen bringen Leitungspersonen und Mitarbeitende in der Behindertenhilfe sowie die gesamte Institution oftmalig an den Rand ihrer Belastbarkeit.

Aus diesem Grund wurden für diese Personengruppe intensivbetreute Settings innerhalb von Institutionen der Behindertenhilfe eingerichtet. In Intensivwohngruppen werden Menschen mit Beeinträchtigungen und schwerwiegenden herausfordernden Verhaltensweisen betreut und begleitet, die nicht in regulären Wohngruppen der Behindertenhilfe leben können. Intensivwohngruppen sind somit das Produkt intra-institutioneller Grenzziehung: Sie markieren die Grenzen zwischen der Klientel, die in regulär betreuten Settings leben, und denjenigen, die intensive Betreuung benötigen und für manche Institutionen im regulär betreuten Setting als nicht mehr tragbar gelten. Oftmals ist der Alltag in der Intensivbetreuung stark reglementiert und strukturiert. Die Klient*innen, die in intensivbetreuten Wohngruppen leben, sind dabei stets der Gefahr von Isolations- und Separationsprozessen ausgesetzt, was unter einer inklusiven Perspektive kritisch betrachtet werden kann. Die Umsetzung der Maxime der Inklusion scheint in einem solchen Setting schwierig zu sein, zumal auch die Durchlässigkeit in reguläre Wohngruppen nicht immer gegeben ist, sondern viel eher der Aspekt der ›Endstation‹ resp. der definitiven Grenzziehung und Ausgrenzung im Vordergrund zu stehen scheint. Inklusive Handlungsweisen der Mitarbeitenden zeichnen sich dadurch aus, dass sie Lern- und Entwicklungsfelder, Begegnungs- und Kontaktmöglichkeiten sowie Partizipations- und Teilhabechancen der Klientel stärken. Aktuelle Ergebnisse aus einem Forschungsprojekt in der Deutschschweiz zeigen, dass die Integration von inklusiven Handlungsweisen in das methodische Arbeiten von Mitarbeitenden in der Intensivbetreuung nicht leichtfällt, wodurch grenzsetzende Mechanismen zementiert werden können. Der folgende Beitrag diskutiert das Setting der Intensivbetreuung als Ergebnis einer intra-institutionellen Grenzziehung und beleuchtet es unter einem inklusiven Blickwinkel.

9.2 Inklusionsbestrebungen im Kontext von herausfordernden Verhaltensweisen

Seit dem Inkrafttreten der UN-Behindertenrechtskonvention hat die heil- und sonderpädagogische Maxime der Inklusion an Kraft gewonnen: Als Erweiterung zur Integration, die auf eine Eingliederung der Individuen in bereits bestehende Systeme abzielt, strebt die Inklusion eine Veränderung bestehender Strukturen und Systeme dahingehend an, dass die Unterschiedlichkeit und Vielfalt der Individuen zur Normalität wird. Unter einer inklusiven Perspektive wird auf Aussonderung und Separation verzichtet und stattdessen werden Möglichkeiten der Partizipation und Teilhabe ins Zentrum gerückt (vgl. Heimlich 2016, S. 118). Die Heil- und Sonderpädagogik fokussiert sich aktuell jedoch stark auf den Bereich Schule und die daraus resultierenden Felder der Integration und Inklusion. Der Bereich rund um erwachsene Menschen mit Beeinträchtigungen kommt dabei deutlich zu kurz. Insbesondere, wenn es um die Umsetzung der UN-Behindertenrechtskonvention und der damit einhergehenden Forderung und Realisierung der Inklusion geht, ist ein Engagement der Heil- und Sonderpädagogik auch im stationären Setting von Erwachsenen mit Beeinträchtigungen dringend angezeigt und notwendig (vgl. Grüter 2018, S. 7). Diese Feststellung und Forderung beziehen sich dabei insbesondere auf die Schweiz und den weiteren deutschsprachigen Raum.

Erfreulicherweise ist jedoch zu vernehmen, dass in manchen Institutionen der Behindertenhilfe eine Öffnung hinsichtlich gemeindenahem Wohnen und Arbeiten umgesetzt bzw. in naher Zukunft angestrebt wird. Diese neuen Möglichkeiten scheint nach Ansicht der Autorinnen allerdings nur für eine bestimmte Personengruppe in greifbarer Nähe und realistisch zu sein. Hierzu zählen vorwiegend Menschen mit leichten bis mittelgradigen kognitiven Beeinträchtigungen und geringem alltäglichem Unterstützungs- und Betreuungsbedarf. Darüber hinaus zeichnen sich die ›Gewinner*innen‹ der institutionellen Inklusionsbemühungen dadurch aus, dass sie sich überwiegend sozial angepasst verhalten können, resp. durch spezifische Verhaltensweisen nicht oder zumindest nicht negativ auffallen. Es stellt sich somit die berechtigte Frage, wie die Lebensgestaltung mit einer spezifischen inklusiven Perspektive von Menschen mit kognitiven Beeinträchtigungen unterschiedlichen Grades aussehen könnte, die auf umfangreichere Unterstützungsleistungen angewiesen sind und darüber hinaus nicht in jeder Situation sozial angepasstes oder erwünschtes Verhalten zeigen.

Die Rede ist von institutionell lebenden Menschen mit herausfordernden Verhaltensweisen, worunter primär fremd- und selbstverletzende sowie sachbeschädigende Verhaltensweisen verstanden werden. Die Thematik »herausfordernde Verhaltensweisen von Menschen mit Beeinträchtigungen« beschäftigt die Praxis der Behindertenhilfe seit Jahrzehnten und hat in jüngster Vergangenheit im Bewusstsein aller Beteiligten an Brisanz gewonnen (vgl. Kasper & Calabrese 2018, S. 40). Neuere Untersuchungen aus Großbritannien zeigen, dass die Prävalenz von herausfordernden Verhaltensweisen bei 18,1 % aller Menschen mit kognitiven Beeinträchtigungen liegt (vgl. Bowring et al. 2017, S. 30). Eine Metaanalyse von empirischen Untersuchungen zur Prävalenz von herausfordernden Verhaltensweisen bei Menschen mit kognitiven Beeinträchtigungen von Matson und Kozlowski (2012, S. 63) zeigt auf, dass die Häufigkeitsrate zwischen 10 % und 52 % liegt. Trotz dieser beachtlichen Spannweite wird deutlich, dass herausfordernde Verhaltensweisen innerhalb der Personengruppe der Menschen mit kognitiven Beeinträchtigungen regelmäßig und häufig vorkommen. Die Akteure der Heil- und Sonderpädagogik sowie der weiteren Disziplinen, die mit diesem Personenkreis arbeiten, sind somit angehalten, sich mit herausfordernden Verhaltensweisen zu beschäftigen und auseinanderzusetzen,

a) weil diese bei Menschen mit kognitiven Beeinträchtigungen im Gegensatz zur Gesamtbevölkerung aufgrund von individuelle Dispositionen sowie umweltspezifischen Faktoren (hierbei sind insbesondere die institutionellen Bedingungen zu erwähnen) besonders häufig vorkommen,
b) weil viele Fachpersonen von einer Zunahme der Klientel mit herausfordernden Verhaltensweisen und einer erhöhten Komplexität der Fälle sprechen,
c) weil diese Verhaltensweisen nicht vernachlässigt oder bagatellisiert werden dürfen (vgl. Klauß 2018, S. 15 f.).

In der Arbeit mit Menschen mit Beeinträchtigungen und herausfordernden Verhaltensweisen ist eine entsprechende individuelle und institutionelle Grundhaltung dem Personenkreis gegenüber sowie ein systemökologisches Verständnis von herausfordernden Verhaltensweisen essenziell: Herausfordernde Verhaltensweisen sind keine unveränderlichen Merkmale, Charaktereigenschaften oder pathologische Ausdrucksweisen der Beeinträchtigung, sondern sie sind stets Produkte einer Wechselwirkung zwischen Individuum und Umwelt (vgl. Calabrese 2017; Elbing 2014; Wüllenweber 2012; Theunissen 2011; u. a.). Entsprechend gilt es auch, institutionelle Gegebenheiten kritisch zu betrachten und hinsichtlich ihrer aufrechterhaltenden Bedingungen für herausfordernde Verhaltensweisen zu analysieren.

9.3 Trend zur Intensivbetreuung

Entgegen aller Inklusionsgedanken und den institutionellen Bemühungen, inklusive Angebote zu gestalten, zeichnet sich für den Personenkreis der Menschen mit kognitiven Beeinträchtigungen und herausfordernden Verhaltensweisen ein anderer Trend ab: Sie werden in intensivbetreuten Settings oder Intensivgruppen betreut und versorgt. In jüngster Zeit wurden in diversen Institutionen der Deutschschweiz Wohngruppen im Bereich der Intensivbetreuung errichtet, um die Thematik zu zentrieren und den geforderten, komplexen Ansprüchen der Klientel Rechnung zu tragen. In weiteren Institutionen ist der Neu- und Ausbau von Intensivwohngruppen geplant. Ein ›institutioneller Trend‹ in Richtung Intensivbetreuung ist somit erkennbar. Auch Müller (2013, S. 15) stellt eine Zunahme von intensivbetreuten Settings fest: »Die unter dem Schlagwort ›Inklusion‹ eingesetzte Entwicklung geht derzeit mit einem deutlichen Anstieg von Anfragen für intensivbetreute Angebote einher.«

Menschen mit Beeinträchtigungen und herausfordernden Verhaltensweisen fordern Institutionen der Behindertenhilfe nicht nur heraus, sondern überfordern sie auch und bringen sie an ihre Grenzen. In der Folge werden hochspezialisierte und dediziert ausgestattete Betreuungssettings in Form der Intensivbetreuung in der Behindertenhilfe geschaffen. Die stationäre Intensivbetreuung als spezifisches Betreuungssetting für Menschen mit schwerwiegenden herausfordernden Verhaltensweisen, die für ein reguläres institutionelles Angebot als (scheinbar) nicht mehr tragbar erachtet werden, kann als Reaktion der Praxis auf die Heraus- und Überforderung mit der betroffenen Klientel und somit als eine intra-institutionelle Grenzziehung interpretiert werden. Die Thematik der herausfordernden Verhaltensweisen wird dadurch zentralisiert und die Bemühungen rund um diesen Personenkreis strukturell gebündelt (vgl. Kasper & Calabrese 2018, S. 40). Den Autorinnen ist bewusst, dass es bereits zu Zeiten der Enthospitalisierung im deutschsprachigen Raum Institutionen und Einrichtungen gegeben hat, die sich mit großem Engagement dieser Personengruppe von Menschen mit kognitiven Beeinträchtigungen und herausfordernden Verhaltensweisen gewidmet haben. Dennoch kann davon ausgegangen werden, dass die Intensivbetreuung als konzeptionell gestaltetes und strukturell festgelegtes Dienstleistungsangebot für diese spezifische Klientel eine Trendwende darstellt.

Diese ›moderne‹ Form der Intensivbetreuung richtet sich an Menschen, die aufgrund ihrer als herausfordernd interpretierten Verhaltensweisen einen äußerst hohen Unterstützungsbedarf aufweisen. Die Intensivbetreuung zeichnet sich dadurch aus, dass dieser Klientel ein sicherer und individuell angepasster Rahmen geboten wird, der eine intensive und lebensbereichs-übergreifende Unterstützung gewährleistet. Es sollen Weiterentwicklungs- und Bildungsprozesse initiiert werden, die zu einer Entfaltung der Lebensqualität und Persönlichkeit sowie zu einer Reduzierung von herausfordernden Verhaltensweisen und Situationen führen. Das Ziel sollte sein, dass die Klientel temporär in der Intensivbetreuung lebt, in ihren Kompetenzen und Fähigkeiten gestärkt wird und alternative Verhaltens- und Bewältigungsstrategien lernt, so dass eine Eingliederung in reguläre Wohngruppen oder gemeindenahe Strukturen möglich ist (vgl. Glasenapp & Hennicke 2013; Glasenapp 2013). Das langfristige Ziel einer Intensivbetreuung ist somit die »Wenigerbetreuung« (Glasenapp 2013, S. 95). Die aufgeführten Aspekte sind häufig in spezifischen Konzepten der Intensivbetreuung enthalten. Die Frage jedoch, inwieweit diese umgesetzt werden, bleibt zu klären und ist weiteren Diskussionen vorbehalten.

9.4 Segregation vor Inklusion

Wird das Augenmerk ausschließlich auf die Entwicklung im Bereich Intensivbetreuung in der Behindertenhilfe gerichtet, wird eine historische Wiederholung deutlich: Einmal mehr wird in der Geschichte der Behindertenhilfe auf Segregation und Homogenisierung gesetzt (vgl. Kasper & Calabrese 2018, S. 40). Dabei werden häufig Aspekte der Spezialisierung und Professionalisierung als Legitimationsgrundlage geltend gemacht. Japp (1986, zit. n. ebd.) hat bereits in den 1980er Jahren festgestellt, dass eine Spezialisierung eines Dienstleistungsangebots mit dem Ziel, die Komplexität der zu bearbeitenden Aufgabe zu verringern, immer zu einer erhöhten Komplexität und zu massiven Folgeproblemen führt. Ein sehr drastisches Folgeproblem von intensivbetreuten Gruppen ist die Konzentration von Klient*innen mit schwerwiegenden herausfordernden Verhaltensweisen in einem oftmals hochreglementierten und -strukturierten Raum. Dadurch wird ein separiertes Sondersetting geschaffen, in dem sich Gewalt und Gegengewalt kumulieren und potenzieren kann. So äußert sich bspw. Theunissen (2019, S. 154) kritisch gegenüber der Intensivbetreuung: »Viele Betroffene müssen sich in speziellen Sondergruppen unter Bedingungen einer ›totalen Institution‹ (Goffman) zurechtfinden, die einen gefängnisartigen Charakter aufweisen und wenig Lebensqualität gewährleisten«. Kasper und Calabrese (2018, S. 40) zählen folgende Besonderheiten auf, die sich tendenziell im Kontext einer Intensivbetreuung wiederfinden:

- Menschen mit herausfordernden Verhaltensweisen werden in homogenen Gruppen betreut und versorgt;
- dadurch sind sie einem mehr oder weniger häufigen und mehr oder weniger belastendendem Stress-, Lärm- und Gewaltpegel ausgeliefert;
- ihr Alltag ist stark strukturiert und findet häufig in einer Eins-zu-Eins-Begleitung mit einer zeitlich terminiert zuständigen Begleitperson statt;
- Kontakte und Interaktionen zwischen der Klientel werden aufgrund der vermeintlichen Eskalationsgefahr nur beschränkt ermöglicht;
- auf herausfordernde Verhaltensweisen wird mitunter mit freiheitseinschränkenden Maßnahmen (FeM) oder/und chemischen Eingriffen reagiert;
- die Wohneinrichtung ist eher funktional und beständig gegenüber Sachbeschädigung, die Zimmer der Klientel sind häufig reizarm, karg und unwohnlich;
- ein Time-Out-Raum gehört teilweise zur Standardeinrichtung;
- aufgrund der angenommenen oder realen herausfordernden Verhaltensweisen finden Arbeits- und Beschäftigungsangebote, wenn überhaupt, nur in beschränktem Umfang statt;
- die Mitarbeitenden arbeiten teilweise in langen Schichtdiensten, damit eine personelle Konstanz für die Klientel über den Tag hinweg gewährleistet ist.

Gemäß diversen Erfahrungsberichten aus Institutionen der Behindertenhilfe ist es unbestritten, dass es Klient*innen mit besonderen Bedürfnissen gibt, die spezialisierte Angebote wie bspw. jenes der Intensivbetreuung benötigen und denen dadurch auch positive Entwicklungsmöglichkeiten eröffnet werden. Trotz den potenziellen Chancen einer zeitlich determinierten Intensivbetreuung läuft dieses Dienstleistungsangebot aber Gefahr, soziale Ausgrenzung und Separation zu verstärken. Grundsätzlich kann von einer doppelten Grenzziehung die Rede sein: einerseits die Separation in einer spezifischen Einrichtung und andererseits eine nochmalige Separation in ein besonderes Setting innerhalb der Einrichtung. Insbesondere dieser Aspekt widerspricht dem Inklusionsgedanken, der grundsätzlich keine Aussonderung und Separation und dementsprechend keine an personeninhärenten Merkmalen festgemachten Grenzziehungen toleriert (vgl. Heimlich 2016, S. 118). Die Gradwanderung zwischen ›Weiterentwicklung ermöglichen‹ und ›Isolation generieren‹ gilt es stets professionell zu reflektieren und zugunsten des erst genannten Aspekts zu optimieren. Inwiefern dies unter einer inklusiven Perspektive gelingt, ist Gegenstand der weiteren Erörterungen.

9.5 Betrachtung der Intensivbetreuung unter einer inklusiven Perspektive

Eine inklusive Pädagogik verweist auf

> »Theorien zur Bildung, Erziehung und Entwicklung, die Etikettierungen und Klassifizierungen ablehnen, ihren Ausgang von den Rechten vulnerabler und marginalisierter Menschen nehmen, für deren Partizipation in allen Lebensbereichen plädieren und auf eine strukturelle Veränderung der regulären Institutionen zielen, um der Verschiedenheit der Voraussetzungen und Bedürfnisse aller Nutzer*innen gerecht zu werden« (Biewer 2010, S. 193).

Im Kontext der stationären Behindertenhilfe sind vornehmlich die Mitarbeitenden und Leitungspersonen für die Gestaltung eines inklusiven Settings verantwortlich. Sie sind es, die im Spannungsfeld zwischen heil- und sonderpädagogischen Leitprinzipien und deren Umsetzung in der Praxis stehen. Die Mitarbeitenden haben einen hohen Einfluss auf das Leben der Klientel und sind oft die wichtigsten Bezugspersonen für sie (vgl. Nussbeck 2013, S. 210). Sie sind eine entscheidende »Schnittstelle zwischen guten Konzepten und der Alltagswirklichkeit in der Institution, tragfähige Lebensräume können nicht gemacht, sondern nur ermöglicht werden« (Lutz & Haltiner 1998, S. 7). Aus diesem Grund bedürfen die Mitarbeitenden in der Intensivbetreuung besonderer Beachtung. Speziell Menschen mit Beeinträchtigungen (insbesondere mit schwereren Beeinträchtigungen im kognitiven Bereich) sind keine ›Selbsteinrichter‹, sondern im besonderen Maße auf ›Soziotope‹ angewiesen, in denen Bezugspersonen die Umwelt für sie strukturieren und gestalten (vgl. Egli 2009, S. 5). Diese Gestaltung und Strukturierung sollten im Zeichen der Inklusion geschehen.

Agogisches Handeln im Sinne der Inklusion zeichnet sich dabei u. a. durch folgende zentrale Aspekte aus:

- Teilhabemöglichkeiten innerhalb und außerhalb der Institution realisieren;
- Angebote schaffen, die der sozialen Isolation entgegenwirken;
- Begegnungen und Sozialkontakte ermöglichen und stärken;
- Partizipations- und Anerkennungsräume für die Klientel eröffnen;
- soziale Akzeptanz fördern;
- auf Stigmatisierung, Ausschluss und Entwertung verzichten;
- kritische Prüfung von Grenzziehungen und die Bearbeitung von Grenzen im Sinne einer Eröffnung neuer Bewältigungsmöglichkeiten.

Mitarbeitende und Leitungspersonen in der Intensivbetreuung sind somit angehalten, die genannten inklusiven Handlungsweisen in ihr agogisches Arbeiten zu integrieren.

Im Forschungsprojekt »Kompetenzprofil und Unterstützungsbedarf von Mitarbeitenden in der Intensivbetreuung«, das zwischen 2016 und 2017 von der Hochschule Luzern – Soziale Arbeit in Kooperation mit der Interkantonalen Hochschule für Heilpädagogik Zürich durchgeführt wurde, wurden mit quantitativen und qualitativen Verfahren erforderliche Handlungskompetenzen von Mitarbeitenden in der Intensivbetreuung aus der Perspektive von Leitungspersonen, Mitarbeitenden und Klient*innen von intensivbetreuten Wohngruppen erhoben und auf dieser Grundlage ein Konzept zur Unterstützung von Mitarbeitenden in der Intensivbetreuung erstellt. Insgesamt wurden aus 16 Institutionen der Deutschschweiz, die intensivbetreute Wohngruppen resp. Wohnplätze anbieten, 36 Leitungspersonen sowie 123 Mitarbeitende mit einem Online-Fragebogen (Rücklauf: 46,5 %) sowie zehn Leitungspersonen, 15 Mitarbeitende und drei Klient*innen persönlich interviewt. Aus dieser Studie werden im folgenden ausgewählte Ergebnisse präsentiert, die Aufschluss darüber geben, inwiefern im Setting der Intensivbetreuung Inklusion resp. inklusive Handlungsweisen realisiert werden. Dies geschieht vor dem Hintergrund, dass das Forschungsprojekt nicht primär diese Aspekte untersuchte. Die im Folgenden aufgeführten deskriptiven Erkenntnisse sind somit als weiterführende Diskussion der Ergebnisse der Studie zu verstehen.

28,6 % der befragten Leitungspersonen geben an, dass alle Klient*innen ihrer Wohngruppen eine ausschließliche Eins-zu-Eins-Betreuung haben. Eine beachtliche Anzahl von Klient*innen werden somit im Alltag engmaschig begleitet und betreut. Eine ausschließliche Eins-zu-Eins-Betreuung kann der Klientel Sicherheit und Orientierung bieten. Gleichzeitig kann jedoch auch kritisiert werden, dass dadurch eine starke Fixierung auf die Mitarbeitenden stattfindet und fremdregulierende Mechanismen zugunsten von erlernbaren Selbstregulationsstrategien auf die Klientel einwirken. Zudem bestehen wenig Möglichkeiten für weitere Sozialkontakte, insbesondere Kontakte zu anderen Klient*innen, oder können nicht realisierbar gemacht werden. Darüber hinaus werden Begegnungs- und Kontaktmöglichkeiten aufgrund isolierender Bedingungen verhindert. Ein Maximum an isolierenden und grenzsetzenden Bedingungen wird durch die Anwendung von FeM erreicht. FeM werden in intensivbetreuten Settings häufig aufgrund der schwerwiegend herausfordernden Verhaltensweisen der Klientel durchgeführt. Die am häufigsten durchgeführten FeM sind dabei Isolationen, bspw. im Time-Out-Raum, und räumliche Separation wie z. B. im eigenen Zimmer.

Auch Glasenapp (2013, S. 97) weist darauf hin, dass die Intensivbetreuung exkludierende Prozesse fördert, indem sie Klient*innen häufig isoliert. In einer fachlichen Reflexion zur Intensivbetreuung von Kasper und Calabrese (2018, S. 41) wird auch darauf verwiesen, dass intensivbetreute Settings Isolationsprozesse begünstigen und somit die Förderung von sozialem Lernen und Kontaktmöglichkeiten stark reduziert werden.

Auf die Frage, ob die Mitarbeitenden die Arbeit in der Intensivbetreuung anspruchsvoller erleben als auf einer regulären Wohngruppe, antworten 42,1 % mit einem deutlichen »ja«, 33,7 % mit einem »eher ja«. Rund drei Viertel aller befragten Mitarbeitenden (75,8 %) beurteilen somit ihre Arbeit im intensivbetreuten Setting als anspruchsvoll. Sehr herausfordernd ist für 44,8 % der befragten Mitarbeitenden der Umgang mit herausfordernden Verhaltensweisen der Klientel. Dieser Aspekt stellt eine der wesentlichen Herausforderungen dar, und die tägliche Konfrontation mit herausfordernden Verhaltensweisen kann mitunter auch überfordernd wirken. Auch Seifert (1995, S. 132) wertet in einer Forschungsarbeit die Aussagen von 22 Mitabreitenden aus, die mit Klient*innen mit herausfordernden Verhaltensweisen arbeiten. Dabei zeigt sich, dass die herausfordernden Verhaltensweisen der Klientel die Mitarbeitenden stark belasten, zu Gefühlen der Angst und Hilflosigkeit führen und die Anwendung von körperlicher Gewalt gegenüber der Klientel begünstigen. Die Arbeit in der Intensivbetreuung erfordert somit von den Mitarbeitenden ein hohes Maß an Belastungsfähigkeit, Flexibilität und eine ausgeprägte Fachlichkeit bei der Anwendung von therapeutisch-pädagogischen Maßnahmen sowie eine ausgezeichnete Reflexionsfähigkeit (vgl. Glasenapp 2013, S. 96). Die Anforderungen an eine qualitativ hochstehende Arbeit in der Intensivbetreuung sind somit entsprechend hoch. Unter den herausfordernden und teilweise auch belastenden Bedingungen, die in einer Intensivbetreuung zeitweise vorherrschen, können nicht alle Mitarbeitende auf Dauer den Anforderungen entsprechen.

Aus der Studie geht weiter hervor, dass die befragten Mitarbeitenden durchschnittlich seit vier Jahren auf derselben Wohngruppe arbeiten. Die Gruppe der Mitarbeitenden, die seit ein bis zwei Jahren auf der gleichen Intensivbetreuung arbeitet, stellt mit 50 % eine deutliche Mehrheit dar. 19 % der befragten Leitungspersonen geben an, dass sie die Fluktuationsrate der Mitarbeitenden in der Intensivbetreuung als hoch einschätzen. Rund ein Fünftel (21,5 %) der befragten Leitungspersonen rekrutieren häufig neue Mitarbeitende für die Intensivbetreuung, wobei 41,9 % aussagen, dass sie oftmals Schwierigkeiten haben, geeignete Mitarbeitende für die Intensivbetreuung zu finden. Aufgrund einer hohen Fluktuationsrate und einer geringen durchschnittlichen Verweildauer im Betrieb kann resümiert werden, dass ein häufiger Wechsel auf Seiten der Mitarbeitenden in der Intensivbetreuung stattfindet. Für die Klient*innen bedeutet das, dass wenig Konstanz und Kontinuität in der Beziehung zu den Mitarbeitenden gegeben sind. Häufige Wechsel von Mitarbeitenden können dabei für die Klientel zu einem Verlust an Orientierung, Sicherheit und Vertrauen führen. Diese Voraussetzungen sind jedoch von grundlegender Bedeutung für die Initiierung von Partizipationsprozessen und die Eröffnung von Anerkennungsräumen und Bewältigungsmöglichkeiten.

Darüber hinaus geben die Mitarbeitenden an, dass die Tagesgestaltung mit der Klientel eher anspruchsvoll ist (60,5 %). Es fällt den Mitarbeitenden teilweise schwer, der Klientel Lernerfahrungen zu ermöglichen (51,3 %) und ihnen passende Tätigkeiten anzubieten (71,4 %). Somit können Kernelemente des agogischen Arbeitens, wie Bildungsmöglichkeiten gestalten und Lernprozesse unterstützen, nicht prinzipiell in das methodische Handeln der Mitarbeitenden in der Intensivbetreuung integriert werden. Diese weiteren Aussagen deuten darauf hin, dass heil- und sonderpädagogisches Handeln im Setting der Intensivbetreuung erschwert ist. Dadurch ist die Umsetzung von Maximen wie Partizipation und Teilhabe – aufgrund von institutionellen, mitarbeitenden- und/oder klientelspezifischen Bedingungen – nicht durchgehend gewährleistet. Die Sicherstellung von Teilhabemöglichkeiten sowie Partizipationschancen stellt jedoch eine wesentliche Voraussetzung für ein inklusives Setting dar, denn

> »ob und in welchem Masse Institutionen zur In- oder Exklusion der Betroffenen beitragen, hängt maßgeblich davon ab, inwieweit letztere auf die Ausrichtung institutionellen Handelns Einfluss nehmen und am institutionellen Geschehen partizipieren können« (Rohrmann 2016, S. 441).

Ein weiterer Aspekt, der in diesem Forschungsprojekt deutlich zum Ausdruck kommt, ist die kaum vorhandene Zielperspektive der Reintegration für Klient*innen, die in der Intensivbetreuung leben. 74,4 % der befragten Leitungspersonen geben an, dass die Verweildauer in der Intensivbetreuung für ihre Klientel ungewiss bzw. nicht definiert ist. Eine bestimmte vorgängig definierte zeitliche Begrenzung ist somit nicht gegeben, obschon die Intensivbetreuung immer als temporärer Übergang und nicht als ›Endstation‹ zu verstehen ist. Zudem schätzen 23,3 % der befragten Leitungspersonen die Wiedereingliederungschancen ihrer Klientel in ein reguläres Betreuungssetting als sehr gering und 37,2 % als gering ein. Lediglich 2,3 % schätzen die Wiedereingliederungschancen als sehr hoch ein. Das System der Intensivbetreuung scheint somit wenig durchlässig zu sein. Glasenapp (2013, S. 97) formuliert in diesem Zusammenhang die Kritik, dass die Intensivbetreuung den Institutionen ermöglicht, sich selbst weiter als Sozialkonzerne zu sichern.

Die einzelnen Erkenntnisse aus dem Forschungsprojekt »Kompetenzprofil und Unterstützungsbedarf von Mitarbeitenden in der Intensivbetreuung« weisen in der Tendenz darauf hin, dass inklusive Handlungsweisen in der Intensivbetreuung nicht durchgehend umsetzbar sind. Es kann vermutet werden, dass das Konzept der Intensivbetreuung und die Forderung nach Inklusion für Menschen mit kognitiven Beeinträchtigungen und herausfordernderen Verhaltensweisen kaum miteinander zu vereinen sind. Müller (2013, S. 16) weist darauf hin, dass in der Behindertenhilfe eine zunehmende Tendenz in Richtung »inklusiv oder intensiv« zu vermerken ist und kritisiert damit zugleich, dass in der heutigen Ausgestaltung der Intensivbetreuung tendenziell kaum oder gar kein inklusives Bestreben möglich ist. Er fordert einen »Ausbau intensiv inklusiver Angebote« (ebd.) und mahnt, dass die »Intensivbetreuung nicht die Restrampe der Inklusion« (ebd.) ist.

9.6 Fazit

Glasenapp (2013, S. 96) verlangt, dass »Intensivbetreuung [...] unter den Bedingungen der UN-Behindertenrechtskonvention und der Wahrung von Grundrechten, insbesondere bei ergänzenden freiheitsentziehenden Maßnahmen, zu erfolgen« hat. Auf der Grundlage der Erkenntnisse aus dem Forschungsprojekt »Kompetenzprofil und Unterstützungsbedarf von Mitarbeitenden in der Intensivbetreuung«, den Hinweisen aus der aktuellen Fachliteratur sowie den persönlichen beruflichen Erfahrungshintergründen der Autorinnen wird jedoch deutlich, dass die von Glasenapp aufgestellte Forderung im Kontext der Intensivbetreuung nicht leicht einzuhalten ist. Im Gegensatz zur geforderten Inklusion läuft die Intensivbetreuung Gefahr, ein Sondersetting in Separation fest zu zementieren und eine intra-institutionelle Grenzziehung zu markieren, die bisher in nicht ausreichendem Maße reflektiert wird. Pfeil et al. (2007, S. 159) stellen fest: »Der Aufbau eines [stationären] Sonderbereichs für Menschen mit schwerwiegenden Verhaltensauffälligkeiten führt [...] in eine Sackgasse.« Damit weisen sie zugleich auf ein Ende und somit auch auf eine (absolute) Grenze von jeglichen Inklusionsbemühungen hin (▶ Kap. 6). Zu einer derartigen »Sackgasse« oder ›Endstation‹ darf sich das Setting der Intensivbetreuung keinesfalls entwickeln. Viel eher müssen Zukunfts- und Entwicklungsperspektiven für und mit der Klientel erarbeitet und kontinuierlich auf das Ziel der »Wenigerbetreuung« (Glasenapp 2013, S. 95) bezogen werden. Dies erfordert Flexibilität und Durchlässigkeit von diversen institutionsinternen sowie –externen Wohn-, Arbeits- und Freizeitangeboten resp. gänzlich neu gestaltete Räume, so wie dies unter dem Slogan von Hinte (2011, S. 100) propagiert wird: »Sozialräume gestalten statt Sondersysteme befördern«.

Das professionelle Handeln der Mitarbeitenden in der Intensivbetreuung ist insbesondere bei der Gestaltung von Lern- und Entwicklungsfeldern entscheidend, denn im Kontext der Intensivbetreuung müssen anregende Angebote für die Klientel in folgenden Bereichen erfolgen:

- Aufbau von Kommunikation und Dialog,
- Ermöglichung von Bindung,
- Förderung von Selbständigkeit,
- Selbstwirksamkeit und Autonomie,
- Erweiterung von Fähigkeiten zur Bewältigung von Krisen und schwierigen Situationen
- sowie ggf. die Bearbeitung von traumatischer Erfahrung (vgl. Glasenapp 2013, S. 96).

Zugleich gilt es stets die Maxime der Inklusion unter den gegebenen, oftmals einengenden Bedingungen der Intensivbetreuung in das professionelle Handeln zu integrieren. Das Wahrnehmen von Exklusionstendenzen, isolierenden, separierenden und grenzsetzender Dimensionen sowie die anschließende Eindämmung ebendieser ist dabei richtungsweisend. Darauf verweisen auch Dannenbeck und Dorrance (2009, S. 3): »Der Wille, das eigene pädagogische Handeln unter einer inklusiven Perspektive zu hinterfragen, ist die einzige Möglichkeit Exklusionsprozessen kontinuierlich entgegenzuwirken«.

Intensivbetreuung erfordert Strukturen in Raum und Zeit, die an die individuellen Bedürfnisse der Klientel angepasst werden müssen. Darüber hinaus sollte die Ausstattung so gestaltet sein, dass gemeinschaftliche Räume und individuelle Rückzugsmöglichkeiten gleichermaßen vorhanden sind. Zudem sollte das intensivbetreute Angebot so arrangiert sein, dass die Konsequenzen herausfordernder Verhaltensweisen minimiert werden (vgl. Glasenapp 2013, S. 96). Entsprechend dem systemökologischen Verständnis von herausfordernden Verhaltensweisen, das beinhaltet, dass herausfordernde Verhaltensweisen immer das Produkt einer Wechselbeziehung zwischen Mensch und Umwelt sind, müssen entwicklungsfreundliche, adressat*innengerechte und individualisierte Lebensräume gestaltet werden. Damit werden der Klientel Perspektiven geboten und Entwicklungen eröffnet. Es gilt darum kritisch zu hinterfragen, inwiefern bereits errichtete intensivbetreute Settings effektiv Entwicklungs- und Lernmöglichkeiten bieten. Entwicklungs- und Lernmöglichkeiten sind elementar damit Menschen mit herausfordernden Verhaltensweisen alternative und sozial erwünschte Verhaltensweisen erlernen, ihre Kompetenzen erweitern und Lebensperspektiven erlangen können. Dies vor dem Hintergrund, dass sie künftig weniger intensive Begleitung und Betreuung benötigen und in inklusiveren Settings leben können (vgl. Kasper & Calabrese 2018, S. 42).

Das Setting der Intensivbetreuung mit seinen strukturellen, klientelspezifischen und insbesondere grenzsetzenden Besonderheiten bedarf dringend weiterer empirischer Beachtung. Dabei sollen die empirischen Bemühungen vor allem dahingehend angestrebt werden, die Wirkung und den Effekt des Settings Intensivbetreuung auf die Lebensqualität und die Weiterentwicklungsmöglichkeiten der Klientel zu eruieren (vgl. Calabrese & Georgi-Tscherry 2018, S. 38) sowie die Aspekte der Inklusion, die durch die Intensivbetreuung ermöglicht oder begrenzt werden, systematisch zu beleuchten.

Literatur

Biewer, G. (2010). Grundlagen der Heilpädagogik und Inklusiven Pädagogik. Bad Heilbrunn: Klinkhardt.

Bowring, D. L. et al. (2017). Challenging Behaviours in Adults with an Intellectual Disability: A Total Population Study and Exploration of Risk Indices. British Journal of Clinical Psychology, 56 (1), S. 16–32.

Calabrese, S. & Georgi-Tscherry, P. (2018). Herausfordernde Verhaltensweisen in der Intensivbetreuung. In Schweizerische Zeitschrift für Heilpädagogik, 24 (5/6), S. 33–39.

Calabrese, S. (2017). Herausfordernde Verhaltensweisen – herausfordernde Situationen: Ein Perspektivenwechsel. Eine qualitativ-videoanalytische Studie über die Gestaltung von Arbeitssituationen von Menschen mit schweren Beeinträchtigungen und herausfordernden Verhaltensweisen. Bad Heilbrunn: Klinkhardt.

Dannenbeck, C. & Dorrance, C. (2009). Inklusion als Perspektive (sozial)pädagogischen Handelns – eine Kritik der Entpolitisierung des Inklusionsgedankens. In Zeitschrift für Inklusion, o. A. (2), S. 1–8.

Egli, J. (2009). Bürger ›Idiot‹ (http://jakobegli.ch/wp-content/uploads/2010/02/Bürger-Idiot-2009.pdf).

Elbing, U. (2014). Nichts passiert aus heiterem Himmel – es sei denn man kennt das Wetter nicht: Transaktionsanalyse, geistige Behinderung und sogenannte Verhaltensstörungen (4. Aufl.). Dortmund: Verlag Modernes Lernen.

Glasenapp, J. (2013). Wirkung und Nebenwirkung von Intensivbetreuung. Ein Beipackzettel. In J. Glasenapp & K. Hennicke (Hrsg.), Intensivbetreuung in der Diskussion. Orientierungspunkte für Diagnostik und Therapie (S. 95 – 98). Berlin: dgsgb.

Grüter, A. (2018). Interview. In Heilpädagogik aktuell. Magazin der Interkantonalen Hochschule für Heilpädagogik (23), S. 7.

Heimlich, U. (2016). Integration. In I. Hedderich et al. (Hrsg.), Handbuch Inklusion und Sonderpädagogik (S. 118–122). Bad Heilbrunn: Klinkhardt.

Hinte, W. (2011). Sozialräume gestalten statt Sondersysteme befördern. Zur Funktion Sozialer Arbeit bei der Gestaltung einer inklusiven Infrastruktur. In Teilhabe, 50 (3), S. 100–106.

Japp, K. P. (1986). Wie psychosoziale Dienste organisiert werden. Widersprüche und Auswege. Frankfurt: Campus.

Kasper, D. & Calabrese, S. (2018). Über den Sinn und Unsinn von Intensivbetreuungen. Spezielle Wohnsettings für Menschen mit herausforderndem Verhalten – eine fachliche Reflexion. In SozialAktuell, o. A. (7/8), S. 40–42.

Klauß, T. (2018). »Weshalb tut er das …?« Herausfordernde Verhaltensweisen bei Menschen mit kognitiver Beeinträchtigung. In D. Domenig & U. Schäfer (Hrsg.), Auffallend herausfordernd! Begleitung zwischen Selbstbestimmung und Überforderung (S. 15–32). Zürich: Seismo-Verlag.

Lutz, O. (1998). Ein Ort zum Leben – aber in welcher Qualität? In O. Lutz & R. Haltiner (Hrsg.), Zu-Mutung statt Aus-Grenzung. Tragfähige Lebensräume für Menschen mit geistiger Behinderung (S. 199–128). Luzern: Edition SZH.

Matson, J. L. & Kozlowski, A. M. (2012). Environmental Determinants of Aggressive Behavior. In L. K. James (Hrsg.), The Handbook of High-Risk Challenging Behaviors in People with Intellectual and Developmental Disabilities (S. 63–82). Baltimore, London, Sydney: Paul H. Brookes.

Müller, A. (2013). Intensivbetreuung in der Behindertenhilfe – worüber reden wir? In J. Glasenapp & K. Hennicke (Hrsg.), Intensivbetreuung in der Diskussion. Orientierungspunkte für Diagnostik und Therapie (S. 13–18). Berlin: dgsgb.

Nussbeck, S. (2013). Elternberatung, Teamberatung und Burnoutprophylaxe. In P. Bienstein & J. Rojahn (Hrsg.), Selbstverletzendes Verhalten bei Menschen mit geistiger Behinderung. Grundlagen, Diagnostik und Intervention. Göttingen: Hogrefe.

Pfeil, B. et al. (2007). Intensivwohngruppen in der Stiftung Haus Lindenhof. In F. Dieckmann & G. Haas (Hrsg.). Beratende und therapeutische Dienste für Menschen mit geistiger Behinderung und herausforderndem Verhalten (S. 140–160). Stuttgart: Kohlhammer

Rohrmann, E. (2016). Institutionalisiertes Leben. In I. Hedderich et al. (Hrsg.), Handbuch Inklusion und Sonderpädagogik (S. 437–441). Bad Heilbrunn: Klinkhardt.

Seifert, M. (1995). Problemverhalten – eine Herausforderung für Mitarbeiter. Berichte von Betreuern von Erwachsenen mit schwerer geistiger Behinderung über ihren Umgang mit schwierigen Verhaltensweisen. In Geistige Behinderung, 34 (2), S. 120–133.

Theunissen, G. (2019). Umgang mit schwerwiegendem herausforderndem Verhalten bei Erwachsenen mit komplexen Behinderungen – Ergebnisse aus einem Forschungsprojekt in Baden-Württemberg. In Teilhabe, 58 (4), S. 154–160.

Theunissen, G. (2011). Geistige Behinderung und Verhaltensauffälligkeiten. Bad Heilbrunn: Klinkhardt.

Wüllenweber, E. (2012). Soziale Konflikte als pädagogisches Problem. (Heil-)Pädagogisches Handeln in kritischen Situationen in Einrichtungen der Behindertenhilfe (3. Aufl.). Hamburg: Elbewerkstätten.

10 Punitive Haltungen und ihre organisationalen Bedingungen

Simon Mohr & Bettina Ritter

10.1 Einleitung

Im vorliegenden Beitrag werden punitive Haltungen von Fachkräften in der Sozialen Arbeit in ihren organisationalen Zusammenhängen betrachtet. Dabei wird zunächst eine Skepsis gegenüber der Tendenz der Fachdebatte verdeutlicht, strafende, disziplinierende und verantwortungszuschreibende bzw. responsibilisierende Haltungen von Fachkräften als individuelle Einstellungen zu betrachten, ohne die besonderen Herausforderungen der Tätigkeit und die zu ihrer Bewältigung zugrundeliegenden Organisationsstrukturen gebührend zu berücksichtigen. Nach einer kurzen Verdeutlichung des ambivalenten Charakters Sozialer Arbeit aus einer organisationstheoretischen Perspektive wird die These der Organisationsbedingtheit punitiver Haltungen entlang quantitativer Daten aus einer Mitarbeitendenbefragung bei freien Trägern der Kinder- und Jugendhilfe geprüft. Zuletzt werden Implikationen für eine Organisationsgestaltung formuliert, die zur Etablierung professioneller statt punitiver Haltungen beitragen kann.

10.2 Punitive Haltungen von Fachkräften in der Sozialen Arbeit

Den Haltungen von Fachkräften in der Sozialen Arbeit kommt eine herausragende Relevanz zu: Aufgrund des Ermessensspielraums, der als notwendige Folge aus ihrer Interaktionsarbeit erwächst, arbeiten sie tendenziell an der ›Front-Line‹ und somit wesentlich autonom von der Organisation und der unmittelbaren Steuerung des Managements. Insofern können sie auch als »Street-level Bureaucrats« (Lipsky 2010) bezeichnet werden, denen als »ultimate policymakers« (Maynard-Moody & Portillo 2010, S. 252) somit eine maßgebliche Rolle bei der Realisierung von sozialpolitischen Maßnahmen zukommt (Gal & Weiss-Gal 2014). Dabei ist umfassend herausgearbeitet worden, dass im Vergleich mit anderen Berufsgruppen Sozialarbeitende tendenziell eher Deutungen von Armut und Arbeitslosigkeit unterstützen, die auf strukturelle Gründe und weniger auf individuelle Schuld rekurrieren. Blomberg et al. (2015) setzen bspw. verschiedene

Beurteilungen von Fachkräften bei Kommunen, Sozialverwaltungen und Kirchen in ein Verhältnis zu ihrer Berufserfahrung, Art der Ausbildung und ihrem politischen Wahlverhalten. Sozialarbeitende stimmten eher als Angestellte in Sozialbehörden den Aussagen zu, dass soziale Sicherungssysteme bezüglich ihrer Höhe oder ihrer bürokratischen Hürden für die Armut von Menschen verantwortlich seien. Sozialarbeitende zeigten sich in der Studie außerdem wesentlich kritischer gegenüber der Annahme, dass mangelnde Anstrengung oder Faulheit die Armut der Menschen begründe. Während eine längere Berufserfahrung nicht eindeutig zur Verstärkung individualisierender Zuschreibungen beiträgt, korreliert eine fachbezogene akademische Ausbildung negativ und eine rechtsgerichtete politische Einstellung positiv damit.

Im Zusammenhang mit der Diskussion über eine vermeintliche gesellschaftliche Etablierung einer Kultur der Kontrolle (Garland 2008) werden nun allerdings auch Logiken identifiziert, bei denen die ›Korrektur‹ von Abweichung zunehmend auf der Ebene des individuellen Verhaltens bezogen auf bestimmte Verhaltensweisen mittels feststehender Programme erfolgt und auch für die Soziale Arbeit »Anzeichen einer zunehmenden ›Verhärtung‹« (Dollinger 2010, S. 10) ausgemacht. Auch mit den Veränderungen sozialpolitischer und sozialpädagogischer Maßnahmen unter dem Paradigma der Aktivierung wird die Verstärkung responsibilisierender und strafender Logiken bei der Bearbeitung von Abweichungen und Armut diskutiert (Lutz 2011; Kessl 2006). Das klassisch sozialpädagogische Bild des »nicht-verantwortlichen Abweichlers« (Ziegler & Scherr 2013, S. 127), dessen deformierte Subjektivität und problematische Verhaltensweisen zwar am Individuum bearbeitet werden müsse, der tieferliegende Grund allerdings den problematischen gesellschaftlichen Bedingungen zugeschrieben wird, werde zunehmend zurückgedrängt (vgl. ebd.). So verweisen z. B. Studierendenbefragungen auf verbreitete Einstellungen angehender (Sozial-)Pädagog*innen, die Ursache für abweichendes und kriminelles Verhalten in einem Mangel an Respekt vor Autorität und Ordnung zu verorten oder sozialstaatliche Leistungen als Grund dafür zu verstehen, dass Menschen weniger Verantwortung für ihr Leben übernehmen (u.a. Dollinger, Oelkers & Ziegler 2013). In diesem Zuge werden sowohl die Ausweitung von Straf- und Kontrollaspekten im Kinderschutz (Marks et al. 2018) wie auch die Implementierung kriminalpräventiver Ziele in der Jugendarbeit (Scherr & Sturzenhecker 2013), die Ausbreitung von Ansätzen der ›Konfrontativen Pädagogik‹ (Ziegler & Scherr 2013) oder von Verhaltenstrainings wie Elterntrainings oder Antiaggressionskursen (Euteneuer 2014) angeführt. Ebenso können die Arbeiten zu responsibilisierenden Praktiken in der Arbeit mit Eltern (Oelkers 2014) oder im Kontext von Hilfeplangesprächen (Klingler 2019) hier genannt werden. Besonders in der Debatte zur geschlossenen Unterbringung, einer Ausweitung ihrer Etablierung und der dort verankerten Disziplinierungs- und Gewaltformen wurde über Punitivität als erzieherisches Mittel diskutiert (Oelkers, Feldhaus & Gaßmöller 2013; Lindenberg 2011) – verschiedene empirische Arbeiten haben sich inzwischen angeschlossen (Oelkers, Feldhaus & Gaßmöller 2015; Kessl 2016).

Im Kontrast zu diesen Positionen, die auf eine Zunahme oder einem Wiedererstarken von Härte und Strafe in der aktuellen Kinder- und Jugendhilfe hinweisen, werden ebenso die Kontinuitäten von Disziplinierung und Gewalt in institutionellen Settings, besonders der Heimerziehung herausgearbeitet (Huber & Kirchschlager 2019; Kuhlmann 2008; Wolff 2006). Zentral wird in dieser Debatte auch die grundsätzliche Frage der Legitimität und Legitimierbarkeit von Strafe in professionellen pädagogischen Settings (Mohr, Ritter & Ziegler 2017; Heuer 2017) sowie – nicht zuletzt im Kontext der Debatte um das breit rezipierte »Lob der Disziplin« (Bueb 2009) und der zurückweisenden Antwort zum »Missbrauch der Disziplin« (Brumlik 2007) – der konstitutive Charakter von Gewalt und Macht in jeglichen Erziehungszusammenhängen mehr oder weniger kritisch diskutiert (Andresen 2018; Wolf 2016; Schwabe 2007).

Während bei diesen Thematisierungen von Gewalt- und Strafpraktiken in der Kinder- und Jugendhilfe und entsprechender Haltungen auch die konzeptionellen Bedingungen in den Blick genommen werden, die solche Praktiken eher bedingen (Clark & Schwerthelm 2017), bleiben insgesamt und besonders in der Debatte um punitive *Haltungen* von Fachkräften die Strukturen, innerhalb derer solche Praktiken und Vorstellungen wahrscheinlich werden oder die sie erklären können, tendenziell unterbelichtet. Als Erklärung gilt zumeist entweder eine bestimmte politische Haltung der Fachkräfte als Privatpersonen oder die misslungene berufliche Sozialisation in der Ausbildung (Zimmermann 2017). Eine solche Fokussierung auf Haltungen als persönliche, geistige Eigenschaft und als Inkorporierung eines (aktuellen oder bestimmten) politischen Geistes und der »These einer allgemeinen Degeneration des politisch-moralischen Bewusstseins individueller Fachkräfte« (Ziegler 2017) scheint uns nicht zuletzt deshalb wenig Erklärungspotential zu transportieren, da sie eine verhängnisvolle Verkürzung darstellt. Denn mit der Betrachtung von Haltungen, tendenziell isoliert von der konkreten sozialpädagogischen Tätigkeit wie von dem konkreten Arbeitszusammenhang, gerät die Organisation als Ursachenzusammenhang aus dem Blick – obwohl diese eine entscheidende Bedingung der Arbeit darstellt.

10.3 Professionalität und Punitivität

Professionelle Soziale Arbeit zielt auf eine »Erhöhung von Handlungsoptionen, Chancenvervielfältigung und die Steigerung von Partizipations- und Zugangsmöglichkeiten auf Seiten der AdressatInnen« (Dewe & Otto 2012, S. 204). Sie bezieht sich damit in hohem Maße auf die Herstellung und Veränderung von Verhaltensweisen und Einstellungen der Klient*innen, also auf Bildungsprozesse, die von diesen selbst vollzogen werden (müssen). Somit sieht sich professionelles Handeln nicht nur mit dem Problem des Technologiedefizits und der Selbstreferentialität der Klient*innen konfrontiert (Luhmann & Schorr 1979). Wirksame Soziale Arbeit setzt immer auch die »mehr oder weniger aktive Beteiligung« (Gross & Badura 1977, S. 366) ihrer Klient*innen voraus, wobei allerdings die Bereitschaft zur Koproduktion in der Sozialen Arbeit und vor allem im Feld der Hilfen zur Erziehung keinesfalls vorauszusetzen ist. Sie muss von den Fachkräften aktiv im Rahmen der Interaktionsarbeit hervorgebracht werden (Klatetzki 2010).

Die enge sozialpolitische Einbindung Sozialer Arbeit, ihre Ausrichtung entlang rechtlich fixierter Vorgaben und sittlicher Gültigkeiten, die damit einhergehende Bezugnahme auf als abweichend definierte Klient*innen und die Unfreiwilligkeit der Inanspruchnahme der Hilfe implizieren eine gewisse Ambivalenz des professionellen Auftrags: Die Hilfe enthält an sich bereits ein Zwangselement, dem sich Soziale Arbeit nicht vollständig entledigen kann. Dabei stehen expertokratische Bevormundungen und erzwungene Formen der Koproduktion aufgrund ihres Eingriffs in die Autonomie der Personen dem Ziel der Ermöglichung einer autonomen Lebenspraxis tendenziell entgegen und erschweren die Konstitution tragfähiger Arbeitsbündnisse (Oevermann 2009). Professionelle Praxis steht also vor der schwierigen Anforderung, Zwangsformen stets kritisch daraufhin zu überprüfen, ob es ihnen wirklich darum geht, Zustände zu realisieren, die auch die Klient*innen selbst für gut befinden, und überwältigende und strafende Zwangsformen zu vermeiden.

Unsere im Folgenden zu erläuternde These lautet hier, dass es sich bei Strafe im Rahmen Sozialer Arbeit um *eine* Bewältigungsstrategie zum Umgang mit diesen Ambivalenzen handelt, die sich tendenziell dann ausbildet, wenn es an organisationalen Möglichkeiten der fachlich-reflexiven Selbstvergewisserung als Bedingung zur Entwicklung alternativer (professioneller) Umgangsformen mangelt.

10.4 Organisationsbedingungen und Punitivität

In der Sozialen Arbeit – besonders in der Managerialismus- und Bürokratiekritik – werden Organisationen zumeist als Zumutung an fachliche Ansprüche thematisiert und bleiben in ihrer Professionalität konstituierenden Rolle unterbelichtet. Doch gerade die formalen Organisationsregeln tragen dazu bei, dass Soziale Arbeit eine in hohem Maße »zuverlässlich erwartbare Leistung« (Luhmann 1973, S. 32) darstellt und eben nicht vom zufälligen Wohlwollen und Können Einzelner abhängt. Zur Bestimmung des Verhältnisses von Organisationen und Sozialer Arbeit werden nun in Anlehnung an Kühl (2011) »drei Seiten« der Organisation unterschieden und mit Blick auf die Ermöglichung von Professionalität und Verhinderung von Sanktionsbereitschaft konkretisiert.

Formale Seite

Organisationen konstituieren sich als Organisationen mittels der formalen Definition von Mitgliedschaftsbedingungen. So gibt es zumindest grobe Regeln darüber, wer, wann, unter welchen Bedingungen welche Aufgaben zu erfüllen hat. Es handelt sich hierbei um sogenannte »Entscheidungsprämissen« (Luhmann

2000), über die offiziell vom Management entschieden wurde und deren Nichteinhaltung – im Zweifelsfall mit einer Kündigung – sanktioniert werden kann.

Aufgrund der Besonderheiten der Sozialen Arbeit kommt die Koordination und Kontrolle der Tätigkeiten über formale Handlungsanweisungen (z. B. in Form von Standards) und enge überprüfbare Zielvorgaben an ihre Grenzen. Typisch für Organisationen Sozialer Arbeit ist es daher, »die Kontrolle über (Umwelt-)Ungewißheiten an ein Personal zu delegieren, welches über eigene, fachlich begründete Kriterien ›richtigen Handelns‹ sowie über eigene professionsinterne Kontrollmechanismen verfügt« (Olk 1986, S. 122). Der Quantität (Abwesenheit von Personalmangel) und Qualifikation der Fachkräfte kommen damit – als formalstrukturelle Merkmale der Organisation – eine besondere Bedeutung für die Qualität der Leistungserbringung zu (Merchel 2015). Bedingung zur Möglichkeit professioneller Arbeit sind demnach auch nicht enge Handlungsvorgaben, sondern ein hohes Maß an Autonomie, die Ermessensentscheidungen im Einzelfall zulässt, und ein formal institutionalisierter kollegialer Austausch. Je stärker solche Professionalität ermöglichenden Strukturen vorhanden sind, desto eher wird – so unsere These – der Herausbildung punitiver Haltungen als Bewältigungsstrategie entgegengewirkt.

Informale Seite

Der Umstand, dass sich (in jeder Organisation) nicht alle Tätigkeiten formal widerspruchsfrei festlegen lassen, führt dazu, dass sich »als Reaktion auf formale Verhältnisse« (Kühl 2018, S. 44) eine informale Struktur oder Organisationskultur entwickelt: Die sich in der »organizational ideology« (Hasenfeld 2000, S. 333) niedergeschlagenen (kollektiven) Überzeugungen z. B. über die Deutung der Probleme der Klient*innen, fachlich adäquate Mittel (z. B. auch hinsichtlich Strafe) und fachlich zu priorisierende Ziele (z. B. Selbstbestimmung oder Verhaltensanpassung) stiften Handlungssicherheit, kompensieren die durch fehlende Technologien erzeugte Unsicherheit und fungieren als Puffer für widersprüchliche oder hinderliche Formalstrukturen (Klatetzki 2010). Eine Professionalität ermöglichende informale Struktur besteht dann darin, dass implizite Routinen und Überzeugungen nicht im Dienst einer Kollektivierung nach außen abgeschirmt, sondern im Sinne einer Lernkultur der kritischen Reflexion zugänglich sind und damit veränderbar bleiben. Eine notwendige Bedingung für die Ansprache problematischer Situationen und persönlicher Überforderungen und damit als Möglichkeit der Entwicklung von fachlichen Alternativen zu Sanktionen und Zwang im Umgang mit »schwierigen« Klient*innen stellt – so die These – die Etablierung eines kollegialen Arbeitsklimas dar.

Schauseite

Organisationen sind zur Legitimation gezwungen, bestimmten Rationalitätserwartungen und Moralvorstellungen der Umwelt (zumindest symbolisch) Rechnung zu tragen, indem ausgewählte Strukturmerkmale nach außen getragen werden (Hasenfeld 2000). Dass es sich bei der Schauseite tatsächlich nur um Fassade handelt, die weitgehend entkoppelt von innerorganisatorischen Praktiken existiert – wie dies etwa bei Meyer und Rowan nahegelegt wird (1977) – stellt jedoch eher eine Ausnahme als die Regel dar (Hinings & Malhotra 2008).

Es gibt deutliche Hinweise darauf, dass sich die durch Wettbewerb und Managerialismus von außen an die Träger Sozialer Arbeit herangetragenen Erwartungen, sich stärker wirtschaftlich auszurichten und – statt auf professionelle Selbststeuerung zu vertrauen – ›moderne‹ managerielle Anreizsysteme einzusetzen, in den formalen und informalen Bedingungen zur Bewältigung des Dilemmas zwischen Entmündigung und Autonomieförderung niederschlagen (Hasenfeld 2000; Mohr 2017). Bedingt durch restriktivere Formalstrukturen und eine stärkere managerielle Koordination und Kontrolle des Handelns wird der Notwendigkeit fachlichen Austauschs weniger Bedeutung beigemessen und nicht zuletzt aufgrund wirtschaftlicher Überlegungen Möglichkeiten desselben eingeschränkt. Es ist außerdem davon auszugehen, dass sich – entweder als Verinnerlichung des manageriellen Rationalitätsmythos oder auch als zum fachlichen Austausch alternative Bewältigung im Umgang mit Ungewissheiten – eine Tendenz zu ambiguitätsverkürzenden Handlungsstrategien (Roose, Roets & Bouverne-De Bie 2011) und eine – dem »Misstrauen in professionelle Selbststeuerung« (Schimank 2005, S. 151) analoge – responsibilisierend-aktivierende Haltung gegenüber den Klient*innen bei den Fachkräften verstärkt wiederfinden lässt (Hasenfeld 2000).

10.5 Empirische Befunde: Fachkräftebefragung bei freien Trägern der Kinder- und Jugendhilfe

Zur Überprüfung der These der Organisationsbedingtheit strafender Haltungen wird auf Befunde einer Befragung von Fachkräften freier gemeinnütziger Träger der Kinder- und Jugendhilfe zurückgegriffen. Ein Großteil der Daten wurde 2011 bis 2013 im Rahmen der Evaluation der vom EREV initiierten Fortbildung für Führungskräfte »Zukunft Personalentwicklung« (ZuPe) erhoben (Hagen 2013; Mohr 2017), die seit 2016 in einem Anschlussprojekt mit teilweise identischen Items (MoritS) von uns fortgeführt wird. Der Fokus dieser Fachkräftebefragung richtet sich auf Organisationsbedingungen Sozialer Arbeit und ihren Einfluss auf die Ermöglichung professioneller Praxis. Bislang wurden insgesamt rund 3000 Fachkräfte aus 75 Einrichtungen befragt. Da einige der hier relevanten Items nur in Teilerhebungen erfasst wurden, verkleinert sich die Stichprobe z. T. bis auf 668 Fachkräfte aus 34 Einrichtungen.[1]

---

1 Repräsentativität der Stichprobe: Aufgrund der Nicht-Erfassung privatgewerblicher Träger ist eine gewisse Verzerrung der Befunde nicht auszuschließen. Vergleicht man die personalen Merkmale der befragten Mitarbeitenden mit der Grundgesamtheit im Bereich der Kinder- und Jugendhilfe (nach der Kinder- und Jugendhilfestatistik des Statisti-

Responsibilisierend-disziplinierendes Problemdeutungsmuster: Zur Operationalisierung fachlicher Haltungen mit Blick auf Verantwortungszuschreibung und Strafe wurden sechs Items entwickelt, die auf drei sehr eng miteinander verknüpfte Aspekte verweisen (▶ Tab. 10.1).

Tab. 10.1: Responsibilisierend-disziplinierendes Problemdeutungsmuster (RDP, N = 1714): Mittelwerte und Standardabweichungen

	M	SD
Responsibilisierung		
Die Unterstützungsleistungen, die unsere Klient*innen bekommen, führen häufig dazu, dass sie immer weniger bereit sind, Verantwortung für ihr Leben zu übernehmen.	2,28	0,75
Die Ursache für viele Probleme unserer Klient*innen ist, dass diese einfach keine Lust dazu haben, Verantwortung für ihr Leben zu übernehmen.	2,25	0,82
Disziplinierung		
Sozialpädagog*innen sollten ihre Klient*innen stärker dazu erziehen, sich anständig zu benehmen.	2,17	0,81
Es ist wichtig, dass in der Sozialen Arbeit wieder stärker die Werte von Disziplin und Ordnung betont werden.	2,25	0,83
Sanktionierung		
Es ist grundsätzlich wichtig, mangelndes Kooperationsverhalten der Klient*innen zu sanktionieren.	2,24	0,78
Es sollte mehr Möglichkeiten geben, mangelndes Kooperationsverhalten der Klient*innen zu sanktionieren.	2,18	0,84

Mittelwert: 1 = trifft gar nicht zu; 4 = trifft voll zu
Eigene Darstellung

35 % der befragten Fachkräfte sind (eher) der Auffassung, dass viele Probleme auf fehlende Verantwortung und mangelnde Lust der Klient*innen zurückzuführen sind. Ebenso viele sprechen sich für eine Erziehung zum Anstand aus und finden es wichtig, dass wieder stärker die Werte von Disziplin und Ordnung betont werden. 37 % finden es wichtig, mangelndes Kooperationsverhalten zu sanktionieren und ein Drittel wünscht sich mehr Möglichkeiten zur Sanktionie-

---

schen Bundesamtes von 2016, zitiert nach BGW 2018, S. 67–71), lassen sich hinsichtlich der Merkmale Geschlecht und Qualifikation keine nennenswerten Unterschiede feststellen: Die befragten Mitarbeitenden sind zu 69 % weiblich (Grundgesamtheit: 72 %) und 55 % der Personen haben einen Uni- oder FH-Abschluss (Grundgesamtheit ohne KiTa: 57 %). Insbesondere die Altersgruppe der 20- bis 34-Jährigen ist leicht überrepräsentiert (37 % Stichprobe, 34 % Grundgesamtheit) und die der über 55-Jährigen unterrepräsentiert (11 % Stichprobe, 18 % Grundgesamtheit).

rung.[2] Alle sechs Items korrelieren in hohem Maße miteinander und weisen eine hohe interne Reliabilität auf (Cronbachs Alpha =.83). Sie werden daher im Folgenden über den Mittelwert zu einem Index »responsibilisierend-disziplinierendes Problemdeutungsmuster« (RDP) (Mohr & Ziegler 2012) zusammengefasst.

Für die These, dass die jeweiligen Organisationsstrukturen einen Einfluss auf die Herausbildung der Sanktionsbereitschaft der Fachkräfte haben, sprechen die statistisch signifikanten Unterschiede[3] der durchschnittlichen Ausprägungen des RDP zwischen den erfassten Trägern (η^2=.11; $F(53,1537)$; $p<.01$). So gibt es bspw. Einrichtungen, in denen keiner der an der Befragung teilgenommenen Fachkräfte Sanktionen für (eher) wichtig erachtet, und solche, in denen bis zu 70 % der Fachkräfte den Aussagen eher oder voll zugestimmt haben.

Um im Folgenden die Organisationsbedingtheit punitiver Haltungen empirisch hinsichtlich verschiedener Aspekte in den Blick zu nehmen, wurden alle Items und Indizes über den Mittelwert auf Einrichtungsebene aggregiert, womit sich die Fallzahl auf die Anzahl der Einrichtungen reduzierte.

Die *Autonomie* der Fachkräfte wurde über insgesamt vier Items operationalisiert (u. a. »Meine Arbeit kann von mir selbstständig geplant werden« und »Ich werde durch Rahmenrichtlinien und Vorgaben so bestimmt, dass ich kaum eigene Vorstellungen in die Arbeit einbringen kann«) und über den Mittelwert zu einem Index zusammengeführt. Die durchschnittliche Ausprägung der Autonomie unterscheidet sich zwischen den Einrichtungen (η^2=.12; $F(64,1737)$; $p<.01$) und korreliert negativ mit dem Ausmaß punitiver Haltungen der Fachkräfte ($r(52)$ =-.36; $p<.05$).

Als Indikator für *quantitative Personalausstattung* wurden die Fachkräfte gefragt, wie häufig es vorkommt, dass sie Personalengpässe haben. Die durchschnittliche Zustimmungsrate unterscheidet sich zwischen den Einrichtungen (η^2=.20; $F(62,1525)$, $p<.01$) und korreliert positiv mit der durchschnittlichen Ausprägung des RDP innerhalb eines Trägers ($r(46)$=.34; $p<.05$).

Die *qualitative Personalausstattung* wurde über den Anteil der befragten Personen mit Hochschulabschluss operationalisiert. Auch dieser unterscheidet sich zwischen den Einrichtungen (η^2=.12; $F(58,2218)$; $p<.01$) und korreliert negativ mit dem Ausmaß punitiver Haltungen der Fachkräfte ($r(52)$=-.40; $p<.01$).

Die Teilnahmequote an institutionalisierten Formen fachlichen Austauschs wurden über vier Fragen danach operationalisiert, wer innerhalb der letzten zwölf Monate zum Zeitpunkt der Befragung mindestens an einer Fortbildung, einer Supervision, einer kollegialen Beratungen oder einer Fachtagung teilgenommen hat. Die Angaben zu den vier Items wurden über den Mittelwert zu einem Index zusammengefasst, dessen Ausprägung sich zwischen den Trägern unterscheidet (η^2=.20; $F(41,1639)$; $p<.01$). Die durchschnittliche Teilnahmequote an institutionalisierten

---

2 Zum Vergleich der Ausprägung dieser Haltungen unter Fachkräften bei öffentlichen Trägern kann auf die Arbeit von Klomann (2014, S. 223 ff.) verwiesen werden. In ihrer Studie wurden 464 ASD-Mitarbeitende mit identischen Items zu ihrem Klient*innenbild und ihrer Strafbereitschaft befragt. Die Mittelwerte zu allen sechs Fragen unterscheiden sich nicht signifikant von den hier dargestellten Befunden.

3 Wenn im Folgenden von »Unterschieden« oder »Korrelationen« die Rede ist, handelt es sich um statistisch signifikante Aussagen ($p.05$ oder $p.01$).

Formen fachlichen Austauschs korreliert negativ mit der durchschnittlichen Zustimmungsrate zum RDP ($r(41)=-.59$; $p<.01$), wobei sich regressionsanalytisch die Teilnahme an Supervisionen als die fachliche Austauschform mit dem stärksten statistisch signifikanten (negativen) Einfluss auf punitive Haltungen erweist[4].

Die *Qualität des Weiterbildungsangebots* wurde über vier Items operationalisiert (u. a. »Das in Weiterbildungsmaßnahmen Gelernte lässt sich gut in den Arbeitsalltag integrieren« und »Das Angebot an Weiterbildungsmaßnahmen in meiner Einrichtung ist gut«). Die Items wurden über den Mittelwert zu einem Index zur Qualität des Weiterbildungsangebots zusammengefasst, dessen durchschnittliche Ausprägung sich ebenfalls zwischen den Trägern unterscheidet ($\eta^2=.23$; $F(55,1730)$; $p<.01$). Auch bezüglich dieser Dimension besteht – in Übereinstimmung mit unserer These – ein sehr deutlich negativer Zusammenhang mit der Ausprägung der Sanktionsbereitschaft ($r(49)=-.41$; $p<.01$).

Als informale Bedingung für fachlich-reflexiven Austausch wurde die *Kollegialität des Teams* über vier Items operationalisiert (z. B. »Auf meine Kolleg*innen kann ich mich in jeder Beziehung verlassen« und, negativ kodiert, »Die Kolleg*innen mobben sich oder spielen sich gegeneinander aus«). Auch die Kollegialität des Teamklimas unterscheidet sich zwischen den Einrichtungen ($\eta^2=.13$; $F(50,1601)$; $p<.01$). Das Ausmaß der Kollegialität des Teamklimas korreliert positiv mit der Autonomie der Fachkräfte ($r(47)=.51$; $p<.01$) und der Teilnahme an institutionalisierten Austauschmöglichkeiten ($r(35)=.49$; $p<.01$) sowie negativ mit der Sanktionsbereitschaft der Fachkräfte ($r(51)=-.32$; $p<.05$).

Mit Blick auf den von außen gestiegenen Druck auf Träger Sozialer Arbeit, sich wirtschaftlich auszurichten und ihr Management zu ›modernisieren‹, wurde zunächst erfasst, in welchem Ausmaß das Management von den Mitarbeitenden als am wirtschaftlichen Erfolg orientiert eingeschätzt wird. Diesbezüglich weisen die Einrichtungen hohe Unterschiede untereinander auf ($\eta^2=.35$; $F(73,2223)$; $p<.01$). Zugleich wurde das dem rationalistischen Steuerungsglauben des Managerialismus inhärente Misstrauen in die Professionalität über die Frage an die jeweils hauptverantwortliche Führungskraft operationalisiert, wie groß der Anteil ihrer* Mitarbeitenden ist, mit dem sie »im Hinblick auf ihre Fähigkeit zum selbstständigen Arbeiten sehr, einigermaßen oder weniger zufrieden« ist. Beide Merkmale »wirtschaftliche Ausrichtung« und »Misstrauen in Professionalität« korrelieren sowohl miteinander ($r(46)=.32$; $p<.05$) als auch mit geringeren Autonomiespielräumen der Fachkräfte ($r(51)=-.43$; $p<.01$ bzw. $r(44)=-.50$; $p<.01$) sowie mit einer niedrigeren Teilnahmequote an institutionalisierten Formen fachlichen Austauschs ($r(41)=-.45$; $p<.01$ bzw. $r(35)=-.34$; $p<.05$). Während das Ausmaß der Orientierung am wirtschaftlichen Erfolg statistisch signifikant positiv mit der Sanktionsbereitschaft der Mitarbeitenden koinzidiert ($r(54)=.37$; $p<.01$), ist der positive Zusammenhang zwischen der Ausprägung des RDP und dem Misstrauen in die Professionalität der Fachkräfte statistisch nicht signifikant ($r(44)=.29$; n.s.).

---

4 Einfluss der Teilnahmequote an Supervisionen $\beta=-.55$; $p.01$; Modell: korrigiertes $R^2=.32$; $F(4,37)=5.78$; $p.01$.

Zur Einschätzung der für die Ausprägung des RDP innerhalb von Einrichtungen relevanten Dimensionen wurde eine lineare Regressionsanalyse durchgeführt.[5] Durch die Prädikatoren »Teilnahmequote an Supervisionen«, »Autonomie« und »Anteil an Fachkräften mit Hochschulabschluss« werden insgesamt 38 % der Varianz der Ausprägung des RDP zwischen den Trägern aufgeklärt (korrigiertes R^2 =.38; $F(3,46)$=10.98; $p<.01$).

Die Heraushebung dieser drei unabhängigen Variablen wird durch eine Regressionsanalyse auf Individualebene gestützt (korrigiertes R^2 =.12; $F(5,663)$ =17.66; $p<.01$). Den größten (negativen) Einfluss auf die Ausprägung des RDP haben auch hier die Teilnahmequote an institutionalisierten Austauschmöglichkeiten (β=-.16; $p<.01$), die Autonomie (β=-.14; $p<.01$) und Qualifikation der Fachkräfte (β=-.14; $p<.01$). Darüber hinaus weisen das wahrgenommene Ausmaß an Personalengpässen (β=.10; $p<.05$) sowie die Einschätzung des Managements als am wirtschaftlichen Erfolg orientiert (β=.10; $p<.05$) signifikante (positive) Einflüsse auf die jeweilige Zustimmung zum RDP der Fachkräfte auf. Auf Individualebene ist dabei hervorzuheben, dass das Alter, die Berufserfahrung, das Geschlecht und auch das Arbeitsfeld (stationär vs. ambulant) weder im Rahmen bivariater Korrelationen noch regressionsanalytisch nennenswert mit der Ausprägung des RDP koinzidieren.

10.6 Fazit

Professionstheoretisch haben wir argumentiert, dass Strafe und Zwang unzulässige Vereinseitigungen tätigkeitsspezifischer Ambivalenzen Sozialer Arbeit darstellen, die zur Unterstützung bei der Entwicklung einer autonomen Lebensführung nur in Grenzfällen als fachlich legitim und zielführend erachtet werden können und daher im Rahmen professioneller Sozialer Arbeit möglichst zu vermeiden sind. Dass viele Fachkräfte dennoch strafen (wollen), wird in der Literatur häufig auf personale Merkmale (Wissen, politische Einstellung etc.) zurückgeführt, die auch empirisch zweifelsfrei mit punitiven Haltungen korrelieren. Gleichwohl kann Strafe bzw. Strafbefürwortung ebenso als eine Strategie zur Bewältigung von Unsicherheiten im Umgang mit für Soziale Arbeit grundsätzlich charakteristischen, schwierigen Situationen gefasst werden, auf die vor allem dann zurückgegriffen wird, wenn andere fachlich-reflexive Formen der Problembearbeitung und Unsicherheitsabsorption in unzureichendem Maße vorhanden sind.

In den dargestellten Befunden konnte der Zusammenhang zwischen den verschiedenen Seiten der Organisation und ihrem jeweiligen Einfluss auf die Tendenz zur Ausprägung responsibilisierender, disziplinierender und sanktionieren-

---

5 Aufgrund der geringen Fallzahl auf Einrichtungsebene und der hohen Interkorrelationen der Prädikatoren hat die Regressionsanalyse nur begrenzte Aussagekraft bezüglich des Einflusses einzelner unabhängiger Variablen.

der Haltungen verdeutlicht werden. Als Professionalität ermöglichende und Sanktionsbereitschaft verhindernde Organisationsstruktur zeigt sich insbesondere die Etablierung von institutionalisiertem fachlichem Austausch, z. B. im Rahmen von Supervisionen. Darüber hinaus stellen u. a. auch der Anteil an Fachkräften mit Hochschulabschluss sowie ein hohes Maß an Autonomie bei der Arbeit organisationale Strukturmerkmale dar, die der Ausprägung sanktionsbereiter Haltungen unter den Fachkräften entgegenzuwirken scheinen.

Gleichwohl ist nicht von der Hand zu weisen, dass auch bei formaler Ermöglichung professioneller Arbeit ein hoher Anteil von Fachkräften dem RDP zustimmt. Die Aufgabe des Managements, dilemmatische Handlungsanforderungen stets professionell bearbeitbar zu machen, ist demnach nicht mit der Einstellung formal qualifizierter Fachkräfte und der Ermöglichung institutionalisierter Austauschformen erledigt.

Es besteht »strukturell eine professionelle Angewiesenheit auf den kollegialen Austausch, um praktisch handlungsfähig zu bleiben« (Henn 2016, S. 265), da ihm eine konstitutive Rolle bei der Etablierung eines kollektiv abgesicherten Erfahrungs- und Deutungsraum zukommt, auf dessen Grundlage die eigene Arbeit fachlich abgesichert wird. Die Notwendigkeit eines solchen ›Backups‹ führt jedoch häufig dazu, dass kollegialer Austausch primär im Dienst der Kollektivierung praktiziert wird, also um die vermeintlich konsensuale Weltsicht als Orientierungshilfe aufrechtzuerhalten. Es lässt sich eine Tendenz beobachten, von der Moral der Gruppe abweichende Meinungen zu ignorieren, als unethisch zu diskreditieren oder auch eigene Zweifel einer Selbstzensur zu unterwerfen (Janis 1982). Damit aber wird »der Preis für diese konsensuale Fachlichkeit in Form einer mangelhaften bzw. unzutreffenden Beschreibung und Erklärung individueller und sozialer Problemlagen entrichtet« (Klatetzki 2001, S. 24). Diese These lässt sich anhand unserer eigenen Studie unterstützen: Je stärker die Fachkräfte dem RDP zugestimmt haben, desto häufiger gaben sie an, in Teambesprechungen öfter ihre Meinung für sich zu behalten ($r(232)=.29$; $p<.01$).

Um solchen Tabuisierungstendenzen ›abweichender‹ Haltungen entgegenzuwirken und sie damit bearbeitbar zu machen, ist eine sensible Abstimmung formaler Strukturen mit der sich herausgebildeten informalen Struktur notwendig (Klomann, Mohr & Ritter 2019; Kühl 2018). Insbesondere im Rahmen eines managerialistischen Managements besteht die Gefahr, im Glauben an die rationale Steuerbarkeit aller Organisationsprozesse mittels ›moderner‹ Managementstrategien Abweichungen von manageriellen Vorgaben eben nicht als Reaktion auf Folgeprobleme formaler Strukturen aufzufassen, was eine Auseinandersetzung mit der Brauchbarkeit der Regeln selbst nach sich ziehen müsste, sondern diese auf individuelle Fehler der Fachkräfte oder auch eine mangelnde Umsetzung der Managementinstrumente zurückzuführen (Mohr & Ritter 2018). Versuche, mittels Leitbildentwicklung, ethischer Richtlinien oder Compliance-Management bestimmte Haltungen unter den Mitarbeitenden auf formalem Weg zu erzeugen, können sich dann nicht nur unwirksam zur Bearbeitung von Haltungen erweisen, sondern auch unbeabsichtigte Nebenfolgen mit sich bringen, indem sie Möglichkeiten der professionellen Bearbeitung ambivalenter Situationen erschweren.

Literatur

Andresen, S. (2018). Gewalt in der Erziehung als Unrecht thematisieren: Perspektiven aus der Aufarbeitung sexuellen Kindesmissbrauchs. Zeitschrift für Pädagogik 1, S. 6–14.
BGW – Berufsgenossenschaft für Gesundheitsdienste und Wohlfahrtspflege (2018). Kinder- und Jugendhilfe in Deutschland. Ein Datenbericht 2018 (https://www.bgw-online.de/DE/Medien-Service/Medien-Center/Medientypen/Wissenschaft-Forschung/BGW55-83-132_Datenbericht-Kinder-und-Jugendhilfe.html), Zugriff am 03.12.2019.
Blomberg, H., Kallio, J., Kroll & C., Niemelä, M. (2015). What Explains Frontline Workers' Views on Poverty? A Comparison of Three Types of Welfare Sector Institutions. International Journal of Social Welfare, 24 (4), S. 324–334.
Brumlik, M. (Hrsg.) (2007). Vom Missbrauch der Disziplin: Antworten der Wissenschaft auf Bernhard Bueb. Beltz: Weinheim.
Bueb, B. (2009). Lob der Disziplin: Eine Streitschrift. Berlin: Ulstein.
Clark, Z. & Schwerthelm, M. (2017). Manualisiertes Strafen oder demokratisches Verzeihen? Sozial Extra, 41 (5), S. 15–18.
Dewe, B. & Otto, H.-U. (2012). Reflexive Sozialpädagogik. In Thole, W. (Hrsg.), Grundriss soziale Arbeit (S. 197–218). Wiesbaden: VS.
Dollinger, B. (2010). Wie punitiv ist die Soziale Arbeit? Sozial Extra, 34 (7/8), S. 6–10.
Dollinger, B., Oelkers, N. & Ziegler, H. (2013). Students of Social Work in the Slipstream of the Politics of Activation: Results of Explorative Studies. Social Work & Society, 11 (1) (http://www.socwork.net/sws/article/view/357/707), Zugriff am 15.08.2019.
Euteneuer, M. (2014). Training(s), Elterntraining(s). In Düring, D., Krause, H.-U., Peters, F., Rätz, R., Rosenbauer, N. & Vollhase, M. (Hrsg.), Kritisches Glossar Hilfen zur Erziehung (S. 368–375). Frankfurt a. M.: IGfH-Eigenverlag.
Gal, J. & Weiss-Gal, I. (Hrsg.) (2014). Social Workers Affecting Social Policy: An International Perspective on Policy Practice. Bristol: Policy Press.
Garland, D. (2008). Kultur der Kontrolle: Verbrechensbekämpfung und soziale Ordnung in der Gegenwart. Frankfurt a. M., New York, NY: Campus.
Gross, P. & Badura, B. (1977). Sozialpolitik und soziale Dienste: Entwurf einer Theorie personenbezogener Dienstleistungen. In Ferber, C. v. (Hrsg.), Soziologie und Sozialpolitik (S. 361–385). Wiesbaden: Westdeutscher Verlag.
Hagen, J. (Hrsg.) (2013). Zukunft Personalentwicklung für Fachkräfte in der Kinder- und Jugendhilfe: Abschlussdokumentation des EREV-Projektes ZuPe. Hannover: Schöneworth.
Hasenfeld, Y. (2000). Organizational Forms as Moral Practices: The Case of Welfare Departments. Social Service Review, 74 (3), S. 329–351.
Henn, S. (2016). Praktiken der Kollektivierung im Teamgespräch. In Schmidt, F., Schulz, M. & Graßhoff, G. (Hrsg.), Pädagogische Blicke (S. 253–266). Weinheim: Beltz Juventa.
Heuer, S. (2017). Strafe: (k)ein pädagogisches Mandat für die Soziale Arbeit!? Sozial Extra, 41 (5), S. 6–10.
Hinings, C. R. & Malhotra, N. (2008). Change in Institutional Fields. In Ebner, A. & Beck, N. (Hrsg.), The Institutions of the Market. Organizations Social Systems and Governance (S. 106–128). Oxford: Oxford Univ. Press.
Huber, S. & Kirchschlager, S. (2019). Grenzen und Strafe in der Heimerziehung: Eine sozialpädagogische Studie. Opladen, Berlin, Toronto: Budrich UniPress.
Janis, I. L. (1982). Groupthink. Boston: Houghton Mifflin.
Kessl, F. (2006). Aktivierungspädagogik statt wohlfahrtsstaatlicher Dienstleistung? Zeitschrift für Sozialreform, 52 (2), S. 217–232.
Kessl, F. (2016). »Vermittlung trotz(t) Zwang?« Einige Einsichten aus der empirischen Analyse geschlossener Unterbringung für eine Perspektive der Grenzbearbeitung. In Zipperle, M., Bauer, P., Stauber, B. & Treptow, R. (Hrsg.), Vermitteln (S. 27–39). Wiesbaden: Springer Fachmedien.
Klatetzki, T. (2001). Kollegiale Beratung als Problem, sozialpädagogische Diagnostik ohne Organisation. In Ader, S., Schrapper, C. & Thiesmeier, M. (Hrsg.), Sozialpädagogisches

Fallverstehen und sozialpädagogische Diagnostik in Forschung und Praxis (S. 22–30). Münster: Votum.

Klatetzki, T. (2010). Zur Einführung: Soziale personenbezogene Dienstleistungsorganisation als Typus. In, Klatetzki, T. (Hrsg.), Soziale personenbezogene Dienstleistungsorganisationen. Soziologische Perspektiven (S. 7–24). Wiesbaden: VS.

Klingler, B. (2019). Arbeit am Subjekt? Kinder und Jugendliche in der Hilfe-Planung. Weinheim: Beltz Juventa.

Klomann, V. (2014). Zum Stand der Profession Soziale Arbeit: Empirische Studie zur Präsenz reflexiver Professionalität in den Sozialen Diensten der Jugendämter im Rheinland. Dissertation. Universität Bielefeld (https://pub.uni-bielefeld.de/record/2656940), Zugriff am 15.08.2019.

Klomann, V., Mohr, S. & Ritter, B. (2019). Organisationskultur und Professionalität in der Sozialen Arbeit. Forum Sozial (2), S. 21–26.

Kühl, S. (2011). Organisationen: Eine sehr kurze Einführung. Wiesbaden: VS.

Kühl, S. (2018). Organisationskulturen beeinflussen: Eine sehr kurze Einführung. Wiesbaden: Springer VS.

Kuhlmann, C. (2008). »So erzieht man keinen Menschen!« Lebens- und Berufserinnerungen aus der Heimerziehung der 50er und 60er Jahre. Wiesbaden: VS.

Lindenberg, M. (2011). Geschlossene Unterbringung in der Kinder- und Jugendhilfe: Darstellung, Kritik, politischer Zusammenhang. In Dollinger, B. & Schmidt-Semisch, H. (Hrsg.), Handbuch Jugendkriminalität. Kriminologie und Sozialpädagogik im Dialog (S. 557–572). Wiesbaden: VS.

Lipsky, M. (2010). Street-Level Bureaucracy: Dilemmas of the Individual in Public Services. New York: Russell Sage Foundation.

Luhmann, N. (1973). Formen des Helfens im Wandel gesellschaftlicher Perspektiven. In Otto, H.-U., Schneider, S. (Hrsg.), Gesellschaftliche Perspektiven der Sozialarbeit: Zweiter Halbband (S. 21–43). Neuwied: Luchterhand.

Luhmann, N. (2000). Organisation und Entscheidung. Opladen: Westdeutscher Verlag.

Luhmann, N. & Schorr, K.-E. (1979). Reflexionsprobleme im Erziehungssystem. Stuttgart: Klett-Cotta.

Lutz, T. (2011). Soziale Arbeit im aktivierenden Staat – Kontinuitäten, Brüche und Modernisierungen am Beispiel der Professionalisierung. Widersprüche, 31 (119/120),173–184.

Marks, S., Sehmer, J., Hildenbrand, B., Franzheld & T., Thole, W. (2018). Verwalten, Kontrollieren und Schuld zuweisen: Praktiken des Kinderschutzes – empirische Befunde. Zeitschrift für Sozialpädagogik, 16 (4), S. 341–362.

Maynard-Moody, S. & Portillo, S. (2010). Street-Level Bureaucracy Theory. In Durant, R. (Hrsg.), Oxford Handbook of American Bureaucracy (S. 252–277). New York: Oxford Univ. Press.

Merchel, J. (2015). Management in Organisationen der Sozialen Arbeit: Eine Einführung. Weinheim, Basel: Beltz Juventa.

Meyer, J. W. & Rowan, B. (1977). Institutionalized Organizations: Formal Structure as Myth and Ceremony. American Journal of Sociology, 83 (2), S. 340–368.

Mohr, S. (2017). Abschied vom Managerialismus: Das Verhältnis von Profession und Organisation in der Sozialen Arbeit. Dissertation. Bielefeld (https://pub.uni-bielefeld.de/record/2908758), Zugriff am 15.08.2019.

Mohr, S. & Ritter, B. (2018). Managementprobleme in Organisationen Sozialer Arbeit. Evangelische Jugendhilfe 95, S. 27–34.

Mohr, S., Ritter, B. & Ziegler, H. (2017). Zwang als erzieherisches Mittel in der Kinder- und Jugendhilfe? Sozial Extra, 41 (5), S. 19–23.

Mohr, S. & Ziegler, H. (2012). Professionelle Haltungen, sozialpädagogische Praxis und Organisationskultur. Schriftenreihe, 53 (2), S. 20–30.

Oelkers, N. (2014). Eltern im Diskurs: Elternverantwortung als sozialpädagogische Zielkategorie. Sozialpädagogische Impulse, (1), S. 20–22.

Oelkers, N., Feldhaus, N. & Gaßmöller, A. (2013). Soziale Arbeit und geschlossene Unterbringung – Erziehungsmaßnahmen in der Krise? In Böllert, K., Alfert, N. & Humme, M. (Hrsg.), Soziale Arbeit in der Krise (S. 159–182). Wiesbaden: Springer VS.

Oelkers, N., Feldhaus, N. & Gaßmöller, A. (2015). Geschlossene Unterbringung in der Kinder- und Jugendhilfe: Zusammenfassende Ergebnispräsentation aus dem Projekt: Geschlossene Unterbringung strafunmündiger Kinder und Jugendlicher in Maßnahmen der Kinder- und Jugendhilfe am Beispiel der Geschlossenen intensivtherapeutischen Wohngruppe für Kinder und Jugendliche in Trägerschaft des Caritas-Sozialwerks St. Elisabeth. Vechta: Vechtaer Verlag für Studium, Wissenschaft und Forschung.

Oevermann, U. (2009). Die Problematik der Strukturlogik des Arbeitsbündnisses und der Dynamik von Übertragung und Gegenübertragung in einer professionalisierten Praxis von Sozialarbeit. In Becker-Lenz, R., Busse, S., Ehlert, G. & Müller, S. (Hrsg.), Professionalität in der Sozialen Arbeit. Wiesbaden (S. 113–142). Wiesbaden: VS.

Olk, T. (1986). Abschied vom Experten: Sozialarbeit auf dem Weg zu einer alternativen Professionalität. Weinheim: Juventa.

Roose, R., Roets, G. & Bouverne-De Bie, M. (2011). Irony and Social Work: In Search of the Happy Sisyphus. British Journal of Social Work, 42, 1592–1607.

Scherr, A. & Sturzenhecker, B. (2013). Selbstbestimmte Lebensführung und Demokratiebildung: Oder: Warum es immer noch wichtig ist, Jugendarbeit als Ort emanzipatorischer Bildungsprozesse zu gestalten. In Spatscheck, C. & Wagenblass, S. (Hrsg.), Bildung, Teilhabe und Gerechtigkeit. Gesellschaftliche Herausforderungen und Zugänge sozialer Arbeit (S. 54–76). Weinheim, Basel: Beltz Juventa.

Schimank, U. (2005). Die akademische Profession und die Universitäten: »New Public Management« und eine drohende Entprofessionalisierung. In Klatetzki, T. & Tacke, V. (Hrsg.), Organisation und Profession (S. 143–164). Wiesbaden: VS.

Schwabe, M. (2007). Zwang in der Erziehung und in den Hilfen zur Erziehung. Widersprüche, 27 (106), S. 19–40.

Wolf, K. (2016). Zur Notwendigkeit des Machtüberhangs in der Erziehung. In Kraus, B., Krieger & W. (Hrsg.), Macht in der Sozialen Arbeit. Interaktionsverhältnisse zwischen Kontrolle, Partizipation und Freisetzung (S. 173–213). Lage: Jacobs-Verlag.

Wolff, M. (2006). Machtmissbrauch durch Professionelle in der Heimerziehung: keine historische Episode. Sozial Extra, 30 (12), S. 16–17.

Ziegler, H. (2017). Gerechtigkeitsideologien und AdressatInnenbilder in der Sozialen Arbeit. Soziale Passagen, 8 (2), S. 379–387.

Ziegler, H. & Scherr, A. (2013). Hilfe statt Strafe?: Zur Bedeutung punitiver Orientierungen in der sozialen Arbeit. Zeitschrift für soziale Probleme und sozialer Kontrolle, 24 (1), S. 118–136.

Zimmermann, I. (2017). Mechanismen psychosozialer Destruktion. Soziale Passagen, 8 (2), S. 363–376.

11 »Man muss ihm Grenzen setzen!« Grenzsetzungen von Mitarbeitenden gegenüber herausfordernden Verhaltensweisen von institutionell lebenden Erwachsenen mit kognitiven Beeinträchtigungen
Erkenntnisse aus einer videoanalytischen Studie

Stefania Calabrese

11.1 Ausgangslage

Während sich im internationalen Fachdiskurs der Begriff ›Challenging Behaviour‹ seit den 1990er Jahren durchgesetzt hat, bildet sich die deutsche Übersetzung ›herausfordernde Verhaltensweise‹ erst in der aktuelleren (sonder-)pädagogischen Fachdebatte wieder. Die Bezeichnung ›herausfordernde Verhaltensweisen‹ wird dabei als Parallelbegriff für Verhaltensauffälligkeiten, Verhaltensstörung oder Problemverhalten verwendet. Die Wahrnehmung und Bewertung von Verhaltensweisen, die als herausfordernd, auffällig, störend oder eben problematisch betitelt werden, ist stark subjektiv gefärbt und verdeutlicht, dass ein bestimmtes Verhalten eine spezifische Person an ihre Grenzen bringt. Daher scheint es angebracht, wesentliche theoretisch sensibilisierte Kriterien für herausfordernde Verhaltensweisen vorab zu definieren, um eine gemeinsame Verständnisbasis sicherzustellen:

- Herausfordernde Verhaltensweisen umfassen sowohl *externalisierende Verhaltensweisen* wie z. B. Fremd- und Selbstverletzungen, Sachbeschädigungen und sexualisiertes Verhalten als auch *internalisierende Verhaltensweisen* wie bspw. Antriebslosigkeit, Passivität und Rückzug. In den gängigen und bekannten Definitionen sind die internalisierenden Verhaltensweisen nicht unter den herausfordernden Verhaltensweisen subsummiert (vgl. Wolkorte et al. 2019), doch auch diese Formen gilt es zwingend als herausfordernde Verhaltensweisen zu erkennen, denn auch sie können über einen längeren Zeitraum hinweg problematisch für die Klientel sein. Es ist jedoch auch erwiesen, dass gerade die externalisierenden Verhaltensweisen von Mitarbeitenden der Behindertenhilfe als besonders herausfordernd wahrgenommen werden und die internalisierenden Verhaltensweisen häufiger weniger Beachtung von den Mitarbeitenden finden (vgl. Büschi & Calabrese 2018).
- Herausfordernde Verhaltensweisen zeigen sich über einen *längeren Zeitraum* (als Orientierungsrahmen dient die Zeitangabe seit mindestens sechs Monaten) hinweg, sind *wiederholt beobachtbar* (als Orientierungsrahmen dient hier

die Zeitangabe ca. einmal in der Woche) und treten in einer bestimmten *Häufigkeit* und *Intensität* zutage (vgl. Wüllenweber 2009).
- Die *Auswirkungen* von herausfordernden Verhaltensweisen können sowohl für die *Klientel* selbst als auch für die soziale, strukturelle und gegenständliche *Umwelt kritisch* sein (vgl. Wüllenweber 2009). Für die Klientel sind sie insofern kritisch, weil ihnen dadurch oft mit restriktiven Interventionen begegnet wird, dies hat wiederum negative Auswirkungen auf die Entfaltung ihrer Entwicklung und Lebensqualität. Für die Umwelt ergeben sich kritische Auswirkungen auf unterschiedlichen Ebenen. So sind bspw. die Institutionen gefordert, ihre konzeptionellen Betreuungs- und Begleitaufgaben anzupassen, was wiederum mit finanziellen und personellen Aspekten verbunden ist, sowie ihre Mitarbeitenden im Umgang mit herausfordernden Verhaltensweisen entsprechend zu schulen, ihnen die nötige Handlungssicherheit zu vermitteln und eine Burnout-Prävention, die potenziell aufgrund der häufigen Konfrontation mit herausfordernden Verhaltensweisen bei den Mitarbeitenden angezeigt ist, sicherzustellen. Das ist nur eine kleine Auswahl von möglichen kritischen Auswirkungen durch herausfordernde Verhaltensweisen.

Die Prävalenz von herausfordernden Verhaltensweisen ist bei Menschen mit kognitiven Beeinträchtigungen weitaus größer als bei Menschen ohne eine Beeinträchtigung. Dies belegen unterschiedliche empirische Studien (vgl. Schanze et al. 2014; Weber Long 2014; Luiselli 2012; Theunissen 2011; u. a.). Ältere Untersuchungen von Mühl (2001) und Sigafoos et al. (1994) zeigen zudem, dass die Auftrittshäufigkeit von herausfordernden Verhaltensweisen von Menschen mit kognitiven Beeinträchtigungen in Institutionen größer ist als in anderen Wohnformen, wie bspw. Wohnen bei Familienmitgliedern oder Angehörigen, Wohnen mit Assistenz oder gemeindenahes Wohnen. Gerade bei Erwachsenen mit kognitiven Beeinträchtigungen manifestieren sich herausfordernde Verhaltensweisen oft über einen längeren Zeitraum hinweg, wobei insbesondere fremdverletzende Verhaltensweisen als besonders persistent gelten (vgl. Totsika et al. 2008). Daher stellen gerade Erwachsene mit kognitiven Beeinträchtigungen und herausfordernden Verhaltensweisen Institutionen der Behindertenhilfe immer wieder vor Schwierigkeiten. Die direkte und indirekte Konfrontation mit herausfordernden Verhaltensweisen scheint alle Beteiligten stark zu fordern und seit je her Handlungsprobleme auf unterschiedlichen Ebenen zu evozieren (vgl. Riegert 2013; Glomb 2012; Schultheiss 2007; Wüllenweber 2000; Bradl 1999; Weber 1999). Herausfordernde Verhaltensweisen sind aus einer systemökologischen Perspektive nicht als personeninhärente Eigenschaften oder als Ausdruck der individuellen Beeinträchtigung zu verstehen, sondern als Produkt einer ungünstigen Wechselwirkung zwischen Individuum und Umwelt. Herausfordernde Verhaltensweisen implizieren zudem immer eine doppelte Herausforderung: Sie sind Ausdruck von erlebter Herausforderung der Klientel selbst und fordern zugleich die soziale, strukturelle und gegenständliche Umwelt heraus (vgl. Calabrese 2017).

11.2 Erkenntnisinteresse

Die regelmäßige Konfrontation mit herausfordernden Verhaltensweisen resp. die Involviertheit in herausfordernden Situationen kann bei Mitarbeitenden der Behindertenhilfe häufig zu Hilflosigkeit, Überforderung und Ohnmacht wie auch zu psychischen und physischen Belastungen führen, die sich wiederum negativ auf ihre qualitative Betreuungs- und Begleitarbeit auswirken (vgl. Riegert 2013; Glomb 2012; Schultheiss 2007). In der Folge können sich daraus ungünstige Konsequenzen für die Klientel ergeben, denn es besteht ein empirisch erwiesener enger Zusammenhang zwischen der Qualität der Begleit- und Betreuungsarbeit und der Lebensqualität der Klientel (vgl. Beadle-Brown 2015; Seifert 2006): Nimmt die Qualität der Betreuung aufgrund der individuelle Belastung der Mitarbeitenden ab, so kann sich das in einer reduzierten Lebensqualität der Klientel abbilden. Auf der Grundlage seiner empirischen Untersuchung hält Weber (1999, S. 27) fest: »Mit zunehmender Belastung [der Mitarbeitenden – Anm. d. Verf.] steigt die Wahrscheinlichkeit [für die Klientel – Anm. d. Verf.], in eine restriktive Umwelt untergebracht zu werden.«

Eine restriktive Umwelt kann dadurch gekennzeichnet sein, dass sich das pädagogische Handeln der Mitarbeitenden mehr und mehr auf bloße Verhinderung von herausfordernden Verhaltensweisen reduziert und hierfür mitunter freiheitsbeschränkende Maßnahmen wie Isolation oder Fixation oder medikamentöse Interventionen angewendet werden. Eine weitere Folgeerscheinung dieses ungünstigen Spiralmechanismus von Belastung und Restriktion ist die erhöhte Gewalt- und Aggressionsbereitschaft der Mitarbeitenden gegenüber der Klientel (vgl. Weber 1999; Schulz 1999; Seifert 1995). Diese Form von grenzsetzender Umgangsweise gegenüber herausfordernden Verhaltensweisen »ist nicht selten aufgrund des eigenen Stresses inadäquat, pädagogisch nicht wirklich sinnvoll begründbar und stark emotional gefärbt [...]« (Schulz 1999, S. 295). Derartiges Verhalten von Mitarbeitenden baut i. d. R. die herausfordernden Verhaltensweisen nicht ab, sondern verstärkt sie oder ruft sie erst hervor (vgl. Wolkorte et al. 2019; Griffith et al. 2013; MacDonald et al. 2013; Escalera 2008; u. a.). MacDonald et al. (2011) interviewten in ihrer Untersuchung Klient*innen mit leichten kognitiven Beeinträchtigungen zu ihrem persönlichen Erleben von restriktiven Interventionen. Dabei zeigte sich, dass die befragte Klientel restriktive Interventionen auf ihre herausfordernden Verhaltensweisen als schmerzhaft und emotional belastend erleben und diese als weder hilfreich noch gerechtfertigt wahrnahmen. Die Autorenschaft resümiert: Such practices appear to have too many adverse effects on their recipients to be justifiable (op. cit.: 51). Vor dem Hintergrund des ausgeführten Erkenntnisinteresses erweist sich die folgende Fragestellung, die im vorliegenden Beitrag vertieft wird, als besonders relevant.

> Inwiefern zeigen Mitarbeitende in der direkten Konfrontation mit herausfordernden Verhaltensweisen von Erwachsenen mit kognitiven Beeinträchtigungen restriktive Grenzsetzungen und wie legitimieren sie ihr grenzsetzendes Verhalten?

Die vorliegenden Daten und Resultate sind Teil eines Dissertationsprojekts zu herausfordernden Verhaltensweisen von Erwachsenen mit schweren Beeinträchtigungen im institutionellen Arbeitskontext, das zwischen 2013 und 2016 an der Universität Zürich realisiert und unter dem Titel »Herausfordernde Verhaltensweisen – herausfordernde Situationen: Ein Perspektivenwechsel« publiziert wurde (vgl. Calabrese 2017).

11.3 Forschungsdesign

Die leitende Fragestellung des Dissertationsprojekts lautete: Wie sind Arbeitssituationen gestaltet, in denen Menschen mit schweren Beeinträchtigungen herausfordernde Verhaltensweisen zeigen? Damit verbunden waren zusätzliche Unterfragestellungen nach zusammenspielenden Bedingungen, Funktionalitäten und situativen Auswirkungen von herausfordernden Verhaltensweisen. Das Dissertationsprojekt setzte sich zum Ziel, herausfordernde Verhaltensweisen systemökologisch zu erfassen und ihnen verstehend zu begegnen, womit unweigerlich eine Perspektivenerweiterung einhergeht und somit ein Fokus auf herausfordernde Situationen gerichtet wurde. Ein verstehender Zugang zum Phänomen ›herausfordernde Situationen im Arbeitskontext von Menschen mit schweren Beeinträchtigungen‹, das generell als mangelhaft beforscht gilt, macht ein qualitatives Forschungsdesign erforderlich. Gleichzeitig gelingt ein verstehender Zugang ausschließlich über eine Erhebung und Auswertung unterschiedlicher Datenquellen, denn nur eine präzise Erfassung der Gesamtsituation lässt das eigentliche Wesen eines Gegenstandes erkennen (vgl. Fatke 2013, S. 167). Von zentralem Interesse sind neben dem Erwerb von kontextbezogenem Wissen über institutionelle und klientelspezifische Dokumente (Leitbilder, Biografien, Förderplanungen etc.) spezifische Videoaufnahmen im konkreten Arbeitsumfeld der Klientel. Dabei gilt es zu beachten, »dass die Erhebung solcher Video-Daten grundsätzlich in einen umfassenden ethnografischen Erhebungsprozess eingebunden sein muss« (Knoblauch 2004, S. 124).

Um einen derartigen ethnografischen Prozess zu komplettieren und das Erleben der herausfordernden Situation aus der Sicht der Involvierten zu erfassen, wurden Interviews mit Mitarbeitenden geführt, die die fokussierte Klientel begleiten. Einerseits werden in den Interviews die subjektiven Wahrnehmungen erfasst, andererseits wird durch eine stellvertretende Befragung nach der Sichtweise der fokussierten Klientel gefragt, da die Klientel aufgrund von kommunikativen Barrieren nicht direkt befragt werden kann. Die Daten werden durch Interviews mit Leitungspersonen ergänzt, die insbesondere die institutionellen und strukturellen Bedingungen aus übergeordneter Perspektive beleuchten. Das Sample bestand aus zehn Klient*innen mit schweren Beeinträchtigungen und herausfordernden Verhaltensweisen, die in neun unterschiedlichen Institutionen der Behindertenhilfe in der Deutschschweiz leben. Zu diesen zehn Einzelfällen wurden

Videos von Arbeitssituationen aufgenommen, um davon besonders herausfordernde Situationen analog zur Videointeraktionsanalyse nach Knoblauch (2006) auszuwerten. Zusätzlich wurden Interviews mit Mitarbeitenden und Leitungspersonen geführt, die in Anlehnung an die Grounded Theory nach Glaser und Strauss (2005) analysiert wurden.

11.4 Erkenntnisse in Bezug auf Grenzsetzungen und Einbettung in den Fachdiskurs

Die dargelegten Erkenntnisse sind größtenteils Auszüge aus den bereits publizierten Ergebnissen des Dissertationsprojekts (vgl. Calabrese 2017). Im untersuchten Datenmaterial zeigen sich im Umgang mit herausfordernden Verhaltensweisen von Erwachsenen mit kognitiven Beeinträchtigungen neben pädagogisch sehr adäquaten Herangehensweisen auch offensichtliche und subtile Tendenzen der restriktiven Grenzsetzung. Der Versuch, eine Kategorisierung der Formen der unterschiedlichen Grenzsetzungen in der direkten Konfrontation mit herausfordernden Verhaltensweisen vorzunehmen, resultierte in folgender Differenzierung: Räumliche Separierung, Mobilitätsbehinderung, Abgabe von Medikamenten.

Eine *räumliche Separation* der*des Klient*in, die*der sich herausfordernd verhält, wird oft vor dem Hintergrund angewandt, dass sich die Klientel in der isolierenden Umgebung beruhigen kann, und die anderen bzw. die Gemeinschaft nicht weiter gestört werden. Eine solche Situation ergab sich auch bei der fokussierten Klientin Ingrid Rema, die in der untenstehenden Situationsvignette, basierend auf einer Videoaufnahme, dargestellt wird:

> Als die Mitarbeiterin mit einer weiteren Person im Gespräch war, hat Ingrid Rema (fokussierte Klientin) einer anderen Klientin, Erna Sanchez, ein mit Orangensaft gefülltes Glas aus der Hand geschlagen. Sogleich läuft die Mitarbeiterin zum Tisch, greift Ingrid Rema am Handgelenk und fordert sie zum Aufstehen auf. Erna Sanchez schüttelt den Kopf. Ingrid Rema bleibt sitzen und versucht sich aus dem Griff der Mitarbeiterin zu lösen. Die Mitarbeiterin setzt sich neben Ingrid Rema auf die Bank, greift zu einem Tuch und fordert Ingrid Rema zum Aufwischen auf. Ingrid Rema bleibt konsterniert sitzen, als die Mitarbeiterin ihre Hand ergreift, um mit ihr gemeinsam den Tisch zu wischen. Ingrid Rema zieht ihre Hand zurück und schreit die Mitarbeiterin an. Diese fragt sie, ob sie weiterhin am Tisch sitzen bleiben möchte, woraufhin Ingrid Rema ihren Kopf auf die Brust der Mitarbeiterin legt. Diese lässt die Nähe für einen kurzen Augenblick zu. Die Mitarbeiterin schaut zu Erna Sanchez, die die Hand auf den Tisch klopft, und fragt: »Ja?« Darauf schlägt Ingrid Rema ihren Kopf gegen die Brust der Mitarbeiterin. Diese steht sogleich auf und zerrt Ingrid Rema mit sich in den Flur. Ingrid Rema schreit die Mitarbei-

> terin an, hebt ihre Hände zum Angriff in die Höhe. Die Mitarbeiterin ergreift sogleich beide Handgelenke von Ingrid Rema und führt sie in den Gruppenraum. Die Mitarbeiterin kommt alleine wieder in den Flur, zieht die Türe des Gruppenraums zu, so dass sie noch einen Spaltbreit offen bleibt, und begibt sich wieder zu den anderen an den Tisch.
>
> (Aus: Calabrese, S. (2017). Herausfordernde Verhaltensweisen – herausfordernde Situationen: Ein Perspektivenwechsel. Eine qualitativ-videoanalytische Studie über die Gestaltung von Arbeitssituationen von Menschen mit schweren Beeinträchtigungen und herausfordernden Verhaltensweisen. Bad Heilbrunn: Klinkhardt, S. 157).

Diese räumliche Separation kommt zugleich einer Exklusion aus dem Gruppengeschehen und der Gruppenaktivität gleich. Mit dieser Aktion greift die Mitarbeiterin grenzsetzend ein und schafft bzw. nutzt im wortwörtlichen Sinn räumliche Grenzen, mit dem Ziel, die Situation bzw. die Klientin zu beruhigen. Ein Zitat einer anderen Mitarbeiterin, die einen Klienten mit herausfordernden Verhaltensweisen begleitet, verdeutlicht diese Zielverfolgung: »Ich lasse ihn zuerst austoben, und wenn er sich dann wirklich lange nicht beruhigt und vielleicht im Gesicht noch anfängt zu bluten, dann finde ich, wir bringen ihn jetzt in den separaten Raum, dann kann er dort sitzen, bis er sich beruhigt hat« (I13). Auch folgendes Zitat einer weiteren Mitarbeiterin bekräftigt das vermeintliche Ziel der Beruhigung durch Separation bzw. Isolation: »Auf der Wohngruppe wird die Türe manchmal auch geschlossen, damit sie die Ruhe findet, die sie braucht« (I3). Dass eine Beruhigung durch soziale Isolation und Beschäftigungsentzug eintritt, ist eher unwahrscheinlich. Viel eher werden durch deprivierende Verhältnisse weitere mittelbare oder unmittelbare herausfordernde Verhaltensweisen begünstigt (vgl. Ball & Fazil 2013; Tschöpe 2011; Theunissen 2005; Klauß 1999; u. a.).

Eine weitere Form, den herausfordernden Verhaltensweisen der Klientel Grenzen zu setzen, ist ihre *Mobilitätsbehinderung*. Dies bedeutet, dass die Klientel durch physisches Intervenieren der Mitarbeitenden in ihrer Mobilität eingeschränkt werden, so dass sie sich nicht mehr oder nur noch bedingt bewegen können und so keine weiteren Möglichkeiten haben, sich derart intensiv herausfordernd zu verhalten. In der folgenden Situationsvignette, die wiederum auf einer Videoaufnahme basiert, wird eine herausfordernde Situation beschrieben, in der Mitarbeitende einen Klienten aufgrund seiner herausfordernden Verhaltensweisen festhalten.

> Yannick Zingg (fokussierter Klient) befindet sich im vorderen Bereich des Raumes, die anderen Klient*innen sitzen am Gruppentisch, während eine der beiden anwesenden Mitarbeiterinnen ihnen eine Geschichte vorliest. Eine Mitarbeiterin nähert sich Yannick Zingg und fragt, ob er an den Tisch kommen will. Daraufhin schreit er laut auf. Die Mitarbeiterin fasst seinen Rollstuhl und schiebt ihn, worauf er noch lauter schreit. Die Mitarbeiterin lässt den Rollstuhl los, er fährt selbständig bis kurz vor seinen Arbeitsplatz. Die

Mitarbeiterin sagt: »Komm, hinfahren und Bremsen ziehen.« Yannick Zingg fährt darauf wuchtig auf sie zu. Die Mitarbeiterin kann gerade noch zur Seite springen. Er fährt wieder in den vorderen Bereich des Raumes, schreit und schaut zur Mitarbeiterin. Diese sagt: »Kommst du? Du bist nicht angebunden«, und geht frontal auf ihn zu. Sogleich fährt er zurück, beginnt laut zu schreien und prallt mit dem Rollstuhl in den Schrank. Er schlägt sich mit beiden Händen ins Gesicht. Die Mitarbeiterin geht zurück zum Gruppentisch, um der anderen Mitarbeiterin in einem gelassenen Ton zu sagen: »Er ist nicht angemacht, so fällt er raus.« Die andere Mitarbeiterin steht auf, will sich ihm nähern, Yannick Zingg schreit und fährt davon. »Wenn du schreist, habe ich Angst, und ich kann nicht mit dir sprechen«, entgegnet sie ihm. Er beruhigt sich und schaut sie an. Die Mitarbeiterin bleibt mit den Händen in ihren Hosentaschen stehen und sagt nochmals: »So habe ich Angst und kann nicht in deine Nähe kommen.« Er schreit, wendet sich mit dem Rollstuhl von ihr ab, woraufhin die Mitarbeiterin auf seinen Gurt zeigt und verbal nochmals darauf hinweist, dass der Gurt offen ist. Yannick Zingg schreit lauter und schlägt sich dabei heftig ins Gesicht. Die zweite Mitarbeiterin kommt schnellen Schrittes frontal auf ihn zu, sagt mit bestimmtem Ton: »Yannick, jetzt ist einfach fertig, sonst fällst du aus dem Rollstuhl.« Dabei schreit er noch lauter und versucht wegzufahren. Die Mitarbeiterin hält ihn am Arm fest und hält seinen Rollstuhl fest. Yannick Zingg schreit heftig auf, stemmt sich vom Rollstuhl hoch und gestikuliert wild mit den Armen. Die Mitarbeiterin geht zur Seite, damit sie von ihm nicht geschlagen wird, und positioniert sich hinter seinem Rollstuhl, um ihn am Oberkörper festzuhalten. Die andere Mitarbeiterin steht frontal vor ihm, hebt den Zeigefinger und sagt: »Hör mal Yannick.« Er schreit, sie nimmt ihre Hand wieder in die Hosentasche und wartet ab. »Darf ich jetzt?«, fragt sie, er schreit weiter. Die Mitarbeiterin sagt: »Du darfst nach draußen gehen, aber erst wenn ich deinen Gurt schließen darf, abgemacht? Dann gib mir die Hand«, und streckt ihm ihre Hand entgegen. Yannick hebt seine Hand leicht, die Mitarbeiterin schlägt ein. Sie schließt den Gurt, die andere Mitarbeiterin schiebt ihn sogleich schnell nach draußen in den Korridorbereich vor dem Arbeitsatelier. Er schreit und schlägt sich draußen wieder. Drei Minuten lang ist er agitiert und sehr laut. Die beiden Mitarbeiterinnen gehen zurück zu den anderen Klientinnen und Klienten und lesen die Geschichte weiter. Nach 20 Minuten geht eine Mitarbeiterin nach draußen und fragt, ob Yannick Zingg wieder in die Gruppe kommen möchte. Er willigt ein und begibt sich wieder an den Gruppentisch.

(Aus: Calabrese, S. (2017). Herausfordernde Verhaltensweisen – herausfordernde Situationen: Ein Perspektivenwechsel. Eine qualitativ-videoanalytische Studie über die Gestaltung von Arbeitssituationen von Menschen mit schweren Beeinträchtigungen und herausfordernden Verhaltensweisen. Bad Heilbrunn: Klinkhardt, S. 129f.).

Die Situation scheint für die Mitarbeitenden nicht mehr aushaltbar zu sein, weswegen sie ziemlich dominant eingreifen, dadurch Macht demonstrieren und durch das körperliche Festhalten den Klienten in seiner Mobilität behindern. Der fokussierte Klient wird in seiner Position erniedrigt und seine situativen Bedürfnisse erfahren keine Berücksichtigung, worauf er mit weiterer Agitation auch nach einer gefundenen Kooperationsbasis reagiert. Eine weitere Situation, in der mobilitätsbeschränkend seitens Mitarbeitenden reagiert wird, beschreibt eine Mitarbeiterin wie folgt:

> »Wir haben abgemacht, dass er auf seine Stützräder stehen muss, damit er sich beruhigen kann und sich im Rollstuhl nicht mehr fortbewegen kann [...], er hat zwei Räder hinten am Rollstuhl, mit denen man ihn aufbocken kann, eigentlich um seine Räder zu wechseln und wir benutzen sie eben auch, damit er keine Gefahr mehr für die anderen ist [...], also wenn alle Stricke reißen, dann kann man ihn nach hinten in den Ruheraum auf seine Stützräder stellen« (I24).

Der fokussierte Klient wird dadurch gezielt in seiner Mobilität behindert und zusätzlich separiert. Andere physische Interventionen verfolgen das Ziel, die Klientel außer Gefecht zu setzen und sie handlungsunfähig zu machen: »Herausfordernd ist es, wenn es trotz verbaler Mahnung nicht funktioniert und man körperlich eingreifen muss, weil entweder knallt es bei dir oder du schaffst es irgendwie, den Klienten auf den Boden zu bringen« (I19). Solche physischen Interventionen haben sich gemäß Wüllenweber (2004, S. 22) »weitgehend einer (kritischen) Reflexion durch die Heilpädagogik« entzogen und werden in der Praxis oft noch heute angewendet, ohne sie zu hinterfragen, wie folgende Aussage vermuten lässt: »In herausfordernden Situationen versuchen wir möglichst mit Distanz zu arbeiten oder dann probieren wir wirklich ihn aus dem Gleichgewicht zu bringen und auf den Boden zu legen« (I25).

Mobilitätsbehindernde und physische Interventionen beinhalten häufig eine abwertende und despektierliche Komponente gegenüber der Klientel und werden zugleich von den Mitarbeitenden als Instrument eingesetzt, um Macht zu demonstrieren und die Abhängigkeit und Unterlegenheit der Klientel zu manifestieren. Escalera (2008, S. 48) weist explizit darauf hin, dass körperliche Interventionen »nicht auf eine Befähigung resp. Bemächtigung [der Mitarbeitenden] in kampfähnlichen Situationen« abzielen dürfen. Eine Ermächtigung der Mitarbeitenden führt zwangsweise zu einer Entmächtigung der Klientel, deren Handlungsspielraum sich zunehmend verringert, was wiederum Potenzial für herausfordernde Verhaltensweisen birgt.

Auch die *Abgabe von Medikamenten* bzw. die sogenannte medikamentöse Intervention in Akutsituationen gelten als restriktive Intervention, um herausfordernde Klient*innen situativ zu sedieren und ihren Verhaltensweisen Grenzen zu setzen, wodurch eine Beruhigung der Situation erhofft wird: »Er hat auch ein Notfallmedikament, und wenn wir merken, dass es irgendwie gar nicht mehr geht, können wir ihm auch ein Temesta geben« (I9). Dabei gilt es kritisch anzumerken, dass »die Medikation zwar die Eskalation gewissermaßen kappt, aber das Problem nicht löst« (Elbing 2003, S. 130). Bei einem anderen Klienten wird eine Akutmedikation bei selbstverletzenden Verhaltensweisen eingesetzt, um die Selbstverletzung zu unterbinden: »Wenn er sich wirklich lange nicht beruhigt und sich extrem fest verletzt, dann können wir Notfallmedikamente geben« (I13). Schanze et al. (2014, S. 234 f.) halten fest, dass medikamentöse Interventionen »am wenigsten erfolgsversprechend« sind und doch in der Praxis »allzu häufig unkritische Verwendung« finden. Zugleich zeigen Vergleichsstudien, dass der Effekt von medikamentösen Interventionen gerade bei selbstverletzenden Verhaltensweisen eher gering ist (vgl. Mühl 2001, S. 173). Beide Zitate weisen zudem darauf hin, dass die Abgabe der Medikamente in der Eigenverantwortung der Mitarbeitenden liegt, die Abgabe somit an die individuelle Toleranzgrenze der Mitarbeitenden gebunden ist, und die Medikamente mit dem Ziel eingesetzt werden, die Klientel zu beruhigen. Dabei gilt es kritisch anzumerken, dass medikamentöse Interventionen eigentlich abzulehnen sind, wenn sie lediglich »der Ruhigstellung dienen, um die zeitaufwändigen Beschäftigungen mit dem Betroffenen zu reduzieren« (Hennicke 1999, S. 178).

Obschon gerade aus der Auswertung der Interviews der Mitarbeitenden hervorgeht, dass sie selbst die genannten grenzsetzenden, restriktiven Interventionen wenig kritisch hinterfragen, zeigen die Analysen, dass die Mitarbeitenden dennoch versuchen, ihr Handeln zu legitimieren. Diese Legitimationsstränge für Grenzsetzungen in Akutsituationen fokussieren auf drei Dimensionen. Das erste Legitimationsargument ist die *Beruhigung*. Wie bereits erwähnt wenden die befragten Mitarbeitenden oft grenzsetzende Maßnahmen an, um entweder den*die Klient*in oder die gesamte Situation zu beruhigen und somit das Setting zu entlasten. Das Ziel der Beruhigung dient somit als Rechtfertigung für das eigene Handeln, das unter Umständen in Akutsituationen nur bedingt pädagogisch adäquat ist. Ein weiteres Legitimationsargument ist die *Notwendigkeit*. Die Mitarbeitenden erachten ihren grenzsetzenden Umgang in Akutsituationen als notwendig, denn in diesen Momenten stehen ihnen keine weiteren pädagogischen Handlungsstrategien zur Verfügung bzw. sie sehen sich gezwungen, dass sie diese nicht anwenden können. Die Mitarbeitenden sind oftmals selbst stark gefordert und müssen Situationen gestalten und aushalten, die für sie schwierig sind: »Es gibt Tage, da rennt man hin und her und macht Schadensbegrenzung […], man schaut, dass nichts Schlimmeres passiert […], dann ist es für mich nur noch ein Aushalten, Ausbremsen und Zurechtbüscheln« (I3). Somit erscheint ihnen ihr Handeln als notwendig und sie benutzen das Prinzip der Notwendigkeit als Rechtfertigungsmoment, wie dieses Zitat verdeutlicht: »Wenn er ausrastet, hat man die Situation quasi nicht mehr unter Kontrolle und man muss die anderen schützen und sich selber schützen und das ist schon herausfordernd« (I9).

Das dritte Legitimationsargument ist der Aspekt der *Strafe*. Einige der befragten Mitarbeitenden deuten an, dass auf herausfordernde Verhaltensweisen Konsequenzen erfolgen müssen: »Es kann ja nicht sein, dass die ganze Gruppe und alle Klienten immer unter ihm leiden, und ich finde, er muss die Konsequenzen tragen und nicht die anderen Klienten oder die Mitarbeitenden« (I18). Und eine weitere Mitarbeiterin drückt dies folgendermaßen aus: »Es muss doch Konsequenzen haben, jeder andere Mensch bekommt ja auch Konsequenzen, wenn er sich so verhält« (I5). Diese Idee, dass herausfordernde Verhaltensweisen nicht ungestraft sein dürfen, entspringt der Vorstellung, dass das Verhalten nicht korrekt ist: »Wenn ich ihn so richtig scharf zurechtweise, merkt er manchmal dann schon, dass er etwas Falsches gemacht hat« (I13). Dabei mag es sehr wohl Verhalten sein, das sozial nicht erwünscht ist, aber die Bewertung von richtig und falsch ist subjektiv und dient somit als Legitimation, um Maßnahmen einzusetzen, die für die Klientel einen strafenden Charakter haben. Das Prinzip der Strafe als Legitimationsargument entspringt somit auch einer personenbezogenen Perspektive auf herausfordernde Verhaltensweisen, wonach diese individuellen und negativen Eigenschaften der Klientel selbst sind. Selbst wenn restriktive Interventionen nicht täglich zur Anwendung kommen, sind Grenzen setzende Arbeitsweisen doch oftmals bereits in den Denkstrukturen der Mitarbeitenden angelegt: »Man muss ihm Grenzen setzen und ihm sagen, dass es da so nicht läuft, dass er nicht alleine da ist und seinen Kopf nicht durchsetzen kann« (I24).

11.5 Schlussfolgerungen

Die drei übergreifenden Formen von grenzsetzendem Verhalten gegenüber herausfordernden Verhaltensweisen von Erwachsenen mit kognitiven Beeinträchtigungen – räumliche Separation, Mobilitätsbehinderung und Abgabe von Medikamenten – können sich negativ auf das emotionale, soziale und physische Wohlbefinden der Klientel auswirken. Sie sind für die Mitarbeitenden eine letzte Möglichkeit, um ihre Handlungs- und Arbeitsfähigkeit in Momenten aufrechtzuerhalten, in denen ihr pädagogisches Handlungsrepertoire an Grenzen stößt. Restriktive, grenzsetzende Interventionen in Akutsituationen können somit Ausdruck von Handlungsunsicherheit resp. fehlenden sonderpädagogischen Handlungsalternativen und -strategien der Mitarbeitenden sowie einer generellen fachlichen und methodischen Überforderung sein. Dabei werden aber jegliche Lern- und Entwicklungsräume behindert und der Klientel wird ein Gefühl von Abwertung, Minderwertigkeit und Abhängigkeit vermittelt.

Sonderpädagogische Bemühungen fokussieren viel mehr eine Reduktion von herausfordernden Verhaltensweisen durch die präventive Anpassung und Veränderung der Umwelt sowie eine individuelle Förderung der kommunikativen und sozio-emotionalen Kompetenzen der Klientel. Aus sonderpädagogischer Perspektive sind die dargestellten grenzsetzenden und restriktiven Interventionsformen unzureichend und ethisch nicht vertretbar (vgl. Schulz 1999, S. 297). Zugleich verhindert die häufige Anwendung von restriktiven Maßnahmen eine positive Beziehungsgestaltung zu der Klientel, die für die Bewältigung und Reduktion von herausfordernden Situationen entscheidend ist (vgl. Palmowski 2015; Tschöpe 2011; Elbing 2003; Theunissen 2000; u. a.). Das Datenmaterial weist darauf hin, dass restriktive Interventionen in der Praxis eher häufig angewandt und auch in den Interviews selten kritisch reflektiert werden. Auch in anderen empirischen Erhebungen zeigt sich, dass im Umgang mit herausfordernden Verhaltensweisen häufiger restriktive Interventionen anstelle von pädagogisch adäquaten Interventionen angewandt werden (vgl. Allen et al. 2007; Emerson et al. 2000; Seifert 1995). Oftmals werden restriktive Interventionen vor dem Hintergrund einer nachhaltigen Reduktion von herausfordernden Verhaltensweisen angewandt. Dem halten Griffith et al. (2013, S. 482) entgegen: »Restrictive interventions do not reduce challenging behavior in the long term.« Restriktive und somit grenzsetzende Maßnahmen der Mitarbeitenden im Umgang mit herausfordernden Verhaltensweisen von Erwachsenen mit kognitiven Beeinträchtigungen können zwar die herausfordernden Verhaltensweisen situativ unterbinden. Die Anwendung solcher Maßnahmen muss jedoch unter einem sonderpädagogischen Blickwinkel kontinuierlich kritisch hinterfragt werden und die damit verbundenen durchaus negativen Auswirkungen insbesondere für die Klientel, aber auch für die Mitarbeitenden, die die Maßnahmen durchführen, in den Reflexionsprozess mitintegriert werden.

Literatur

Allen, D. G. et al. (2007). Predictors, Costs and Characteristics of out of Area Placement for People with Intellectual Disability and Challenging Behaviour. In Journal of Intellectual Disability Research, 51 (6), S. 409–416.
Ball, J. & Fazil, Q. (2013). Does eEgagement in Meaningful Occupation Reduce Challenging Behaviour in People with Intellectual Disabilities? A Systematic Review of the Literature. In Journal of Intellectual Disabilities, 17 (1), S. 64–77.
Beadle-Brown, J. et al. (2015). Quality of Life and Quality of Support for People with Severe Intellectual Disability and Complex Needs. In Journal of Applied Research in Intellectual Disabilities, online.
Bradl, C. (1999). »Diese Aggressionen halte ich nicht mehr aus …«. Mitarbeiterinnen und Mitarbeiter in Wohngruppen zwischen Ohnmachtsgefühle und Bewältigungsversuchen. In M. Seidel & K. Hennicke (Hrsg.), Gewalt im Leben von Menschen mit geistiger Behinderung (S. 188–209). Reutlingen: Diakonie-Verlag.
Büschi, E. & Calabrese, S. (2018). Herausfordernde Verhaltensweisen von Erwachsenen mit kognitiven Beeinträchtigungen in Institutionen des Behindertenbereichs in der Schweiz. Zwischenergebnisse der Phase 1 (http://www.heve.ch/ergebnisse/HEVE_Webseite_Ergebnisse_P1_dt_2018_11_02.pdf).
Calabrese, S. (2017). Herausfordernde Verhaltensweisen – herausfordernde Situationen: Ein Perspektivenwechsel. Eine qualitativ-videoanalytische Studie über die Gestaltung von Arbeitssituationen von Menschen mit schweren Beeinträchtigungen und herausfordernden Verhaltensweisen. Bad Heilbrunn: Klinkhardt.
Elbing, U. (2003). Nichts passiert aus heiterem Himmel – es sei denn man kennt das Wetter nicht: Transaktionsanalyse, geistige Behinderung und sogenannte Verhaltensstörungen (3. Aufl.). Dortmund: Verlag Modernes Lernen.
Emerson, E. et al. (2000). Treatment and Management of Challenging Behaviours in Residential Settings. In Journal of Applied Research in Intellectual Disabilities, 13 (4), S. 197–215.
Escalera, C. (2008). Mit der Aggressivität arbeiten. Zum professionellen Umgang mit der eigenen und der fremden Aggressivität in der Arbeit mit Menschen, die man geistig behindert nennt. In Evangelisches Diakoniewerk (Hrsg.), 36. Martinstift-Symposium. An Grenzen kommen. Begleitung von behinderten Menschen mit herausforderndem Verhalten (S. 45–54). Gallneukirchen.
Fatke, R. (2013). Fallstudien in der Erziehungswissenschaft. In B. Friebertshäuser, A. Langer & A. Prengel (Hrsg.), Handbuch. Qualitative Forschungsmethoden in der Erziehungswissenschaft (4. Aufl.) (S. 159–172). Weinheim, Basel: Beltz Juventa.
Glaser, B. G. & Strauss, A. (2005). Grounded Theory. Strategien qualitativer Forschung (2. Aufl.). Bern: Hans Huber.
Glomb, A. (2012). Aggression in heilpädagogischen Einrichtungen der Behindertenhilfe. In N. Oud, J. Nau & G. Walter (Hrsg.), Aggression und Aggressionsmanagement (S. 363–370). Bern: Huber.

Griffith, G. M. et al. (2013). »I'm not a Patient, I'm a Person«: The Experiences of Individuals with Intellectual Disabilities and Challenging Behavior – A Thematic Synthesis of Qualitative Studies. In Clinical Psychology: Science and Practice, 20 (4), S. 469–488.

Hennicke, K. (1999). »Wer ist Täter, wer ist Opfer?«. Spiralen der Gewalt in Einrichtungen der Behindertenhilfe und wie sie zu unterbrechen sind. In M. Seidel & K. Hennicke (Hrsg.), Gewalt im Leben von Menschen mit geistiger Behinderung (S. 147–187). Reutlingen: Diakonie-Verlag.

Klauß, T. (1999). Ethische Aspekte pädagogisch-therapeutischer Interventionen. In M. Seidel & K. Hennicke (Hrsg.), Gewalt im Leben von Menschen mit geistiger Behinderung (S. 89–106). Reutlingen: Diakonie-Verlag.

Knoblauch, H. (2006). Videography. Focused Ethnography and Video Analysis. In H. Knoblauch et al. (Hrsg.), Video Analysis – Methodology and Methods. Qualitative Audiovisual Data Analysis in Sociology. Frankfurt a. M.: Peter Lang.

Knoblauch, H. (2004). Die Video-Interaktionsanalyse. In Sozialer Sinn, 5 (1), S. 123–138.

Luiselli, J. K. (2012). High-Risk Challenging Behaviors in People with Intellectual and Developmental Disabilities. Baltimore, London, Sydney: Paul H. Books.

MacDonald, A. et al. (2011). ›You Squeal and Squeal but They just Hold You down‹. Restrictive Physical Interventions and People with Intellectual Disabilities: Service User Views. In Journal of Positive Behavioural Support, 1 (1), S. 45–52.

Mühl, H. (2001). Zum pädagogischen Umgang mit selbstverletzendem Verhalten bei Menschen mit geistiger Behinderung. In E. Wüllenweber & G. Theunissen (Hrsg.), Handbuch Krisenintervention. Band 1: Hilfen für Menschen mit geistiger Behinderung. Theorie, Praxis, Vernetzung (S. 163–189). Stuttgart: Kohlhammer.

Palmowski, W. (2015). Nichts ist ohne Kontext. Systemische Pädagogik bei »Verhaltensauffälligkeiten« (3. Aufl.). Dortmund: Verlag Modernes Lernen.

Riegert, J. (2013). Verhaltensauffälligkeiten als Herausforderung für sonderpädagogische Professionalität. In Teilhabe, 52 (2), S. 61–66.

Schanze, C. et al. (2014). Verhaltensauffälligkeiten. In C. Schanze (Hrsg.), Psychiatrische Diagnostik und Therapie bei Menschen mit Intelligenzminderung. Ein Arbeits- und Praxisbuch für Ärzte, Psychologen, Heilerziehungspfleger und -pädagogen (S. 233–256). Stuttgart: Schattauer.

Schultheiss, J. (2007). Aggressives und herausforderndes Verhalten bei Menschen mit Intelligenzminderung. In Geistige Behinderung, 46 (3), S. 202–214.

Schulz, K. (1999). Modelle pädagogischer Intervention bei fremd- und selbstverletzendem Verhalten. In M. Seidel & K. Hennicke (Hrsg.), Gewalt im Leben von Menschen mit geistiger Behinderung (S. 295–306). Reutlingen: Diakonie-Verlag.

Seifert, M. (2006). Lebensqualität von Menschen mit schweren Behinderungen. Forschungsmethodischer Zugang und Forschungsergebnisse. In Zeitschrift für Inklusion – Online, 1 (2) (http://www.inklusion-online.net/index.php/inklusion/article/view/7/7)

Seifert, M. (1995). Problemverhalten – eine Herausforderung für Mitarbeiter. Berichte von Betreuern von Erwachsenen mit schwerer geistiger Behinderung über ihren Umgang mit schwierigen Verhaltensweisen. In Geistige Behinderung, 34 (2), S. 120–133.

Sigafoos, J. et al. (1994). A Survey of Aggressive Behaviour among a Population of Persons with Intellectual Disability in Queensland. In Journal of Intellectual Disability Research, 38 (4), S. 369–381.

Theunissen, G. (2011). Geistige Behinderung und Verhaltensauffälligkeiten. Bad Heilbrunn: Klinkhardt.

Theunissen, G. (2005). Pädagogik bei geistiger Behinderung und Verhaltensauffälligkeiten. Ein Kompendium für die Praxis (4. Aufl.). Bad Heilbrunn: Klinkhardt.

Theunissen, G. (2000). Wege aus der Hospitalisierung. Empowerment in der Arbeit mit schwerstbehinderten Menschen (2. Aufl.). Bonn: Psychiatrie-Verlag.

Tschöpe, B. (2011). Studienletter. Aggression und Autoaggression. Grundlagen und Orientierungshilfen für die Begleitung von Menschen mit geistiger Behinderung, die sich und andere verletzen. Freiburg i. Br.: Lambertus.

Totsika, V. et al. (2008). Persistence of Challenging Behaviours in Adults with Intellectual Disability over a Period of 11 Years. In Journal of Intellectual Disability Research, 52 (5), S. 446–457.

Weber, G. (1999). Entwicklungspsychologische Aspekte zu Fremd- und Autoaggressivem Verhalten. In M. Seidel & K. Hennicke (Hrsg.), Gewalt im Leben von Menschen mit geistiger Behinderung (S. 25–44). Reutlingen: Diakonie-Verlag.

Weber Long, S. (2014). Caring for People with Challenging Behaviors. Essential Skills and Successful Strategies in Long-Term Care. Baltimore, London, Sydney: Health Profession Press.

Wolkorte, R. (2019). Challenging Behaviours: Views and Preferences of People with Intellectual Disabilities. In Journal of Applied Research in Intellectual Disabilities, online.

Wüllenweber, E. (2009). Krisen und Behinderung. Entwicklung einer praxisbezogenen Theorie und eines Handlungskonzeptes für Krisen von Menschen mit geistiger Behinderung. Bonn: Elbewerkstätten.

Wüllenweber, E. (2004). Krisenintervention als Akutintervention – Deeskalation, physische Intervention, Notfallhandeln. In E. Wüllenweber & G. Theunissen (Hrsg.), Handbuch Krisenintervention. Band 2: Methoden und Konzepte bei Menschen mit geistiger Behinderung (S. 11–27). Stuttgart: Kohlhammer.

Wüllenweber, E. (2000). Krisen und Behinderung. Entwicklung einer praxisbezogenen Theorie und eines Handlungskonzeptes für Krisen von Menschen mit geistiger Behinderung. Bonn: Psychiatrie-Verlag.

12 Erziehungs- und Verhaltensproblematiken von Mädchen und jungen Frauen in Kontexten von Erziehungshilfe, Justiz und Psychiatrie
Aktuelle (De-)Thematisierungen von Gender zwischen Hilfe(n) und Zwang

Birgit Bütow

Gegenwärtig sind Diskurse und Kontroversen um Grenzen der Erziehung mit dem Film »Systemsprenger«[1] wieder einmal allgegenwärtig. Gleichzeitig werden Rufe nach »geschlossener Unterbringung« (GU) (wieder einmal) lauter.

Abgesehen davon, dass mit dem Begriff ›Systemsprenger‹ komplexe, diskreditierende Verdeckungen von schwierigen Hilfeverläufen und der Hilflosigkeit von Jugendhilfe mit ebenjenen stecken, so ist doch auffällig, dass nahezu sämtliche Rezensionen und Debatten über diesen Film Bezüge zu Gender vollkommen ausblenden (vgl. z. B. Fokken 2019). Dabei widerspricht die neunjährige Heldin Benni – gekleidet in kaum übersehbare, weiblich konnotierte rosa Kleidung – so offenkundig der Realität von Jugendhilfe, nämlich dass es vorwiegend Jungen sind, die als ›unerziehbar‹ und ›widerspenstig‹ gelten – und somit den öffentlichen Diskurs dominieren:

> »Der wirksamste Diskurs zu Gewalt in der Kinder- und Jugendhilfe verläuft regelmäßig in den Massenmedien, wobei meist mehrfach auffällige, gewalttätige, männliche Jugendliche zum Gegenstand öffentlicher Empörung gemacht werden und die Jugendhilfe selbst als versagende Einrichtung fungiert« (Bock et al. 2015, S. 314).

Erziehungs- und Verhaltensproblematiken von Mädchen werden darin ebenso de-thematisiert wie weibliche Delinquenz. Vielleicht könnte gerade deshalb die filmische, paradoxe Differenz-Konstruktion der ›Systemsprengerin‹ Benni auf weithin ausgeblendete Gender-Themen in der Kinder- und Jugendhilfe aufmerksam machen und zu differenzierten Analysen auffordern?

Diese Differenzkonstruktion bildet einen interessanten, inspirierenden Rahmen, um Kinder- und Jugendhilfe als Spannungs- und professionelles bzw. institutionelles Zuständigkeitsfeld zwischen Pädagogik, Justiz und Psychiatrie zu analysieren, in dem Mädchen und junge Frauen als soziale Gruppe spezifische Normierungen und Marginalisierungen erleben, folgt man aktuellen Studien. Dies betrifft besonders Mädchen, die nicht gängigen Mustern von Weiblichkeit entsprechen, nämlich jenen, die Gewalt ausüben, sich gegenüber anderen aggressiv verhalten oder gar als ›unerziehbar‹ gelten. Historisch wie aktuell sind dabei Formen und Praktiken im Spannungsfeld zwischen Hilfe(n) und Zwang

---

1 Es handelt sich um einen mit dem Goldenen Bären beim Berliner Filmfestival 2019 ausgezeichneten Film von Nora Fingscheidt, der die Leidensgeschichte der neunjährigen Benni zwischen verschiedenen Hilfesystemen erzählt. Benni gilt als besonders aggressiv und scheinbar unerreichbar für Hilfen.

bei Jugendhilfe, Psychiatrie oder auch Justiz zu finden. Diese können aber auch ineinander übergehen oder kombiniert werden. Immer jedoch scheinen dabei jeweilige Grenzen der Institution erreicht zu werden, weswegen dann Kinder und Jugendliche – in diesem Falle Mädchen – in die nächste Einrichtung, oft mit erhöhtem Zwangscharakter, ›verschoben‹ werden. Es stellt sich die Frage, ob und wie erstens diese Verschiebepraxis zu durchbrechen ist und zweitens, wie pädagogische Settings aussehen müssen, um Gewalt ausübenden, aggressiven Mädchen und jungen Frauen einen angemessenen Rahmen zu geben, der sie als Subjekte ernstnimmt, ihnen Grenzen setzt und biografische Entwicklungsperspektiven bietet. Diesem komplexen Gedankengang soll im vorliegenden Beitrag nachgegangen werden.

In einem ersten Schritt werden einige aktuelle Trends über Mädchen und jungen Frauen in der Kinder- und Jugendhilfe, Justiz und Kinder- und Jugendpsychiatrie skizziert sowie deren jeweilige theoretische Deutungen exemplarisch vorgestellt. In einem zweiten Schritt werden die jeweiligen institutionellen Muster im Umgang mit Mädchen beschrieben – nämlich Muster, wie sie in Einrichtungen der stationären Kinder- und Jugendhilfe, in geschlossenen Unterbringungsformen wie Psychiatrie und Justizanstalten zu finden sind – die als ›erziehungsschwierig‹, abweichend von Verhaltensnormen oder gar als delinquent gelten. Dabei werden auch mögliche Grauzonen der jeweiligen institutionellen Zuständigkeit markiert, nämlich jene, die auf Hilflosigkeit gegenüber Jugendlichen in diesem Falle weiblichen Verhaltens- und Erziehungsproblematiken verweisen und Mädchen in bestimmte Zwangskontexte von geschlossenen Einrichtungen bzw. Maßnahmen, Psychiatrie oder auch Justiz ›verschieben‹ (vgl. Köttgen 2019). Die De-Thematisierung von Gender, so meine These, trifft Mädchen und junge Frauen besonders, obwohl doch gerade – um in der Symbolik der am Anfang genannten, in Pink gekleideten Benni zu bleiben – diese in ihrer Abweichung gegenüber männlichen Normen nach besonderer Aufmerksamkeit und Bearbeitung ›schreien‹. Diese De-Thematisierung von Gender wird anschließend mit feministischen bzw. gendersensiblen Ansätzen und Erfahrungen kontrastiert und daraufhin diskutiert, inwiefern diese Mädchen und junge Frauen als Subjekte anzuerkennen und zu fördern imstande sein können. Im Mittelpunkt werden dabei Fragen von ›Grenzen setzen‹ als Alternative zu ›Strafen‹ stehen. Diese bedürfen für die pädagogische Praxis abschließend – so das Resümee – nicht nur einer genderbezogenen, fachlich fundierten Haltung, sondern einer ebenso fundierten sozialpädagogischen Auslotung von Grenzen und Möglichkeiten der Zuständigkeit anstelle einer weit verbreiteten Verschiebe-Praxis sowie einer klaren Positionierung gegen Zwangskontexte in der Erziehung.

12.1 Erziehungsprobleme, deviantes Verhalten und Verhaltensstörungen von Mädchen im Fokus wissenschaftlicher Analysen

Die drei in der Überschrift genannten Begriffe stehen für Bezeichnungen und Konzepte von naheliegenden, ähnlichen Sachverhalten in der Pädagogik, Kriminologie bzw. Justiz und in der Medizin (Psychiatrie bzw. Forensik) sowie für die damit verbundenen Interventionen. Im weitesten Sinne geht es um ›Abweichungen‹ von Verhaltensweisen gegenüber gesellschaftlichen Normen, die für beide Geschlechter einerseits eine universelle Geltung haben, zum anderen aber geschlechtsspezifisch unterschiedlich konnotiert sind. Egal wie objektiv anhand von bestimmten Kriterien solche Abweichungen bestimmt werden, handelt es sich doch weitgehend um soziale Konstruktionen, die in den jeweiligen Disziplinen ganz unterschiedlich begründet werden (Dollinger & Schabdach 2013, S. 13 ff.) und damit eine gewisse fachlich-institutionelle Zuständigkeit begründen. Dieses ist jedoch alles andere als eindeutig, sondern vielmehr Ausdruck einer gesellschaftlich gewachsenen Hilfe- und Zuständigkeitsstruktur – inklusive der darin eingelagerten fachlichen Verständnisse von Problemen und den Hierarchien, die hier in vielfältiger Weise wirkmächtig sind bzw. sein können (vgl. dazu Bütow & Maurer 2013).

Weiterhin ist vorab festzustellen, dass es neben der nahezu durchgängigen Ausblendung von Gender bei der wissenschaftlichen Analyse von Gewalt und Aggression in Pädagogik, Psychiatrie und Kriminologie gerade seit Mitte der 1990er Jahre durchaus viele Entwicklungen wahrnehmbar sind, diese soziale Kategorie in den Mittelpunkt zu stellen (vgl. Bruhns 2010). Dies spiegelt sich allerdings dann nur sehr wenig auf den jeweiligen institutionellen Ebenen wider, wie an späterer Stelle gezeigt werden soll.

Zunächst zur *(Sozial-)Pädagogik* bzw. Kinder- und Jugendhilfe, die u. a. für Problematiken von Verhaltensauffälligkeiten und Erziehungsschwierigkeiten bei Kindern und Jugendlichen zuständig ist. In den Hilfen zur Erziehung ist seit Jahren eine Dominanz von Jungen in allen Lebensaltern und Hilfearten zu verzeichnen: Der Anteil beträgt hier in Deutschland im Jahr 2016 insgesamt 57 %, welcher insbesondere durch Jungen in den Altersgruppen von sechs bis unter zehn bzw. von 10 bis unter 14 Jahre bedingt ist, also Altersgruppen betrifft, die massive Erziehungs- und Verhaltensproblematiken in schulischen Übergängen aufweisen. Der Jungenanteil bei Tagesgruppen beträgt 75 %, bei sozialer Gruppenarbeit 70 %, bei intensiver sozialpädagogischer Einzelfallhilfe 69 % sowie bei Fremdunterbringung 61 % (vgl. Fendrich, Pothmann & Tabel 2018, S. 15 f.). Auch bei den Eingliederungshilfen für seelisch behinderte oder davon bedrohte Kinder und Jugendliche nach § 35a[2] sind Jungen mit 72 % deutlich überrepräsentiert

---

2 Es handelt sich hierbei um den 2012 neu gefassten Paragrafen im Kinder- und Jugendhilferecht, wonach bei Kindern und Jugendlichen psychische Störungen frühzeitig erkannt (etwa durch entsprechende psychologische oder psychiatrische Gutachten, die von

und hier wiederum die Gruppe der 10- bis 14-Jährigen, die entsprechende Entwicklungsauffälligkeiten (61,1 %), schulische Probleme (55 %) sowie Probleme im Sozialverhalten aufwiesen (73 %) (vgl. ebd., S. 50). Mädchen sind somit durchgängig in den Hilfen zur Erziehung unterrepräsentiert. Dieser seit Jahren immer wieder konstatierte Befund zur scheinbaren Problemlosigkeit und Unauffälligkeit von Mädchen wird in der Fachwelt auch gegenwärtig immer noch sehr kontrovers diskutiert. Als Referenzrahmen dafür kann auch der aktuelle, hegemoniale sicherheitspolitische Gesellschaftsdiskurs zu Gewalt als einer Erscheinungsform der Kinder- und Jugenddelinquenz herangezogen werden, der gegenüber dem sozialpädagogischen Bewältigungsdiskurs repressive Maßnahmen von Zwang, Strafe und Überwachung in Jugendhilfe (GU) oder Jugendgerichtshilfe begründet, wo Mädchen wieder unterrepräsentiert sind. Diesem Referenzrahmen steht gegenüber, dass Mädchen häufiger von sexueller bzw. sexualisierter Gewalt im familialen bzw. sozialen Nahraum betroffen sind, Interventionen aufgrund der Kindeswohlgefährdung aber häufig spät erfolgen, weil Mädchen eher unauffälliger sind (vgl. Hartwig 2017). Auch ist anzunehmen, dass andere Formen von Kindeswohlgefährdung durch die Übernahme von nicht altersadäquaten Rollen durch Mädchen in Familien – etwa durch Suchterkrankung oder Pflegebedürftigkeit von Eltern oder Elternteilen – eher lange unerkannt bleiben. Überdies ist seit Jahren der Trend der (Re-)Familialisierung von Hilfen, d. h. die Rückkehr in die Herkunftskontexte, insbesondere bei Mädchen und jungen Frauen, zu konstatieren. So ist es nicht verwunderlich, dass Mädchen und junge Frauen weniger durch Gewalt und andere Verhaltensweisen auffallen. Dieses schlägt sich nicht nur in der Kinder- und Jugendhilfe, sondern auch in der Justiz bzw. Kriminologie nieder. Bezüge zu gesellschaftlichen Geschlechterverhältnissen und -ordnungen sind daher naheliegende Erklärungsmuster:

> »Ursachen der Gewaltakzeptanz bzw. relativen -distanz von Frauen und Mädchen werden v. a. im Zusammenhang ihrer durchschnittlich vorliegenden Unterordnung innerhalb der gesellschaftlichen Geschlechterhierarchie identifiziert. Zum einen schlägt sich darin Gewalt als ein nahezu exklusiv männliches Durchsetzungsprinzip nieder, so dass Gewaltanwendung durch Mädchen bzw. Frauen nicht nur als Verstoß gegen die Rechtsordnung, sondern auch als Verletzung der Geschlechterordnung wahrgenommen wird. Die Sozialisation von Mädchen ist entsprechend als Selbstrücknahme, Kompromissbereitschaft u. ä. m. ausgerichtet und führt dadurch zu vergleichsweise höheren Gewaltausübungsschwellen« (Möller 2015, S. 65).

In der Kriminologie geht man demnach davon aus, dass die vergangene wie aktuelle Strafpraxis im sogenannten Hellfeld einer geschlechterkonnotierten Sanktionierung und Kriminalisierung folgt, es demnach scheinbar weniger weibliche Straftaten gibt, die aber letztendlich auch durch gesellschaftliche Konstruktionen und Normativitäten bestimmt werden (vgl. Leder 1997). Diesem Ansatz folgend, sind Frauen und Mädchen *potenziell* zu ähnlichen Gewalt- und Straftaten fähig, wie einschlägige qualitative Studien zeigen (vgl. z. B. Bruhns 2010; Lunz 2019; Silkenbeumer 2007). Dies wird in gendersensiblen pädagogischen Ansätzen auch thematisiert:

---

der Jugendhilfe veranlasst werden) und im Rahmen der Jugendhilfe möglichst niedrigschwellig und alltagsnah bearbeitet werden sollen, um Stigmatisierung zu vermeiden.

»Mädchen können sowohl offen gewalttätig auftreten als auch über verdeckte, subtile Formen ihre aggressiven Gefühle ›in die Tat umsetzen‹, z. B. ignorieren und ausgrenzen, Ruf schädigende Gerüchte verbreiten, gegen andere Personen sticheln. Oftmals vermischen sich offen und verdeckt ausgelebte Aggressionsformen. Die verdeckten Formen sind schwerer als Gewalt zu begreifen. Häufig steht vor der Ausübung von offener Gewalt ein längerer Prozess, in dem zunächst verdeckte Aggressionsformen angewandt werden, die schwelende Spannung immer mehr angeheizt, wird bis es zum Gewaltausbruch kommt. Dieser wird nicht selten als ›show‹ inszeniert – die Mädchen verabreden sich zum ›Schlägern‹ auch mit den jeweiligen Unterstützerinnen. Spezifisch für weibliche Aggressivität ist auch, dass die Sozialisation von Mädchen die Aufrechterhaltung und Pflege von Beziehungen vorsieht, so dass sich dieser Aspekt auch bei deren Gewaltausübung widerspiegelt. Viele Taten haben ›Beziehungscharakter‹, das heißt die Gewalttaten dienen dem Erhalt von Freundschaften, der Familienehre oder der eigenen Ehre« (IMMA 2019, S. 7).

Und/oder aber sie sind Ausdruck erfahrener Gewalt, physischer und psychischer Misshandlung in Familien und somit ein Bewältigungsversuch, den eigenen Objektstatus zu überwinden und sich so als handlungsmächtig zu erleben (vgl. Silkenbeumer 2007, S. 321 ff.; Haverkamp 2015, S. 305 f.). Dieses jedoch als biografischen Versuch von Mädchen zu werten, geschlechterbezogene Einengungen und Zuweisungen in Frage zu stellen oder gar zu überwinden, ist zu kurz gegriffen. Interaktionen von Gewalt und Geschlecht »verschlüsseln einander in ihrer jeweiligen tieferen Bedeutung für das handelnde Subjekt. Damit verliert Gewalt ihre Bedeutung als bewusst gewählte Männlichkeitsressource und Geschlecht ist nicht länger Ausdruck einer ›stabilen Identität‹ als Mann oder Frau« (Bereswill 2003, S. 128 f.). Demnach erlangt Gewalthandeln der verschiedensten Formen auf der Ebene des Subjekts eine je spezifische Bedeutung, während die institutionellen Bearbeitungsmuster geschlechterbezogenen (De-)Thematisierungen folgen: Etwa indem sie Gender ausblenden, es biologischen bzw. krankheitsrelevanten Ursachen oder anderweitig dem einzelnen Individuum zuschreiben, um nur einige der Möglichkeiten zu nennen.

Das zeigt z. B. die Kriminalstatistik, nach der Mädchen und junge Frauen offenbar weniger straffällig werden: Ihr Anteil bei den Tatverdächtigen beträgt noch knapp 25 %, zu einer Jugendstrafe werden hingegen nur etwa ein Prozent verurteilt (davon der Hauptanteil von Delikten wie Diebstahl und Unterschlagung, während junge Männer vor allem wegen Vergehen gegen körperliche Unversehrtheit, Diebstahl und Erpressung verurteilt werden), so dass man hier von einer geschlechterbezogenen »Trichterwirkung des Justizsystems« spricht (vgl. Zolondek 2010, S. 52). Unter der Hand werden über diese Praktiken Gender-Ressentiments reproduziert.

Ein anderes Phänomen bildet sich in der Forensik bzw. forensischen Psychiatrie ab, nämlich das der Betonung biologisch induzierter »Prävalenzen« von Aggression und Gewalt bei Mädchen und jungen Frauen. Hier werden – wenn überhaupt – geschlechtsspezifische Unterschiede bei Aggression und Gewalt nicht allgemein nur als »Störungen des Sozialverhaltens« nach ICD-10: F9 betrachtet (Bessler 2003, S. 633), sondern – neben sozialen Faktoren wie Erziehung oder Gewalterfahrungen im Elternhaus (vgl. de Vogel & Kröger 2016) – in Verbindung mit hormonellen Veränderungen in der Pubertät bei Mädchen gebracht: Besonders in der Pubertät würden Mädchen häufiger verhaltensauffällig:

»Während der Pubertätsentwicklung der Mädchen würden aber die körperlichen wie hormonellen Veränderungen, welche oft von Selbstzweifeln begleitet sind, sowie der gleichzeitig verlaufende Wachstumsschub zu einem Abfall der schulischen Leistungen führen. Im Rahmen der schulischen bzw. beruflichen Weiterentwicklung stünden aber gerade in dieser Entwicklungsphase neue Anforderungen an. Weitere Anpassungsleistungen der Mädchen seien dann gefordert. Bei gegebenen Risikofaktoren würden unter diesen Belastungen bei den Mädchen aggressive, gewalttätige Verhaltensweisen manifest« (Bessler 2003, S. 635).

Außerdem seien Mädchen und junge Frauen häufiger als männliche Gewalttäter selbst Opfer vor allem sexueller, innerfamiliärer Gewalt, unterlägen einem weitaus höheren Risiko von »transgenerationaler Weitergabe von Problemverhalten und Viktimisierung« (de Vogel & Kröger 2016, S. 246) sowie sehr viel Komorbidität mit oft langer Krankenvorgeschichte (ebd.). Deshalb sei das Risiko von Rückfällen sehr hoch. Diese Risiken gelte es entsprechend zu diagnostizieren und zu behandeln sowie »mögliche genderspezifische Schutzfaktoren [wie] positive soziale Beziehungen und Religion« (ebd.) zu fördern. Ein darauf fußendes Behandlungskonzept nimmt die Realität von Gewalterfahrungen und die Traumafolgen der betroffenen Mädchen und jungen Frauen zum Ausgangspunkt ihrer Interventionen. Allerdings liegen gerade bei der Förderung der genannten protektiven Faktoren mögliche Einengungen auf Geschlechterressentiments wie die weiblich konnotierte Beziehungsorientierung nahe.

12.2 Institutionelle Bearbeitungsformen von weiblichen Erziehungsproblematiken, Verhaltensstörungen und (strafrechtlich relevanter) Devianz zwischen Hilfe und Zwang

Studien zu Mädchen in der Jugendhilfe und in der GU gibt es mittlerweile einige (z. B. Lunz 2019; Pankofer 2007; Rusack & Domann 2016; Zeller 2012). Wie weiter oben ausgeführt, sind Mädchen in den Erziehungshilfen unterrepräsentiert, kommen oft erst im Jugendalter in die Einrichtungen bzw. kehren früher und regelhafter als Jungen wieder in ihre Herkunftsfamilien zurück (vgl. Hartwig 2017). Aktuellen Studien zufolge scheint man auf Seiten der Pädagogik in Einrichtungen der Jugendhilfe gegenüber ›aufsässigem‹, über die ›Stränge schlagendem‹ bzw. nicht geschlechtskonform-aggressivem Verhalten von Mädchen oft genauso hilflos gegenüber zu stehen wie bei Jungen (vgl. z. B. Bütow et al. 2019): Es fehlt oft am Grenzen-Setzen, Konsequenzen aufzeigen und sich bewusst Auseinandersetzen (mitunter auch als Folge oft personeller Überlastung). Anstelle dessen werden Mädchen in andere Einrichtungen gebracht, wo entweder mehr (z. B. in therapeutische Wohngemeinschaften oder in die Psychiatrie) oder eher weniger Kontrolle vorgesehen und möglich ist (etwa in Wohnungen mit nur wenig Betreuung) (vgl. Bütow 2018). Demgegenüber steht, dass sexualisierte Übergriffe gegen Mädchen in Wohngruppen von Pädagog*innen oft übersehen werden, weil Mädchen auch keine entsprechenden Artikulationsmöglichkeiten in der Einrichtung haben (vgl. Bütow et al. 2019; Kavemann, Helfferich & Nagel 2017).

Freiheitsentziehende, *geschlossene Maßnahmen* in der Kinder- und Jugendhilfe gelten auch heute immer noch als höchst umstrittene, aber durchaus praktizierte *ultima ratio*, wenn »nichts mehr geht«, wo Pädagog*innen und Einrichtungen (vermeintlich oder begründet) an ihre Grenzen kommen (vgl. Engelbracht 2015). Begründet werden diese pädagogisch damit, dass es scheinbar eine Kultur des reflektierten Umgangs mit Zwang gäbe; demnach gehöre Zwang durchaus zum legitimen Repertoire (vgl. z. B. Pankofer 1997). Dem stehen allerdings zahlreiche empirische Studien gegenüber, die die vermeintlichen positiven Wirkungen der GU in Frage stellen, zugleich aber die Problematik des »an eigene Grenzen Kommens« im Blick haben (z. B. Oelkers 2013). Demnach, so die daran anschließende Argumentation, zeigen Praktiken von Zwang und Strafe in Einrichtungen der Jugendhilfe, dass es dort institutionelle und professionelle Probleme gibt, die es eigentlich strukturell zu bearbeiten und zu verändern gilt. Allerdings geschieht im gegenwärtigen gesellschaftspolitischen Klima der ›Sicherheitsgesellschaft‹ das Gegenteil: Hochkonjunktur haben solche Bestrebungen, geschlossene Unterbringungsformen zu legitimieren und zu schaffen – und das selbst angesichts der Feststellung des Deutschen Ethik-Rates, dass Repression lediglich zu Anpassung und Verdopplung von Ohnmachtserfahrungen bei Kindern und Jugendlichen führen (vgl. z. B. Lutz 2019). Eine aktuelle Studie zu Mädchen in geschlossenen Einrichtungen belegt eindrücklich diese Feststellung: Angefangen von mit Sanktionierungen verknüpften Stufenplänen bis hin zum Umstand, sich nicht frei bewegen zu dürfen, fördert dies weder die Reflexion über Problematiken der Mädchen, noch werden neue biografische Optionen nach der Unterbringung eröffnet. Vielmehr agieren die Mädchen in Zwangskontexten ihre Ohnmacht untereinander aus oder entwickeln Taktiken, sich kleinere Freiheiten zumindest fiktiv zu schaffen. Die Mädchen haben durchweg das Gefühl, im Gefängnis, nicht aber in Kontexten der Jugendhilfe zu sein: Dies zeigt sehr drastisch bereits auf der Ebene der empirischen Erfahrungen, dass solcherart Zwang nichts mit Erziehung gemein hat (vgl. Lindenberg & Lutz 2014, S. 122). Ich komme an späterer Stelle nochmals genauer darauf zurück.

In Kontexten der *Justiz* hingegen kann von einem strafrechtlich legitimierten Zwang ausgegangen werden, wenngleich dieser bei jungen Frauen und Mädchen (sowie jungen Menschen insgesamt) mit erzieherischen Implikationen verknüpft sein sollte. In der Praxis jedoch werden verurteilte junge Frauen und Mädchen in Kleinstabteilungen von Frauenstrafvollzugsanstalten, oft zusammen mit älteren Frauen, verbracht. Eine adäquate Unterbringung, ein spezifisches erzieherisches Eingehen sowie eine Förderung von beruflichen bzw. schulischen Abschlüssen, um nach der Entlassung ein eigenverantwortliches, gemeinschaftsfähiges Leben zu führen, seien ebenso nicht möglich wie die Behandlung von ggf. vorhandenen Suchtproblematiken, Problematiken im Kontext von Prostitution oder von Gewalt und Aggressionen (vgl. Plewig & Oelkers 2010, S. 75). Auch werden jugendspezifische Ablösungs- und Widerstandsmuster der Mädchen mit einem Mehr an

Disziplinarmaßnahmen, verlängertem Einschluss und Geldentzug geahndet (vgl. Haverkamp 2015, S. 313) – was letztendlich den Druck auf die Gruppe der inhaftierten Mädchen verlagert und sich in Aggression und Gewalt untereinander entlädt (vgl. Lunz 2019). So ist es insgesamt nicht verwunderlich, dass bei der Entlassung kaum diesbezügliche, spezifische Übergangshilfen vorgesehen sind und junge Frauen gegenüber männlichen Jugendlichen höhere Rückfallquoten aufweisen (vgl. Haverkamp 2015, S. 309) – Studien zufolge vor allem in Folge ihrer prekären Sozialisationshintergründe, eigener Suchterkrankungen und weiterhin bestehender Peerkontexte im Drogenmilieu. Demnach kann festgehalten werden, dass mit der auf Geschlechterressentiments folgenden ›Trichterung‹ des Justizsystems zwar weniger junge Frauen und Mädchen in das Strafsystem kommen, diese aber dann aufgrund seiner »stärkeren Orientierung an Männlichkeit, Sicherheit usw.« (ebd.) letztlich marginalisiert und insgesamt strukturell benachteiligt werden.

Da die inhaftierten Mädchen vielfach einerseits Gewalterfahrungen in ihren Biografien und Herkunftskontexten machen mussten, andererseits wenig Grenzen gegenüber unangemessenem Verhalten erleben, können die Ausübung von Druck und Zwang lediglich biografische Muster replizieren, bestenfalls eine situative Anpassung bewirken (vgl. Haverkamp 2015, S. 314 f.).

Fasst man Gewalt, Aggression und Delinquenz von Mädchen als Folge einer psychischen Störung, die entsprechend diagnostiziert und behandelt werden muss, kommen ggf. neben dem (Jugend-)Strafvollzug und der GU in Einrichtungen der Kinder- und Jugendhilfe auch *psychiatrische bzw. psychologische Interventionen* und Einrichtungen in Frage, die in der Fachdebatte als »multimodaler Jugendmaßnahmenvollzug« diskutiert wird:

> »Unter Berücksichtigung der öffentlichen Sicherheit sowie der rechtlichen Aspekte müssen kriminaltherapeutische Interventionen in den Rahmen einer intensiven sozialpädagogischen Betreuung eingebettet sein. Zusätzlich muss den Jugendlichen die Möglichkeit gegeben werden, eine berufliche Ausbildung zu durchlaufen. Wird der Jugendmaßnahmenvollzug nicht deliktorientiert, störungsspezifisch und kind- bzw. jugendgerecht durchgeführt, verschlechtert dies die Prognose der straffälligen Minderjährigen erheblich und fördert deren kriminelle Karrieren« (Bessler 2003, 637).

Wird eine psychiatrische Erkrankung hinter den Straftaten von Frauen und Mädchen diagnostiziert – insbesondere dann, wenn es sich um Straftaten handelt, die durch Aggressionen gegen Leib und Leben verübt wurden –, dann kann eine (unfreiwillige) Behandlungsmaßnahme in forensischen Einrichtungen angeordnet werden (vgl. de Vogel & Kröger 2016). Diese bilden allerdings – wie auch in allen anderen Formen von Straf-, Disziplinierungs- und Hilfeeinrichtungen – im Vergleich zu Jungen bzw. Männern eine Minderheit. Allerdings, so de Vogel und Kröger in ihrem Aufsatz zu Mädchen und Frauen in der Forensik (2016), seien sie relational gewalttätig, d. h., es geht immer um Beziehungen, Kränkungen, Zurückweisungen, Rache etc. im unmittelbaren sozialen Umfeld. Dabei sei insbesondere die sexuelle Frühreife ein Risikofaktor für ein ›antisoziales Verhalten‹, so die beiden Autorinnen unter Bezugnahme auf durchaus wenig vorhandenes Wissen in internationalen Studien zur Prävalenz und Risikoeinschätzung von Gewaltverhalten. Gut belegt hingegen ist, dass bestimmte psychische Störungen wie z. B. das Borderline-Syndrom, Folgen von Traumata oder Suchterkrankungen hinter Gewalttaten als Ursache stehen.

Fasst man alle bisherigen institutionellen Bearbeitungsmuster zusammen, so kommt man zu folgendem Resümee: Immer dann, wenn Mädchen Gewalt und Aggressionen gegenüber anderen ausüben, werden diese je nach diagnostizierter Ursache und eingeschätzter Schwere (und Chronizität) entweder in die Kinder- und Jugendhilfe (anlassbezogen: in geschlossene Einrichtungen), das Gefängnis oder die Kinder- und Jugendpsychiatrie verbracht. Letztere Option wird tendenziell und im Vergleich zu Jungen häufiger für Mädchen und junge Frauen vorgesehen (vgl. Haverkamp 2015).

Resümiert man all die hier dargestellten institutionellen Rahmungen von Kinder- und Jugendhilfe, GU, Strafvollzug und Psychiatrie, so kann festgestellt werden, dass Mädchen und junge Frauen nicht nur eine marginalisierte soziale Gruppe in diesen Einrichtungen sind, sondern zudem auch kaum gendersensible Hilfen und Unterstützung bekommen, was oft zu einer Replizierung und Individualisierung ihrer Problematiken führt:

> »Ohne ein bewusst geschlechterreflexives Konzept drohen [aggressive oder depressive, geschlechtsspezifische Verhaltensweisen – Anm. d. Verf.] eher vorherrschende Aufmerksamkeitsmuster und einschränkende Geschlechterkonstruktionen zu stützen und einer Individualisierung und Ausgrenzung Vorschub zu leisten« (Weber & Kirchhart 2017, S. 150).

12.3 Mädchen als Subjekte ernst nehmen – Grenzen setzen statt Zwang ausüben

Eine vollkommen andere, aber konsequente, das Subjekt ernst nehmende und Zwang vermeidende Position wird dann eingenommen, wenn sowohl Geschlechter- als auch Gewaltverhältnisse fachlich in den Blick genommen werden. Im Kontext einer feministisch verorteten Arbeit mit Gewalt ausübenden Mädchen wird zwischen einer parteilichen Haltung gegenüber den Mädchen und Gewalttätigkeit bzw. Delinquenz als *Form der Kindeswohlgefährdung* unterschieden (vgl. IMMA 2019). Bei letzterem geht es in der sozialpädagogischen Arbeit darum, Mädchen vor sich selbst, aber auch den Schutz vor ihnen bei anderen zu gewährleisten. Gewalt in allen Formen wird nicht toleriert und von dem Pädagog*innen stets thematisiert: Es wird dabei zwischen der Person und dem Verhalten klar getrennt; auch werden aggressive Gefühle bei Mädchen so lange akzeptiert, wie sie nicht in Gewalttaten münden. Eine die Mädchen als Personen wertschätzende, parteiliche Haltung und die gleichzeitige Grenzsetzung gegenüber Gewalt ist somit möglich (vgl. Bütow 2018) – und damit auch eine biografische Arbeit, nämlich die Hintergründe aufzuarbeiten, die Verantwortung zu übernehmen und so langfristig Verhaltensänderungen anzustoßen. Eine solche Perspektive gründet sich nicht zuletzt auf ein sozialpädagogisches Selbstverständnis, das Gewalt und

Aggression als ›Bewältigungstatsache‹ auf der Grundlage biografischer und lebensweltlicher Problemlagen fasst sowie nach entsprechenden Entwicklungsmöglichkeiten ko-produktiv sucht. In einem solchen Selbstverständnis haben Strafe (inklusive Sanktionierung) und Zwang nichts zu suchen. Vielmehr gehört dieses in das Justizsystem und ist auch dort hinsichtlich der Gruppe der Jugendlichen durchaus umstritten, weil Erziehung unter Zwang nicht funktioniert (vgl. Lindenberg 2015). Mit Bezug auf die Brumlik-Interpretation des Kant'schen Satzes zur »Freiheit bei all' dem Zwange« werden durch Zwangs- und Strafkontexte keine Erziehungsziele auf der Grundlage von selbstkritischen Reflexionen und Verhaltensänderungen herbeigeführt, sondern lediglich Dressur und (zeitweilige) Anpassung (Brumlik 2013, S. 246).

Dem gegenüber steht die Position, junge Menschen, insbesondere aber die hier diskutierten Mädchen in ihrer Aggressivität und Gewalt als Subjekte ernst zu nehmen und in einem Setting von *Grenzen setzen und Freiraum lassen* eine angemessene sozialpädagogische Form zu praktizieren, die ihnen Entwicklungsmöglichkeiten bieten. Diese kann in einem unmittelbaren Bezug zur parteilichen Mädchenarbeit begründet werden. In der fachlichen Diskussion um parteiliche Mädchenarbeit geht es schon lange nicht mehr um die einfache Spiegelung und Verallgemeinerung weiblicher Unterdrückungszusammenhänge und ihrer entsprechenden Gestaltung in pädagogischen Beziehungen und Angeboten (vgl. Bitzan & Daigler 2004, S. 216 f.). Vielmehr geht es darum, eine kritisch-reflexive Haltung sowohl gegenüber der eigenen pädagogischen Praxis einzunehmen als auch Mädchen in ihrer Ganzheitlichkeit, in ihren Konflikten wahr- und ernst zu nehmen sowie Gewähr für den Rückhalt und ein Gegenüber zu bieten.

Grenzpraktiken in Form von Grenzüberschreitungen und Grenzsetzungen in der pädagogischen Praxis (insbesondere in Zwangskontexten) mit Mädchen führen – das haben die bisherigen Ausführungen zeigen können – zu einer Replikation von gängigen Stereotypen, insbesondere dann, wenn biografische Erfahrungen und ihre Einbettung in geschlechterhierarchische soziale Verhältnisse nicht berücksichtigt werden. Daher bedeutet parteiliche Arbeit mit Mädchen, aufdeckend und (selbst-)kritisch gegenüber veränderten gesellschaftlichen und individuellen Mädchenwirklichkeiten zu sein, einseitig-glättende Sichtweisen zu vermeiden (und damit Geschlechternormative zu hinterfragen) sowie sich selbst als Pädagog*innen mit ihren biografischen Erfahrungen und Bewältigungsmustern zu reflektieren.

> »Das ermöglicht den Adressatinnen eine Erweiterung des eigenen Blicks auf sich selbst, sie können etwas anderes sehen, als wenn sie in einen Spiegel schauen. Somit verdoppelt Parteilichkeit nicht einfach die Erfahrungen und Perspektiven des Gegenübers, sondern sucht – auf der Basis theoretischen Wissens und genauen Hinsehens sowie eigener Erfahrungen – nach Impulsen, gibt Sicherheit, bietet auch Konflikt ermöglichendes Gegenüber« (ebd., S. 117).

Das bedeutet nicht, Mädchen in all ihrem Tun zu akzeptieren und ihnen keine Grenzen zu setzen. Vielmehr müssen Mädchen in ihren biografischen Widersprüchlichkeiten in nach wie vor geschlechterhierarchischen Bedingungen in ihrem Leben verstanden werden. Dieses Re-Kodieren ist gegenwärtig alles andere als einfach, aber eine Grundvoraussetzung, um Mädchen gegenüber angemessen pädagogisch standhalten oder konfrontieren zu können. Zum Standhalten gegenüber aggressiven Mädchen gehört auch, vieles auszuhalten, nicht vorschnell aufzugeben und zu wissen, dass Beziehungen auf ihre (grenzwertige) Belastbarkeit hin getestet werden. Daher sind diese auch auf der Grundlage ausgehandelter Regeln bei Überschreitung klar zu benennen und die Mädchen damit zu konfrontieren – mitunter vielleicht auch mit kreativen oder paradoxen Interventionen, wie sie Franz Hamburger skizziert und damit aufzeigt, wie Bildungsprozesse angestoßen werden können. Dazu braucht es jedoch mehr als nur Grenzen setzen und aushalten.

Mit Berücksichtigung der generationalen Grenzen als hierarchisches Verhältnis, das in einer Balance verstanden und arrangiert werden muss, um Lernprozesse zu fördern, braucht es eine neue Perspektivierung, nämlich die des *Spiels*:

> »Im Insistieren darauf, dass es eine Grenze der Intervention, also eine systematische Begrenzung der Macht der Erzieher gibt, liegt der Kern der Subjektbildung der Heimjugendlichen. Sofern sich dies in der Ohnmachtserfahrung der Pädagogen spiegelt, wird deren restringiertes Verständnis von Erziehung sichtbar. Nicht der Verzicht oder das Verdrängen von der Macht oder das Durchsetzen ist das Problem und die pädagogische Aufgabe, sondern ihre Transformation in ein Spiel, in dem Regeln gefunden werden sollen. Der soziale Ort der Hilfen zur Erziehung muss deshalb so ausgestaltet werden, dass das Subjektwerden der Kinder und Jugendlichen sozialräumlich zum Ausdruck kommt und dass an den Grenzen der Zonen, in denen Jugendliche über sich selbst verfügen, das Spiel von Macht und Respekt in Gang kommt« (Hamburger 2010, S. 70).

Somit wird eine Balance ermöglicht. Demnach braucht es neben Grenzen auch Zonen und Räume, in denen Mädchen sich selbst bewegen, die sie ausfüllen und bestimmen können.

Eine solcherart begründete pädagogische Position verzichtet auf Zwang und folgt der Vorstellung, dass Erziehung immer durch das handelnde Subjekt realisiert werden kann, nämlich durch Selbstbildung (vgl. Lindenberg & Lutz 2014, S. 119). Dies kann übrigens auch juristisch begründet werden, wonach freiheitsentziehende Maßnahmen alleinig zum Zwecke der Sanktionierung bzw. des erzieherischen Zwangs unzulässig sind (vgl. Hoffmann & Trenczek 2011). Demnach ist die Kinder- und Jugendhilfe in der Arbeit mit Gewalt ausübenden, aggressiven Mädchen gefordert, die eigene Zuständigkeit und Fachlichkeit zu profilieren. Dies bedeutet aber auch, dass es institutionelle Voraussetzungen geben muss, Ohnmachts- und Grenzerfahrungen zu thematisieren und in den Teams zu bewältigen. Dass dieses durchaus in der Praxis gelingen kann, zeigen feministische Projekte, die einerseits Gewalt und Aggressionen von Mädchen und jungen Frauen als Kindeswohlgefährdung verstehen, systematisch Grenzen setzen und Freiräume lassen und so biografische Bildungsprozesse ermöglichen, diese aber andererseits in ihrer Verankerung in den Geschlechterverhältnissen verorten und Mädchen nicht in ihren tradierten Zuweisungen sehen. Vielmehr geht es darum, Mädchen und jungen Frauen weitgehend selbstbestimmte biografische Perspektiven zu ermöglichen. Und dies geht nur in einem gut abgestimmten Verhältnis von Grenzen sowie von Frei- und Entwicklungsräumen.

Literatur

Bereswill, M. (2003). Gewalt als männliche Ressource? Theoretische und empirische Differenzierungen am Beispiel junger Männer mit Hafterfahrungen. In Lamnek, S. & Boatca, M. (Hrsg.), Geschlecht, Gewalt, Gesellschaft (S. 123–141). Opladen: Leske + Budrich.

Bessler, C. (2003). Aggressives Verhalten von straffälligen Mädchen und Jungen. Monatsschrift Kinderheilkunde, 6, S. 633–637.

Bitzan, M. & Daigler, C. (2004). Eigensinn und Einmischung. Eine Einführung in Grundlagen und Perspektiven parteilicher Mädchenarbeit. Weinheim, Basel: Juventa.

Bruhns, K. (2010). Mädchen als Täterinnen. Formen, Hintergründe und Prävention von Mädchengewalt. In Matzner, M. & Wyrobnik, I. (Hrsg.), Handbuch Mädchenpädagogik (S. 361–375). Weinheim, Basel: Beltz Verlag.

Brumlik, M. (2013). Pädagogik des Strafens. Zeitschrift für Jugendkriminalität und Jugendhilfe, 3, S. 244–247.

Bütow, B. (2018). Grenz-Setzungen bei Mädchen in der Jugendhilfe. Jugendhilfe, 1 (56), S. 74–80.

Bütow, B. & Maurer, S. (2013). Kontextuelle Herstellungsbedingungen von Partizipation im organisationalen Schnittfeld von Sozialer Arbeit und Psychiatrie. In Weber, S. M., Göhlich, M., Schröer, A., Fahrenwald, C. & Macha, H. (Hrsg.), Organisation und Partizipation. Beiträge der Kommission Organisationspädagogik (S. 263–272). Wiesbaden: VS.

Bütow, B., Holztrattner, M., Blaha, V. & Spitzer, D. (2019). Biographische Erfahrungen von Care Leavern der Steiermark. Paris-Lodron-Universität: Salzburg.

de Vogel, V. & Kröger, U. (2016). Mädchen und Frauen in der forensischen Psychiatrie: Gendersensitive Behandlung und Prognose. Forensische Psychiatrie und Psychotherapie, 3, S. 231–251.

Domann, S. & Rusack, T. (2016). Wie sehen Jugendliche Gender und Sex in öffentlicher Erziehung? Rekonstruktionen der Perspektiven von Adressat_innen der Kinder- und Jugendhilfe. Gender. Zeitschrift für Geschlecht, Kultur und Gesellschaft, 3, S. 81–97.

Engelbracht, M. (2015). Ethnografie in freiheitsentziehenden Institutionen der Kinder- und Jugendhilfe. Soziale Passagen, 7, S. 50–66.

Fendrich, S., Pothmann, J. & Tabel, A. (2018). Monitor Hilfen zur Erziehung 2018. Dortmund: Arbeitsstelle Kinder- und Jugendhilfestatistik.

Fokken, S. (2019). Wenn aus Kindern »Systemsprenger« werden (https://www.spiegel.de/lebenundlernen/schule/systemsprenger-kommt-ins-kino-was-an-der-geschichte-wahr-ist-a-1287365-druck.html) Zugriff am 9.11.2019.

Hamburger, F. (2010). »Ich werde Dir helfen!« Über Macht und Ohnmacht in den alltäglichen Auseinandersetzungen der »Hilfen zur Erziehung«. In Brumlik, M. & Merkens, H. (Hrsg.), Bildung – Macht – Ohnmacht (S. 59–76). Leverkusen: Budrich.

Hartwig, L. (2017). Familialisierung der Jugendhilfe trifft Mädchen. In Bütow, B. & Munsch, C. (Hrsg.), Soziale Arbeit und Geschlecht (S. 261–276). Münster: Dampfbootverlag.

Haverkamp, R. (2015). Kriminalität junger Frauen und weiblicher Jugendvollzug. Neue Kriminalpolitik 3, S. 301–318.

Hoffmann, B. & Trenczek, T. (2011). Freiheitsentziehende Unterbringung ›minderjähriger‹ Menschen in Einrichtungen der Kinder- und Jugendhilfe. Das Jugendamt, 4, S. 177–180.

IMMA e. V. (2019): Standards zur Arbeit mit Gewalt ausübenden Mädchen und jungen Frauen (https://www.imma.de/leitlinien.html Zugriff am 15.11.2019).

Kavemann, B., Helfferich, C. & Nagel, B. (2017). Ja bitte, aber richtig. Prävention und Sexualpädagogik für Mädchen, die sexualisierte Gewalt erlebt haben. Betrifft Mädchen 4, S. 163–168.

Köttgen, C. (2019). Das Einsperren junger Menschen ist eine politische Entscheidung. Widersprüche, 154, 59–68.

Leder, H.-K. (1997). Frauen- und Mädchenkriminalität. Kritische Bestandsaufnahme aus devianzsoziologischer und wissenschaftstheoretischer Sicht (3., überarb. u. erg. Aufl.). Frankfurt a. M. u. a.: Peter Lang.

Lindenberg, M. (2015). Weder Risikoorientierung noch Punitivität, sondern Disziplinierung. In Dollinger, B., Groenemeyer, A. & Rzepka, D. (Hrsg.), Devianz als Risiko: Neue Perspektiven des Umgangs mit abweichendem Verhalten, Delinquenz und sozialer Auffälligkeit (S. 304–318). Weinheim, Basel: Beltz Juventa.

Lindenberg, M. & Lutz, T. (2014). Soziale Arbeit in Zwangskontexten. In AK HochschullehrerInnen Kriminologie/Straffälligenhilfe in der Sozialen Arbeit (Hrsg.), Kriminologie und Soziale Arbeit. Ein Lehrbuch (S. 114–126). Weinheim, Basel: Beltz Juventa.

Lunz, M. (2019). Geschlossene Jugendhilfeeinrichtungen. Empirische Ergebnisse aus der Perspektive betroffener Jugendlicher. Österreichisches Jahrbuch für Soziale Arbeit, 1, S. 77–99.

Lutz, Z. (2019). Autoritäre Stufenmodelle zur Verhaltensanpassung in der Kinder- und Jugendhilfe. Widersprüche, 39 (154), S. 69–82 (Themenheft Neuer Autoritarismus – Schwarze Pädagogik 2.0? Punitive Tendenzen in Familie, Schule und Kinder- und Jugendarbeit).

Möller, K. (2015). Gender und Gewalt. In Melzer, Hermann, Sandfuchs, Schäfer, Schubarth & Daschner (Hrsg.), Handbuch Aggression, Gewalt und Kriminalität bei Kindern und Jugendlichen (S. 63–66). Bad Heilbrunn: Verlag Julius Klinkhardt.

Oelkers, N. (2013). Da kann doch keine/r dafür sein … Sozial Extra, 5, S. 97–100.

Pankofer, S. (1997). Freiheit hinter Mauern. Mädchen in geschlossenen Heimen. Weinheim, München: Juventa.

Plewig, H.-J., Oelkers, N. (2010). Mädchen im (Jugend)Strafvollzug. Besonderheiten, Bedürfnisse und Beeinträchtigungen aus Sicht von Jugendstrafrecht und Jugendhilfe. Betrifft Mädchen, 2, S. 73–77.

Silkenbeumer, M. (2007). Biografische Selbstentwürfe und Weiblichkeitskonzepte aggressiver Mädchen und junger Frauen. Berlin: Lit-Verlag.

Weber, M. & Kirchart, S. (2017). »Mit gepacktem Rucksack«. Mädchen in stationären Erziehungshilfen. Betrifft Mädchen, 4, S. 148–151.

Zeller, M. (2012). Bildungsprozesse von Mädchen in den Erziehungshilfen. Weinheim, Basel: Beltz Juventa.

Zolondek, J. (2010). Weiblicher Jugendstrafvollzug. Eine Bestandsaufnahme in Zahlen. Betrifft Mädchen, 2, S. 52–58.

Autor*innenverzeichnis

Ahrbeck, Bernd, Dr. phil. habil., Erziehungswissenschaftler, Diplom-Psychologe, Psychoanalytiker (DPG), Professor für Psychoanalytische Pädagogik an der Internationalen Psychoanalytischen Universität (IPU) in Berlin. Arbeitsschwerpunkte: Psychoanalytische Pädagogik, schulische Inklusion, empirische Bildungsforschung.
E-Mail: bernd.ahrbeck@ipu-berlin.de

Bretschneider, Rita, Universität Leipzig, Institut für Förderdiagnostik.
E-Mail: rita.bretschneider@uni-leipzig.de

Bütow, Birgit, Univ.-Prof. Dr., Universität Salzburg, FB Erziehungswissenschaft; Forschungsschwerpunkte: Kinder- und Jugendhilfeforschung, Jugendforschung, Geschlechterforschung, Geschichte der Sozialpädagogik in Österreich; qualitative Forschung mit dem Schwerpunkt Biografien; Mitherausgeberin und Redaktion Österreichisches Jahrbuch für Soziale Arbeit; aktuelle Publikation (zusammen mit Melanie Holztrattner): Familienähnliche Fremdunterbringung in Österreich – Historische und biografische Einwicklungen. Verlag Barbara Budrich (erscheint 2020).
E-Mail: birgit.buetow@sbg.ac.at

Calabrese, Stefania, Prof. (FH) Dr. phil., Institut für Sozialpädagogik und Bildung an der Hochschule Luzern – Soziale Arbeit. Forschungsschwerpunkte: herausfordernde Verhaltensweisen von Menschen mit Beeinträchtigungen, Lebensqualität und Bildung im Kontext von Behinderung, institutionelle und organisationale Prozesse in der Behindertenhilfe.
E-Mail: stefania.calabrese@hslu.ch

Clark, Zoë, Prof. Dr., Universität Siegen, Arbeitsschwerpunkte Kinder- und Jugendhilfeforschung, insbesondere Heimerziehung; Gerechtigkeitstheorien.
E-Mail: zoe.clark@uni-siegen.de

Georgi-Tscherry, Pia, MA., Institut für Sozialpädagogik und Bildung an der Hochschule Luzern – Soziale Arbeit. Forschungsschwerpunkte: Lebensqualität und Bildung im Kontext von Behinderung, Agogische Aspekte bei schwerer und mehrfacher Beeinträchtigung, Lebenswelt erwachsener und alter Menschen mit Beeinträchtigung, Herausfordernde Verhaltensweisen bei Menschen mit schweren Beeinträchtigungen.
E-Mail: pia.georgi-tscherry@hslu.ch

Heusner, Julia, Universität Leipzig, Institut für Förderdiagnostik.
E-Mail: julia.heusner@uni-leipzig.de

Huber, Sven, Prof. (FH) Dr. phil., Institut für Sozialpädagogik und Bildung an der Hochschule Luzern – Soziale Arbeit. Arbeitsschwerpunkte: Sozialpädagogik des Kindes- und Jugendalters; Hilfen zur Erziehung; Abweichendes Verhalten und soziale Kontrolle.
E-Mail: sven.huber@hslu.ch

Mohr, Simon, Dr., FH Bielefeld, Fachbereich Sozialwesen. Arbeitsschwerpunkte: Professionalität und Organisation in der Sozialen Arbeit, Forschungsmethoden, Qualitätsmanagement, sozialpolitische Grundlagen Sozialer Arbeit.
E-Mail: simon.mohr@fh-bielefeld.de

Oelkers, Jürgen, Prof. Dr. em., Universität Zürich/Institut für Erziehungswissenschaft. Arbeitsschwerpunkte: Geschichte der Pädagogik/Reformpädagogik, Bildung und Demokratie, Pragmatismus.
E-Mail: oelkers@bluewin.ch

Rauh, Bernhard, Dr. phil., Sonderpädagoge, Diplom-Pädagoge, Analytischer Kinder- und Jugendlichenpsychotherapeut i. A., Akademischer Rat am Lehrstuhl Pädagogik bei geistiger Behinderung und Pädagogik bei Verhaltensstörungen, Department Pädagogik und Rehabilitation der Ludwig-Maximilians-Universität München (LMU). Arbeitsschwerpunkte: Psychoanalytische Pädagogik, Mentalisierungsbasierte Pädagogik, Inklusionsdiskurs, Professionalisierung für inklusive Bildung.
E-Mail: bernhard.rauh@edu.lmu.de

Richter, Sophia, Dr. phil., Institut für Allgemeine Erziehungswissenschaft und Dekanat am Fachbereich Erziehungswissenschaften der Goethe-Universität Frankfurt am Main. Arbeitsschwerpunkte: Qualitative Forschungsmethoden, insbesondere Ethnographische Feldforschung, Jugend-, Geschlechter-, Kulturforschungen im Kontext von Schule und Hochschule.
E-Mail: s.richter@em.uni-frankfurt.de

Ritter, Bettina, Dipl.-Päd., Universität Bielefeld, Fakultät für Erziehungswissenschaft, AG 8 Soziale Arbeit. Arbeitsschwerpunkte: Theorien Sozialer Arbeit, Sozialpolitik, Jugendtheorie, Professionalität und Organisation in der Kinder- und Jugendhilfe, Forschungsmethoden.
E-Mail: bettina.ritter@uni-bielefeld.de

Schuppener, Saskia, Prof. Dr., Universität Leipzig, Institut für Förderdiagnostik. Arbeits- und Forschungsschwerpunkte: Herausforderndes Verhalten und freiheitsentziehende Maßnahmen, Leichte Sprache, Partizipative Forschung.
E-Mail: schupp@uni-leipzig.de

Steckmann, Ulrich, Lehrbeauftragter an der Universität Bielefeld, Arbeitsschwerpunkte: Ethik, angewandte Ethik, Neuroethik, Philosophische Anthropologie.
E-Mail: u.steckmann@fz-juelich.de

Weithardt, Mia, Universität Leipzig, Institut für Förderdiagnostik.
E-Mail: mia.weithardt@uni-leipzig.de

Wüllenweber, Ernst, Prof. Dr. phil. habil., Professor apl. i. R. für Geistigbehindertenpädagogik an der Martin-Luther-Universität Halle-Wittenberg. Arbeitsschwerpunkte: Krisenintervention, Deeskalation, Umgang mit Verhaltensauffälligkeiten und psychischen Störungen, Methoden der Gesprächsführung, Fall- und Teamberatung, Autismus-Spektrum, junge Wilde und Systemsprenger in Einrichtungen der Behindertenhilfe, www.ifbfb.de, www.ki-pro.de.
E-Mail: e.wuellenweber@ifbfb.de